本书为

国家社科基金重点项目

国家出版基金项目

『十三五』国家重点出版物出版规划项目　结项成果

中国儒学通志

丛书主编　苗润田　冯建国

先秦卷·纪事篇

本册作者　曹景年

ZHEJIANG UNIVERSITY PRESS
浙江大学出版社
·杭州·

图书在版编目(CIP)数据

中国儒学通志. 先秦卷. 纪事篇 / 苗润田，冯建国
主编；曹景年著. —杭州：浙江大学出版社，2022.12
ISBN 978-7-308-22881-7

Ⅰ. ①中… Ⅱ. ①苗… ②冯… ③曹… Ⅲ. ①儒学－
研究－中国－先秦时代 Ⅳ. ①B222.05

中国版本图书馆 CIP 数据核字(2022)第 140387 号

中国儒学通志·先秦卷·纪事篇
主　　编　苗润田　冯建国
本册作者　曹景年

出 版 人　褚超孚
策　　划　袁亚春　陈　洁
统　　筹　陈丽霞　宋旭华　王荣鑫
责任编辑　胡　畔
责任校对　赵　静
责任印制　范洪法
封面设计　项梦怡
出版发行　浙江大学出版社
　　　　　（杭州市天目山路 148 号　邮政编码 310007）
　　　　　（网址:http://www.zjupress.com）
排　　版　浙江时代出版服务有限公司
印　　刷　杭州钱江彩色印务有限公司
开　　本　710mm×1000mm　1/16
印　　张　16.25
字　　数　335 千
版 印 次　2022 年 12 月第 1 版　2022 年 12 月第 1 次印刷
书　　号　ISBN 978-7-308-22881-7
定　　价　148.00 元

"中国儒学通志"总序

  儒学是中华传统文化的主干,是中华民族的精神血脉,它不但对中国古代的政治、经济、思想、文化、教育等诸多领域产生过广泛而深刻的影响,对人类文明的发展做出了巨大贡献,而且在今天仍然具有不容忽视的现代价值。儒家的思想理论,广泛涉及人与自然、人与人、人与社会、群与己、古与今、知与行、义与利、生与死、荣与辱、苦与乐、德与刑、善与恶、战争与和平等这样一些人类所面对的、贯通古今的矛盾和问题,提出了天人合一、天下为公、大同世界,修身正己、自强不息、厚德载物,以民为本、为政以德、见利思义、清廉从政,明体达用、经世致用、知行合一、仁者爱人、以德立人、以诚待人、讲信修睦,求同存异、和而不同、和谐相处,有教无类、因材施教、温故知新、学思结合等一系列为学、为人、为事、为官、处世的常理和常道,对于正确处理人与人的关系、人与自然的关系、个体与群体的关系、群体与群体的关系、不同民族和国家间的关系、不同文化和文明间的关系等都具有普遍的指导意义,是人类走向未来不可或缺的精神资源。这也就是一种产生在两千多年前农耕时代并且随着历史的发展不断前行的思想、学说,在信息时代的今天仍然具有广泛感召力、影响力,为世人所推重、学习、研究、传承的根本原因。"研究孔子、研究儒学,是认识中国人的民族特性、认识当今中国人精神世界历史来由的一个重要途径。"(《习近平在纪念孔子诞辰 2565 周年国际学术研讨会暨国际儒学联合会第五届会员大会开幕会上的讲话》)"中国儒学通志"是研究孔子、儒学的一个窗口。

  "中国儒学通志"由纪年卷、纪事卷、学案卷三个部分组成。纪年卷主要记录自孔子创立儒学至 1899 年有关儒学发展的各个方面,包括重要儒学人物的生卒,儒学发展过程中有较大影响的事件,以及重要儒学论著的完成、刊印等,全方位展现儒学发展的面貌。纪事卷以事件为线索,记录有关中国儒学发展的重大历史事件,如"焚书坑儒""罢黜百家,独尊儒术"等,内容包括事件产生的原因、经过、结果及其对儒学发展的影响。学案卷以人物为中心,主要记述对儒学发展有较大影响的人物,包括该人物的生平事迹、对儒学所持的观点、在儒学发展史上的地位和贡献,以及有关的评价等。

"中国儒学通志"是我国著名学者庞朴先生继《20 世纪儒学通志》(浙江大学出版社 2013 年 6 月)出版后主持的又一国家社会科学基金重点项目。庞先生去世后,2016 年改由苗润田、冯建国教授主持。在苗润田、冯建国的主持下,该项目组建了一支有国内知名学者参加的学养深厚的研究队伍,制定了切实可行的研究计划和实施方案。通过多次召开小型学术研讨会,邀请王钧林教授、朱汉民教授、郭沂教授等专家学者与课题组成员一起,就课题的指导思想、整体框架、重点难点问题等展开广泛深入的研究,不但达成了学术共识而且促进并深化了对课题的认识。在这个过程中,浙江大学出版社、山东大学儒学高等研究院、山东大学人文社会科学研究院、山东大学哲学与社会发展学院自始至终都给予了巨大支持和帮助。彭丹博士协助我们做了大量的事务性工作。在此,谨向他们,向关心、支持"中国儒学通志"研究、撰著的朋友、同仁致以诚挚的谢意!

苗润田　冯建国

2022 年 12 月于山东大学

目 录

上篇：前孔子时代

一、尧舜禅让

《汉书·艺文志》称儒家"祖述尧舜，宪章文武"，对儒家来说，圣王治理之下的上古时代是最理想的太平盛世，要探讨儒家源流，就要从上古"圣王"谈起，而尧舜禅让则是中国古史也是儒学源流史上的第一件大事。

尧舜禅让的故事主要记载在《尚书》的《尧典》，《史记》的《五帝本纪·夏本纪》，以及《孟子》等文献中。据记载，帝尧是帝喾之子，是一位仁圣之君，能够克明俊德、平章百姓、协和万邦，他任命天文官羲氏、和氏观察日月星辰的运行和四季的变换，制定了符合农业发展的历法。舜是一位普通的农夫出身，在历山耕种为生，与人友善，大家都愿意跟他住在一起，史书上说他住的地方一年成聚，二年成邑，三年成都。但舜的家庭环境很恶劣，他父亲名叫瞽叟，品行不端，母亲死得早，继母对他很恶劣，继母的儿子象很高傲，经常欺负他，总之，全家人都不喜欢他，甚至想杀掉他。但舜仍然能够对父母尽自己的孝道，对弟弟尽自己的爱护之情，同时他也善于保护自己，使其家人害他的图谋不能得逞。

帝尧年老的时候，与臣下讨论接班人的问题，有人推举尧的儿子丹朱，而尧认为丹朱不贤，不能继承帝位，四岳举荐了舜，说他在"父顽，母嚣，象傲"的恶劣家庭环境中，仍能够妥善地处理这些关系。于是帝尧就把两个女儿嫁给舜，并通过各种方式考验他。尧让他代理政务，他能够妥善地对民众施行五种教化，能够让百官的治理井井有条，使诸侯和远方宾客都能和谐相处。最后舜通过了考验，尧便把帝位让与舜，在让位数十年之后尧才去世。

帝尧去世后，百姓非常悲哀，如丧考妣，天下三年都没有人举行乐舞。

由于丹朱是帝尧的嫡子,于是舜想要把帝位让给丹朱,而自己逃避到南河之南。但由于舜早已得天下民心,天下诸侯都去南河之南朝拜舜而不去朝拜丹朱,有争讼的都去找舜处理而不找丹朱,天下人都讴歌舜的功绩而不讴歌丹朱,舜认为这是天命所归,不是他一人能左右的,于是才郑重地即天子之位。

舜在位做出了很多功绩,包括巡狩四方、颁布五刑、流放四凶、征伐三苗、举八元八恺治化天下、命禹治水成功等。舜在巡狩南方的时候去世,《史记》称"崩于苍梧之野。葬于江南九嶷,是为零陵",即今湖南零陵。舜的二子商也不贤,舜就让禹继承帝位,禹让给商,但天下诸侯归禹而不归商,于是禹即天子位。但禹死后则由其子启即位,没有继续实行禅让。

尧、舜属于传说中的上古帝王,由于年代久远,古代典籍上关于禅让的记载,也只是在历史与传说之间,后世尤其是春秋战国时代不同学派对禅让的真伪及其意义都有不同的阐释和理解。最为尊信尧舜禅让的是儒家,因为它在一定程度上是尚贤思想的反映。《论语·尧曰》记载:"尧曰:'咨尔舜!天之历数在尔躬,允执其中。四海困穷,天禄永终。'舜亦以命禹。"这里虽然没有明确提出禅让的字眼,但关于尧舜禹的帝位传承的线索还是很明显的。在《春秋公羊传》中,有一个比较有影响的教义,叫作"讥世卿",是对世袭制的讽刺,也从相反的角度可看出儒家对禅让的认可。《孟子·万章上》引孔子之言说:"唐虞禅,夏后殷周继,其义一也。"这是孔子对禅让的明确赞成。《礼记·礼运》谈到儒家的理想社会是大同,而大同的重要特征就是"选贤举能,讲信修睦,人不独亲其亲,不独子其子",这正是对禅让时代的描述。

20世纪末以来出土的儒家文献中,也有不少涉及禅让说。上博简《子羔》云:"善与善相授也,故能治天下,平万邦。"上博简《容成氏》由传说中的容成氏一直叙述到周武王代殷而终,记载古帝王二十余位,其所述禅让的范围不仅局限于尧舜禹,而认为夏商周三代之前皆实行禅让制:"尊卢氏、赫胥氏、乔结氏、仓颉氏、轩辕氏、神农氏、樟丨氏、垆遅氏之有天下也,皆不授其子而授贤。"对禅让说主张最明确的是郭店简《唐虞之道》,该文着力赞扬了尧舜的禅让:"唐虞之道,禅而不传。尧舜之王,利天下而弗利也。禅而不传,圣之盛也。利天下而弗利也,仁之至也。"又说:"尧舜之行,爱亲尊贤。爱亲故孝,尊贤故禅。孝之方,爱天下之民。禅之传,世亡隐德。孝，仁之冕也。禅，义之至也。"将禅让的意义定位为"尊贤"。"禅也者，上德授贤之谓也。上德则天下有君而世明，授贤则民举效而化乎道。不禅而能化民者，自生民未之有也，如此也。"

孟子和荀子等大儒对禅让制进行了一些反思或理论建构。《孟子·万章上》载：

> 万章曰："尧以天下与舜，有诸？"孟子曰："否，天子不能以天下与人。"曰："然则舜有天下也，孰与之？"曰："天与之。"曰："天与之者，谆谆然命之乎？"曰："否，天不言，以行与事示之而已矣。"曰："以行与事示之者，如之何？"曰："天子能荐人于天，不能使天与之天下；诸侯能荐人于天子，不能使天子与之诸侯；大夫能荐人于诸侯，不能使诸侯与之大夫。昔者尧荐舜于天而天受之，暴之于民而民受之。故曰：天不言，以行与事示之而已矣。"

孟子在解释禅让的时候引入了"天"的概念，实际上塑造了一个神秘的最高权威，天子作为天的代言人，向天推荐继承人，天同意了，这样继承者就具有了合法性。但在天同意后，又说"暴之于民，而民受之"。可见，孟子所谓"天"不过是民意的代名词而已，继承人符合民意，实行仁政，所以具有继承的合法性。这样，孟子论证禅让合法性的依据，又回归到其仁政思想上。

荀子对尧舜禅让也有讨论，《正论》篇云：

> 世俗之为说者曰：尧舜擅让。是不然。天子者，势位至尊，无敌于天下，夫有谁与让矣？道德纯备，智惠甚明，南面而听天下，生民之属莫不振动从服以化顺之。天下无隐士，无遗善，同焉者是也，异焉者非也，夫有恶擅天下矣？曰：死而擅之。是又不然。圣王在上，图德而定次，量能而授官，皆使民载其事而各得其宜。不能以义制利，不能以伪饰性，则兼以为民。圣王已没，天下无圣，则固莫足以擅天下矣。天下有圣而在后者，则天下不离，朝不易位，国不更制，天下厌然与乡无以异也，以尧继尧，夫又何变之有矣！圣不在后子而在三公，则天下如归，犹复而振之矣，天下厌然与乡无以异也，以尧继尧，

夫又何变之有矣！唯其徙朝改制为难。故天子生则天下一隆,致顺而治,论德而定次,死则能任天下者必有之矣。夫礼义之分尽矣,擅让恶用矣哉!

荀子认为根本就不存在禅让的问题,这段话从表面看有强词夺理之嫌,但仔细分析,荀子也有他的道理。荀子对天子之位是看得非常重的,他说:"天下者,至重也,非至强莫之能任;至大也,非至辨莫之能分;至众也,非至明莫之能和。此三至者,非圣人莫之能尽。故非圣人莫之能王。"(《荀子·正论》)天子、王有一个很高的型范,一个是"一天下",一个是"天下归之"。只有具备这两项特征,才是天子。禅让不是衡量天子合法性的标准,不能说我的位子是上一代天子禅让给我的,那我就是一个合法的天子,所以,通过禅让所得的天子之位,并不具有合法性。这样说来,舜继承尧而成为天子,虽然从表面看是尧禅让的结果,但事实上并非如此,而是因为舜本身就符合"一天下"的君主的型范,所以荀子说舜是"以尧继尧"。舜的天子之位是因为符合天子型范而获得,并非禅让所得。如果接受禅让的人不符合天子型范,则其并不能成为名副其实的天子。可见,荀子批驳禅让观的核心是批评通过禅让而取得天子之位的途径,认为禅让不具有使天子职位合法的效力,真正的标准是"一天下"和"天下归之"。

孟子与荀子虽然都对禅让提出了一些异议,但这些可能都只是一时之论,其实他们对于圣王时代的禅让,更多的是推崇,因为它毕竟反映了选贤举能的政治理想。例如荀子在《成相》篇称许禅让说:"尧授能,舜遇时,尚贤推德天下治。"又说:"舜授禹,以天下,尚得推贤不失序。"认为禅让是尚德推贤的结果。

有一些史料也否认禅让制的存在。西晋时期出土的《竹书纪年》是战国时期魏国的国史,其中对于尧舜禹的帝位递嬗有着不同于正史的记载。唐代的刘知幾在他所著的《史通》中引《汲冢琐语》说"舜放尧于平阳",又说舜是给禹赶到苍梧而死的。司马贞《史记正义》引《竹书纪年》说:"尧德衰,为舜所囚。舜囚尧,复偃塞丹朱,使父子不得相见也。"将尧舜禹的帝位传承说成是革命和篡位的结果,与儒家视域中的禅让观念格格不入。而战国末的韩非,也认为尧舜禹的帝位传承是"臣弑君"的结果,说:"舜逼尧,禹逼舜,汤放桀,武王伐纣,此四王者,人臣弑其君者也。"(《韩非子·

说疑》)韩非子生活于三晋之一的韩国，而魏国也是三晋之一，三晋地区本身就是法家的发源地，更加强调法、术，而轻忽仁义。因此，可以推测，在三晋地区可能广泛流传着舜禹篡位的传说，这与齐鲁地区流传的禅让传说有很大不同。

禅让制在近现代引起了很大争论，但归结起来起码有两点是肯定的。其一，它并非完全无凭无据，而是在一定程度上反映了上古部落联盟时期首领选拔任用的某种方式，并非如后世的家族相传，而有一定的选贤举能的因素在其中，当然可能也会伴随着斗争与妥协。如汉魏时期的乌桓民族，据《三国志·乌丸鲜卑东夷传》注引王沈《魏书》称乌丸习俗为："常推募勇健能理决斗讼相侵犯者为大人，邑落各有小帅，不世继也。"这里所谓的推募有能力的人做"大人"，与禅让制有一定的相似性。其他如鲜卑、契丹、蒙古等民族也多有此习俗。其二，它也寄托了春秋战国以来诸子百家对于尚贤、反对世卿等的诉求，可以说是历史与现实交融的结果。

二、舜帝明德

在三皇五帝这些上古帝王中，黄帝、颛顼、帝喾、唐尧这些帝王大多给人一种朦胧感和神秘感，人物形象不够清晰，只有舜帝流传着许多故事，在《孟子》《史记》《说苑》等文献中多有记载，他的形象也比任何一位上古帝王更为清晰。舜的最大人格特征是既是帝王，又具备高尚的品德。《史记·五帝本纪》称："天下明德皆自虞帝始。"因此，如果说孔子是中华道德文明的集大成者和传承者，那么舜帝就是中华道德文明的开创者。

舜为妫姓，有虞氏，名重华，史称虞舜。传说舜每只眼睛中都有两个眸子，故名重华。《孟子·离娄下》说："舜生于诸冯，迁于负夏，卒于鸣条，东夷之人也。"舜主要生活于今山东一带，其曾耕作过的历山在今济南附近，死后据传葬于苍梧之野，即今湖南省永州市零陵区的舜帝陵。作为"五帝"的最后一位，舜帝的道德人格对后世产生了重要影响，成为儒家思想的重要来源。舜帝的"明德"是多方面的，既体现在家庭生活中，又体现在政治生活中，而其明德的精髓，可以用孝悌、仁和、智勇来概括。

舜最为人称道的品德是"孝"。舜从小生活的家庭环境非常恶劣，他的父亲瞽叟是个盲人，但性情比较顽劣，生母早死，父亲又娶了继母，生了弟弟象。象的性子很傲慢，很看不起舜。他的父亲、继母和弟弟都认为舜是这个家庭多余的人，对舜不怀好意，常常想要谋害舜。让舜修补谷仓仓顶时，从谷仓下纵火，舜手持两个斗笠跳下逃脱；让舜掘井时，瞽叟与象却下土填井。瞽叟和象很高兴，以为舜死了，于是共同瓜分了舜的财产，占据了舜的居所，但舜并没有死，而是掘地道逃脱了。当他回到住所时，象很惊奇，却表现出很忧郁的样子，说是想哥哥了，所以过来看看。舜丝毫没有芥蒂，仍然对弟弟友爱如初，并且侍奉父母愈加谨慎。有时候他也会为自己的处境悲伤，孟子曾提到"舜往于田，号泣于旻天"的故事，认为这是"怨慕"，所谓"怨慕"，大概是一种既爱父母，但又因得不到父母的爱的那种既悲伤又自责的心理。不过，舜对父母的孝，对兄弟的悌，则是始终未变，"顺事父及后母与弟，日以笃谨，匪有解"（《史记·五帝本纪》）。《史记》说舜"年二十以孝闻"，或许正是因他孝的名声广为传播，才获得帝尧的关注，并最终授予帝位。在即帝位后，他并没有报复他的家人，反而是与他们分享自己的荣耀，《史记》说："载天子旗，往朝父瞽叟，夔夔唯谨，如子道。封弟象为诸侯。"对父母一如既往地孝，而且还封弟弟为诸侯。舜为人孝悌的故事影响深远，"孝感动天"，成为二十四孝之首。后世以此为素材还形成了许多文学作品，如敦煌文书中的《舜子变》，在焚廪、掩井故事之外，进一步丰富了故事情节，给人以文学的感染力。

舜帝注重以德来感化人，以仁爱来团结人。在舜尚在民间的时候，他以和字当先，和以处众，得到了人们的普遍信赖，从而获得很高的威望。尧将二女嫁给舜，并使九男与其相处，他都能将这些关系处理得非常和谐，使二女"甚有妇道。尧九男皆益笃"（《史记·五帝本纪》）。据《史记》和《韩非子·难一》记载，舜在历山耕种的时候，农民经常相互侵犯已经划定的田埂，舜则尽力为他们调解，没过一年，大家都争着让出田埂，再也不争了。在河滨打鱼时，人们都争着在水中的高地捕鱼，舜到了一年之后，引导他们分别长幼之序，让年长的人占水中高地。东夷制陶器的人做的陶器粗劣不结实，舜便去那里制陶器，一年之后，大家的陶器做得都很坚固。在他的倡导和感召下，大家都喜欢跟他住在一起，他住的地方"一年而所居成聚，二年成邑，三年成都"。所以孔子感叹说："舜其信仁乎！乃躬藉处苦而民从之。故曰：圣人之德化乎！"

舜继承帝位之后，在处理民族关系上，也非常注重以德来感化人，而尽量不酿成战争。对于南方的三苗问题，各类史籍有不同记载，有的说是征伐，有的说是感化。《舜典》称"窜三苗于三危"，《大禹谟》载大禹出征三苗，但后来益评价舜说："于父母。负罪引慝，祗载见瞽瞍，夔夔斋栗，瞽亦允若；至诚感神，矧兹有苗。"因此舜最终还是主张以德化人，"帝乃诞敷文德，舞干羽于两阶。七旬，有苗格"。儒家一向主张柔远人，因此这一做法受到后世儒家的大力赞扬，甚至对这一过程进行了美化，如《韩诗外传》卷三记载："当舜之时，有苗不服。其不服者，衡山在南，岐山在北，左洞庭之波，右彭泽之水，由此险也。以其不服，禹请伐之，而舜不许，曰：'吾喻教犹未竭也。'久喻教而有苗民请服。天下闻之，皆薄禹之义而美舜之德。"舜主张以德服人，而将禹描写成舜的对立面，主张征伐，从而凸显了舜的仁和政策的有效性。总体来说，舜对于妥善处理华夏族与周边民族的关系作出了较大贡献，实现了北方华夏集团、东夷集团与南方苗蛮集团的大融合。《史记》记载舜统治时的疆域时说："方五千里，至于荒服……四海之内，咸戴帝舜之功。"这正是儒家天下一家的宏伟理想的写照。

舜不但具有孝悌仁爱之心，而且是一个充满智慧、勇力和才干的人。对于父母的恶劣态度，他采取既机智又不失孝道的办法来处理。《史记》称"欲杀，不可得；即求，尝在侧"，父母想杀他杀不了，而需要他的时候又常常侍奉在侧。《孔子家语》记载了舜父瞽瞍打他的时候，"小杖则受，大杖则走"，这是一种非常机智的做法。在治国方面，舜的智慧和才干更是非一般人所能及。帝尧曾以多种方式考验他的能力，"慎徽五典，五典克从；纳于百揆，百揆时叙；宾于四门，四门穆穆；纳于大麓，烈风雷雨弗迷"。登位之后，他的治国才能表现在几个方面：第一是任用贤能，举用"八元""八恺"，任用禹、皋陶、契、后稷等一大批能臣，设官分职，各司其职，把所有的事务都安排得秩序井然，使农、工、商等都得到了空前的发展，使天下治理得井井有条，"父义，母慈，兄友，弟恭，子孝，内平外成"。第二，完善了一大批制度，"在璇玑玉衡，以齐七政"，完善历法制度；"肆类于上帝，禋于六宗，望于山川，遍于群神"，完善祭祀制度；"辑五瑞，既月乃日，觐四岳群牧，班瑞于群后"，完善了诸侯朝觐制度；又通过四季巡狩，完善了巡狩制度；创设考绩办法，开创了三岁一考功，三考绌陟的考核方法，为后世所长期继承使用。这些制度都对后世的政治、思想和文化产生深远的影响。第三，坚持德主刑辅的治国策略，在主张德化的同时，完善了"象以典刑，流宥五刑,鞭作官刑,扑作教刑,金作赎刑。眚灾肆赦,怙终贼刑"的刑罚制度。勇于同凶恶之人作斗争,曾建议帝尧"流共工于幽陵,以变北狄;放欢兜于崇山,以变南蛮;迁三苗于三危,以变西戎;殛鲧于羽山,以变东夷:四罪而天下咸服"。并且对于帝尧时未能除去的浑沌、穷奇、梼杌等三恶族,以及缙云氏的不才子饕餮,舜将他们流放到边远地区,从而使国家政治变得清明。儒家在主张仁爱的同时,也主张以刑罚来作为治理天下的辅助手段,在这一点上,舜可以说是一个典范。

总体来说,舜在儒家那里具有崇高的地位和完美的形象,是古代圣王的典范,《论语·卫灵公》中记载孔子说:"无为而治者,其舜也与?夫何为哉?恭己正南面而已矣。"孟子在其书中不厌其烦地多次称道舜的高尚品德和丰功伟绩,"言必称尧舜",其实"尧"只是虚词,准确地说是言必称虞舜。据杨伯峻先生统计,《孟子》全书讨论到舜的地方达90余处。出土郭店简《唐虞之道》也着重提到"爱亲尊贤,虞舜其人也"。在《大禹谟》中,舜对于治国、修身,提出了许多对后世影响深远的说法,如"无稽之言勿听,弗询之谋勿庸。可爱非君,可畏非民,众非元后何戴,后非众罔与守邦",而其中最有名的是十六字心传:"人心惟危,道心惟微,惟精惟一,允执厥中",十六字心传后来成为宋明理学家性命学说的主要经典依据。

三、泰伯三让天下

泰伯三让天下的故事发生于周朝兴盛之前,并且对"小邦周"的兴起具有至关重要的作用。孔子曾对泰伯三让之德极力赞扬,称其为"至德":"泰伯,其可谓至德也已矣。三以天下让,民无得而称焉。"(《论语·泰伯》)而司马迁在《史记》中也以《吴泰伯世家》作为七十世家之首,对泰伯的让德推崇备至。

关于这一故事许多早期文献都有涉及,除了《论语》之外,《左传》也多次提到,但大多是在叙述其他事件时附带提及,或作为例证来引用。如闵公元年,大臣士蔿在劝晋国太子申生学习吴太伯的做法,出逃避祸,以保声名时说:"太子不得立矣……不如逃之,无使罪至,为吴太伯,不亦可乎?犹有令名。"间接点出了太伯奔吴的故事。又如僖公五年在叙述假途伐虢之事时说:"晋侯复假道于虞以伐虢,宫之奇谏曰:……太伯、虞仲,太王之昭也。太伯不从,是以不嗣。"这里借宫之奇之口点出了太伯让位的故事。最早详细记录这一事件来龙去脉的是《史记》中的《周本纪》和《吴太伯世家》,其中《吴太伯世家》云:

> 吴太伯,太伯弟仲雍,皆周太王之子,而王季历之兄也。季历贤,而有圣子昌,太王欲立季历以及昌,于是太伯、仲雍二人乃奔荆蛮,文身断发,示不可用,以避季历。季历果立,是为王季,而昌为文王。太伯之奔荆蛮,自号句吴。荆蛮义之,从而归之千余家,立为吴太伯。太伯卒,无子,弟仲雍立,是为吴仲雍。仲雍卒,子季简立。季简卒,子叔达立。叔达卒,子周章立。是时周武王克殷,求太伯、仲雍之后,得周章。周章已君吴,因而封之。乃封周章弟虞仲于周之北故夏虚,是为虞仲,列为诸侯。

周太王古公亶父有三个儿子,即泰伯、仲雍和季历。季历生姬昌,也就是后来的周文王。姬昌生下来就有祥瑞之象,预示着他将带领周走向兴盛。古公亶父因此想立少子季历为嗣,从而能够传位于姬昌。泰伯知道他父亲的这种想法后,就与二弟仲雍商量,两人一致决定主动离开岐下,逃到南方荆蛮之地,并顺从当地的习俗文身断发,来表示不再回去的决心,从而将王位的继承权让与了三弟季历,进而成就姬昌和其子武王姬发一统天下的大业。

其实,关于泰伯三让天下的故事有许多版本,上述《史记》的记载只是其中影响最大的一个。《韩诗外传》卷十、《穆天子传》卷二、《吴越春秋》卷一等,也对这一故事有更为详细、生动的记述,内容与《史记》的记载大同小异。其中值得注意的是《韩诗外传》的记载:

> 君子温俭以求于仁,恭让以求于礼,得之自是,不得自是。故君子之于道也,犹农夫之耕,虽不获年,优之无以易也。大王亶甫有子曰太伯、仲雍、季历,历有子曰昌。太伯知大王贤昌而欲季为后也,太伯去之吴。大王将死,谓季曰:"我死,汝往让两兄,彼即不来,汝有义而安。"大王薨,季之吴告伯仲,伯仲从季而归。群臣欲伯之立季,季又让。伯谓仲曰:"今群臣欲我立季,季又让,何以处之?"仲曰:"刑有

所谓矣,要于扶微者,可以立季。"季遂立而养文王,文王果受命而王。
孔子曰:"太伯独见,王季独知。伯见父志,季知父心。"故大王、太伯、
王季,可谓见始知终而能承志矣。

　　这里主要是通过叙述泰伯三让天下的故事,揭示君子要"温俭以求于
仁,恭让以求于礼",而不要斤斤于个人的得失。另外,这段话的重要性在
于引用了孔子对三让故事的评述,这是《论语·泰伯》之外仅存的另一条
孔子对泰伯故事的评论。孔子认为泰伯能够切身领会父亲的意志,主动
避让,而王季又能够领会父亲的苦心,所以他们都能够承父之志,这才是
孔子一直提倡的最大的孝道,正如同孔子在《论语》中所说的"三年无改于
父之道,可谓孝矣"。

　　关于"三让"的具体含义,历代也有不同的解释。东汉王充在《论衡·
四讳》中说:"昔太伯见王季有圣子文王,知大王意欲立之,入吴采药,断发
文身,以随吴俗。大王薨,太伯还,王季避主,太伯再让,王季不听。三让,
曰:'吾之吴越,吴越之俗断发文身。吾刑余之人,不可为宗庙社稷之
主。'"认为三让是在处理太王的丧事时,三次谦让不作丧主,不继承王位。
郑玄在《论语注》中提出另一种说法:"三以天下让者,见季历贤,又生文
王,有圣人之表,欲以让焉。以为无大王之命,将不见听,大王有疾,因过
吴越采药,大王没而不返,季历为丧主,一让。季历赴之,不来奔丧,二让
也。免丧之后,遂断发文身,裸以为饰,三让。"①认为泰伯共让了三次,第
一次是生让,即在太王病的时候,以采药为名逃奔吴越而不归。第二次是
死让,太王去世后,季历来赴告,不去奔丧,不去做丧主。第三次是俗让,
泰伯可能在吴地为太王守丧,丧期满后便断发文身,示不可用,终不归。
这种看法是认为"三让"是指泰伯在周太王生、死、祭三个重大变故中主动
让位于季历。另外,皇侃《论语义疏》引用了晋人范宁的两种解释,第二种
与郑玄略同,第一种则认为:"因太王病,托采药于吴越,不反。太王薨而
季历立,一让也;季历薨而文王立,二让也;文王薨而武王立,于是遂有天
下,是为三让也。"认为泰伯让季历、文王、武王三代,最终成就了周朝一统
天下的大业。而宋代的朱熹则认为"古人辞让,以三为节。一辞为礼辞,

①　王素:《唐写本论语郑氏注及其研究》,文物出版社1991年版,第93页。

再辞为固辞，三辞为终辞"。这种说法明显受后世权臣篡位时的三辞三让现象的影响。

对于泰伯三让天下，一向喜欢辨析义理的宋儒更从春秋大义、天理人欲等方面进行更烦琐的讨论，产生了许多奇特的观点。如有人认为"三以天下让"是有预谋的行为，是为了帮助周国取得天下，是一种阴谋。还有人认为太王有灭商之志，泰伯认为不合法，为存商，才逃亡到吴越，又将泰伯描绘成忠于商朝的忠臣。还有人认为泰伯让天下并非主动为之，而是被迫的。无论观点如何，都可见泰伯三让天下的故事对后世影响深远，并被儒家赋予了重要的价值和意义，成为一种道德的典范和标杆。孔子以"至德"评价泰伯，可以说是最高的评价了。在孔子时代流传着不少让天下的故事，如伯夷、叔齐、务光等，孔子对他们的评价也很高，但仅局限于个体道德层面的"求仁而得仁"（《论语·述而》），而之所以称泰伯为至德，则可能有着更为深远的用意。在孔子看来，正是泰伯、仲雍的主动让位，才开启了文武周公等圣王的时代，开创了为孔子所津津乐道的周代礼乐文明。而对泰伯来说，正因为他的奔吴，才点亮了吴地和江南灿烂的文明之光，成为江南人文始祖。东汉永兴二年（154），汉桓帝命吴郡太守麋豹在吴郡郡城（今苏州）阊门外修太伯庙，封吴允承为奉祀侯，至今近二千年，太伯、仲雍一直为吴人世世代代祭祀。

泰伯三让天下的道德意义，主要体现在三个方面：第一是谦让之德。让是儒家的重要德目之一，孔子温良恭俭让，礼的重要内涵也是让。在现实中，面对利益的诱惑，能够做到谦让，甚至弃之若敝屣，就更加难能可贵。第二是睿智之德。君子处世，要懂得进退适宜的道理。孔子曾说，天下有道则现，无道则隐，又说危邦不入，乱邦不居，孟子说君子不立严墙之下，都是充满睿智的处世之道。泰伯面对当时的家庭境况和周国的发展形势，能够不失时机地采取三让天下的行动，从而避免家庭的内部纷争，甚至更严重的事态出现，正是体现了他在政治上的高瞻远瞩和睿智果敢。第三是为公之德。泰伯的三让天下，更多的还体现了他一心为公的品德，为周国选择真正能够治理天下，带领周国走向繁荣昌盛的领袖，为此他宁愿自己隐姓埋名，远遁他乡，体现了奉公无私的高风亮节。

四、武王伐纣

上古时期有两次"革命"为儒家所津津乐道,即成汤灭夏与武王伐纣,而尤以后者的影响更为深远。

周国本是西方的一个小诸侯国,他们自称"小邦周",居住在今陕西岐山周原一代,其祖先名弃,与尧舜约略同时,因其善种五谷,被封为农师,封地在邰,号曰后稷,别姓姬氏。在后稷之后的数百年中周国并不兴盛,甚至还有一段时间窜于戎狄之间。后来大约在商朝初期出现了一位贤能的首领公刘,"复修后稷之业,务耕种,行地宜……行者有资,居者有畜积,民赖其庆。百姓怀之,多徙而保归焉。周道之兴自此始"(《史记·周本纪》,下若无特殊说明皆同)。在他的带领下,周国才渐渐发展起来。又过了几百年,到商朝末期,周国的首领古公亶父,即周太王,"复修后稷、公刘之业,积德行义,国人皆戴之",后世都认为周国后来实现统一天下的理想就是从太王开始的。《诗经·鲁颂·閟宫》中说"后稷之孙,实维大王。居岐之阳,实始剪商",司马迁也说:"盖王瑞自太王兴。"尤其是泰伯通过三让天下,使季历传周文王,周文王得以登上历史舞台,周国数百年的宏大历史自此拉开帷幕。

周文王积善累德,勤政爱民,礼贤下士,聚集了许多贤人,如伯夷、叔齐,"太颠、闳夭、散宜生、鬻子、辛甲大夫之徒皆往归之",团结了周边的许多诸侯国,扩大了周国的影响力。后来崇侯虎对纣王说:"西伯积善累德,诸侯皆乡之,将不利于帝。"于是纣王将文王囚禁在羑里。一囚就是七年。这期间相传文王将伏羲八卦演为六十四卦[1],《史记·日者列传》称:"自伏羲作八卦,周文王演三百八十四爻而天下治。"司马迁在《太史公自序》中也说"文王拘而演周易"。后来周国通过贿赂纣王而使文王得以放归,此后"西伯阴行善,诸侯皆来决平",周的影响力进一步扩大。周国附近的虞、芮两个小国有了争端,想让周国帮助协调,当他们来到周国的土地上时,看到这里风俗淳美,"耕者皆让畔,民俗皆让长",于是非常惭愧,争端自然消解,诸侯听说之后都认为"西伯盖受命之君"。过了几年,文王攻伐

---

[1] 关于文王是否演《周易》,后世有争论,此处不作具体讨论。

了犬戎、黎国等几个小国，这渐渐引起殷商朝廷的恐慌。《尚书》有《西伯戡黎》之篇，记载的就是殷商的贤臣祖伊在听说周文王攻伐了黎国之后来劝谏纣王，希望他不要再继续胡作非为，否则天命就会从殷商转移到周了。纣王却称"我生不有命在天"，丝毫不予重视。后来，文王又修建了丰邑，并由岐下迁都到丰。

这里值得一提的是"文王受命"的概念，所谓受命，按传统说法即意味着正式接受上天要求剪灭殷商、统一天下的使命。文王受命的观念作为殷周鼎革的根本依据，在周民族的历史记忆里长期留有深厚的印迹，《尚书》《诗经》等文献反复提到这一事件。《尚书·大诰》云："天休于宁王，兴我小邦周。宁王惟卜用，克绥受兹命。"《诗经·大雅·大明》云："有命自天，命此文王。"但是，对于文王何时受命、如何受命以及文王生前是否称王，各种文献的记载却不一致。《尚书大传》说："文王受命，一年断虞芮之讼，二年伐邗，三年伐密须，四年伐犬戎，五年伐耆，六年伐崇，七年而崩。"将断虞芮之讼作为受命之后所作的第一件事。《史记·周本纪》说："盖受命之年称王而断虞芮之讼，后十年而崩，谥为文王。"又认为文王受命之年正式称王，但从上文提到"西伯阴行善"，则文王公开称王的可能性并不太大。《逸周书·文传解》说："文王受命之九年，时维暮春，在镐，（召）太子发。"伴随着文王受命的，是一系列祥瑞事件的出现，《墨子·非攻下》云："赤鸟衔珪，降周之岐社，曰：天命周文王伐殷有国。"近代以来，有不少学者怀疑文王受命并非实有其事，乃是周代后人的虚构。但无论如何，从文王开始，通过对周边诸侯的征伐，以及建设新都等举措，已经在为灭商做各方面的准备了。

文王去世后，武王即位，他任用太公望、周公旦、召公、毕公等一大批贤人，继续文王的事业。武王即位后的第二年，就发动大军，载着文王的木主，朝殷商进发，观兵孟津，"称太子发，言奉文王以伐，不敢自专"。当时"诸侯不期而会盟津者八百诸侯"，可见周国在当时诸侯中的影响力，也说明人心向周、商纣王孤立无援的形势已形成。这次行动中武王发布了一篇《泰誓》。据《史记》记载，这次行动出现了许多祥瑞，如"白鱼跃入王舟中""有火自上复于下，至于王屋，流为乌，其色赤，其声魄云"等。与会诸侯均力劝武王立即向朝歌进军。但这只是一次军事试探和预演行动，武王认为时机还不成熟，在军队渡过黄河后又下令全军返回，并以"汝未知天命"告诫大家不要操之过急。

　　又过了两年，武王探知商纣王更加昏庸、暴虐。商朝的重臣比干、箕子忠言进谏，一个被杀，一个被囚。太师疵、少师强见纣王已不可救药，抱着商朝宗庙祭器逃而归周。这时武王认为灭商条件已完全成熟，"殷有重罪，不可以不毕伐"。果断决定发兵伐商，通告各诸侯国向朝歌进军，这时他又发布了一篇《泰誓》。在十二月戊午这一天，渡过了孟津，此时他把诸侯汇聚在一起，发布了第三篇《泰誓》①，历数纣王的罪恶，称其"用其妇人之言，自绝于天，毁坏其三正，离逖其王父母弟，乃断弃其先祖之乐，乃为淫声，用变乱正声，怡说妇人"，这次行动是"恭行天罚"。在公元前1046年"二月甲子昧爽"这个颇具历史意义的时刻②，武王大军来到商郊牧野，正式向军队发布了誓师和总攻的命令——《牧誓》。誓词首先列举了纣王的主要罪状，一是"惟妇言是用"；二是荒废了祭祀，遗弃了父母亲族；三是信任奸宄、暴虐百姓。然后讲到如何列阵攻击，如何对待投降的敌人，并对严明军纪做了要求。通过这篇誓词，使武王军队士气大振，纣王虽然派了重兵对抗，但军心涣散，根本无法抵抗周军的进攻，最后纣军纷纷倒戈，武王没费太大力气就攻进朝歌。不过，《尚书·武成》篇却记载此次牧野之战非常惨烈，以至于"流血漂杵"，孟子并不相信，认为："仁人无敌于天下。以至仁伐至不仁，而何其血之流杵也？"而《史记·周本纪》的叙述也没有提到"流血漂杵"之事。

　　纣王见大势已去，遂自焚于鹿台而死，"武王持大白旗以麾诸侯，诸侯毕拜武王"，承认了武王的共主地位。武王随后祭天，以明确其所受的天命，然后安抚商民，发布《商誓》（见《逸周书》），站在天命的角度来说明伐纣的合理性，并要求殷商旧臣、百姓顺从周的统治。之后，武王把殷商的遗民封给纣的儿子武庚（又称禄父），又派他的弟弟管叔鲜、蔡叔度辅佐武庚治理殷国。然后又命召公放箕子出狱，命毕公释放被关押起来的百姓，在商容的闾门上设立标志以表彰他。命南宫括散发聚集在鹿台的钱财和巨桥的粮食，用来赈济贫苦的野人和贱民。命南宫括、史佚搬走殷人的九鼎和宝玉。命闳夭为比干之墓培土为冢，以示表彰殷商的忠臣。命宗祝

①　《泰誓》共三篇，为三个不同的时间所作，参马楠：《今文尚书泰誓综理》，《中国典籍与文化》2015年第1期。

②　关于武王伐纣的具体时间有多种说法，这里采用"夏商周断代工程"所得出的结论。

祭享于军中,然后撤兵回到西方,并作《武成》。

武王伐纣既是一个具有划时代意义的政治事件,又是一个意涵丰富的政治学命题。在儒家的视域中,文武都是理想中的圣王,所以武王伐纣一般被看成是"应天顺人"的正义之举,《易·革·象》云:"天地革而四时成,汤武革命,顺乎天而应乎人。"但一个理论难题是,武王作为臣子却攻伐作为天子的纣王,是不是以下犯上呢? 对于这个难题,孟子的回答显得比较干脆利落:"贼仁者谓之贼,贼义者谓之残,残贼之人,谓之一夫。闻诛一夫纣矣,未闻弑君也。"(《孟子·梁惠王下》)在孟子看来,"汤武革命"的应天顺人之处即在于其建立在仁义与天道的基础之上。如果统治者只贪图自己的享受而置百姓的生死存亡于不顾,就已经丧失了统治的合法性,其统治者的身份也将不被认可,因此,将其推翻也就不属于"篡逆"或"弑君"。荀子同样不赞成汤武"篡弑"说,他的理论更复杂一些:

> 圣王之子也,有天下之后也,埶籍之所在也,天下之宗室也,然而不材不中,内则百姓疾之,外则诸侯叛之,近者境内不一,遥者诸侯不听,令不行于境内,甚者诸侯侵削之,攻伐之。若是,则虽未亡,吾谓之无天下矣。圣王没,有埶籍者罢不足以县天下,天下无君。诸侯有能德明威积,海内之民莫不愿得以为君师,然而暴国独侈,安能诛之,必不伤害无罪之民,诛暴国之君若诛独夫。若是,则可谓能用天下矣,能用天下之谓王。汤武非取天下也,修其道,行其义,兴天下之同利,除天下之同害,而天下归之也;桀纣非去天下也,反禹汤之德,乱礼义之分,禽兽之行,积其凶,全其恶,而天下去之也。天下归之之谓王,天下去之之谓亡。故桀纣无天下,而汤武不弑君,由此效之也。汤武者,民之父母也;桀纣者,民之怨贼也。(《荀子·正论》)

荀子认为,真正的君主,要能一天下,使天下归之,其政令为天下普遍地遵守,即政令统一,如荀子说的"令行于诸夏之国"。荀子认为君是"能群"者,能把所有人凝聚起来,这就是一天下,君就发挥了这样一个"一"(动词,使为一)的作用。而桀纣呢? 荀子说:"内则百姓疾之,外则诸侯叛之,近者境内不一,遥者诸侯不听,令不行于境内,甚者诸侯侵削之、攻伐之。若是,则虽未亡,吾谓之无天下矣。"简单说,就是天下不"一"了,在这种情况下，即使你还在那个位置上，而事实上你已经不是君了，这就叫有名无实。如何让天下归之呢？荀子云："修其道，行其义，兴天下之同利，除天下之同害，而天下归之也。"得到民心，则民心归之。也就是说，圣王以礼义使天下归之，从而达到一天下的结果。汤武通过兴利除害，重新凝聚了天下人心，符合了"君者能群"的标准，所以汤武就成为真正的君。

在汉代之后，随着大一统帝国的形成和稳固，思想控制日益严密，对于汤武革命这一涉及政治合法性的敏感话题，无论赞成还是反对，都对统治者不利。因为如果赞成革命，那就给反对现存王朝提供了依据；如果反对革命，认为那是篡弑，那就认为通过革命取得政权的现存王朝是非法的。汉初黄生与辕固生对此问题的讨论很耐人寻味，黄生认为汤武革命是弑君行为，而辕固生认为是顺天命而行的正当行为，并反驳黄生说，如果说汤武革命是弑君，那么汉高帝起兵反秦是不是也是弑君呢？最后景帝说："食肉不食马肝，不为不知味；言学者无言汤武受命，不为愚。"从而制止了这场争论，"后学者莫敢明受命放杀者"（《史记·儒林列传》），这一问题本身也成了讨论的禁区。

从学术史和思想史的角度来看，无论是文王还是武王，在统一天下的过程中，都自觉地以"天命"自居，以天命作为伐纣合法性的理论基础，以此确立了"天命靡常，惟德是辅""以德配天""天从民意"等观念，对后世儒家政治学说的形成有重要影响。

五、箕子为武王陈洪范九畴

箕子，相传是纣王的"诸父"（马融、王肃说）或"庶兄"（服虔、杜预说），是商朝的大忠臣，与比干、微子一起，被孔子并称"三仁"（《论语·微子》）。《史记·宋微子世家》记载其事迹云：

> 箕子者，纣亲戚也。纣始为象箸，箕子叹曰："彼为象箸，必为玉杯，为杯，则必思远方珍怪之物而御之矣。舆马宫室之渐自此始，不可振也。"纣为淫泆，箕子谏，不听。人或曰："可以去矣。"箕子曰："为人臣，谏不听而去，是彰君之恶而自说于民，吾不忍为也。"乃被发佯狂而为奴，遂隐而鼓琴以自悲，故传之曰《箕子操》。

箕子从纣王奢侈的生活习惯预测到他会越发骄奢淫逸,最终亡国,但作为王室重臣又不能离去,只能假装疯狂,通过鼓琴寄托他的心事。他作的《箕子操》后来被收入郭茂倩编的《乐府诗集》中。尽管箕子佯狂,但仍被纣王囚禁,武王灭商后立即将箕子释放。

周武王克商后,社会局面并未完全安定,殷商旧族以及边疆民族都蠢蠢欲动,试图反叛。在这种形势下,武王迫切需要获得新的治国智慧和谋略,而箕子是贤能的殷商旧臣,目睹兴废,历史经验和知识都非常丰富。因此,武王便向箕子请教治国方略,希望他能总结历史的经验和教训,给他提供借鉴,箕子向武王陈述"洪范九畴",记载于《尚书》的《洪范》篇。所谓"洪范",《尔雅·释诂》云:"洪,大也";"范,法也";"法,度也"。《尚书大传》曰:《鸿范》可以观度。""洪范"即是"大法"。洪范九畴,即上天所赐的九种治国大法,《史记》称为"大法九等"(《宋微子世家》),《汉书》称为"大法九章"。这九类大法是:

第一,五行,即掌握水、火、木、金、土五行的性质及其作用,"水曰润下,火曰炎上,木曰曲直,金曰从革,土爰稼穑。润下作咸,炎上作苦,曲直作酸,从革作辛,稼穑作甘"。五行是当时人对自然界基本要素进行的抽象总结,人们只有掌握这些要素的基本性质,遵循其运行规律,才能够避免自然灾害的发生。《洪范》开篇即指出"鲧堙洪水,汩陈其五行",鲧由于没有很好地研究五行之性,采取壅堵的办法治理洪水,结果酿成了重大灾害,造成了不堪的后果。而禹却能够遵循五行的规律,"平治水土",所以才得到上天赏赐的"洪范九畴"。

第二,敬用五事,是对君主日常言行举止的要求,即在貌、言、视、听、思等五个方面对君主进行要求,"貌曰恭,言曰从,视曰明,听曰聪,思曰睿。恭作肃,从作义,明作哲,聪作谋,睿作圣"。容貌态度要恭谨而严肃,语言要和顺,观察事物要明辨是非,听闻事情要明敏,思虑要通达,做到这五点就能妥善处理各种政务。在《论语·季氏》中孔子提到九思:"君子有九思:视思明,听思聪,色思温,貌思恭,言思忠,事思敬,疑思问,忿思难,见得思义。"这是对《洪范》五事的继承。

第三,农①用八政,"一曰食,二曰货,三曰祀,四曰司空,五曰司徒,六曰司寇,七曰宾,八曰师"。即管理民食、管理财货、管理祭祀、管理建筑、管理教育、管理司法、接待宾客、治理军务等八项重要政务,妥善处理这八项政务是确保社会正常运行发展的基本保证。食货放在首位是对民众生命的重视,体现了重民的思想。将祭祀放在食货的后面,可见当时祭祀在国家政治生活中的重要地位。

第四,协用五纪,就是要掌握岁、月、日、星辰、历数等运行规律,制定科学的历法,用以指导生产和国家治理。每年年初,国家都要将这一年的历数颁布给百姓,使他们有所遵循,历数的准确与否直接关系到一年的收成,因此观天授时的工作就非常重要。

第五,建用皇极,即树立君主的威信,明确君主的行为准则,从而使臣民都来效法君主,"天子作民父母,以为天下王"。其主要要求是:"无偏无陂,遵王之义;无有作好,遵王之道;无有作恶,遵王之路。无偏无党,王道荡荡;无党无偏,王道平平;无反无侧,王道正直。"就是要做到公平公正,不要有偏私偏爱。

第六,乂用三德,即治理臣民时要遵循的三种品德,即正直、刚、柔,要以正直为本,同时在必要时又要刚柔并用,或者以刚制胜,或者以柔制胜。

第七,明用稽疑,就是在遇到大事需要决断的时候,要通过龟卜和巫占以探询上天的旨意,同时,参照卿士、民众和自己的意见做出判断和决定,"汝则有大疑,谋及乃心,谋及卿士,谋及庶人,谋及卜筮"。

第八,念用庶征,"曰雨,曰旸,曰燠,曰寒,曰风,曰时。五者来备,各以其叙,庶草蕃庑"。雨、晴、暖、寒、风五种气候按相应的季节出现而不紊乱,那么众多草木就会很茂盛。而若是出现紊乱,就会风雨不时,或旱或涝。天气情况的变化与君主的行为有密切关系,君主身心恭敬、圣明通达、任用贤能,就会风调雨顺,反之就会出现错乱。这一天人感应思想对后世有重要影响,成为后世灾异、谴告等思想的理论源泉。

第九,飨用五福,威用六极,就是通过寿、富、康宁、好德、善终等"五福"劝导人向善;通过夭折、多病、忧愁、贫穷、丑恶、懦弱等"六极",警戒和

---

① 农,勉也,农用八政即勉用八政。参皮锡瑞《今文尚书考证·洪范》,中华书局1989年版,第243页。

阻止人们作恶。威和福也是君主所掌握的权力,臣民遵循君王的意志去努力行事,就可以得到幸福,违背君王的意愿行事,就会遭受灾祸。

对于箕子所陈述的"九畴",武王非常满意,便将箕子封在了朝鲜。后来箕子曾回到中原,朝觐周朝,在路过殷墟故都的时候,看到旧有的宫室颓败毁坏,长满荒草,心中伤感,便作《麦秀》之诗以歌咏之,其诗曰:"麦秀渐渐兮,禾黍油油。彼狡僮兮,不与我好兮!"(《史记·宋微子世家》)狡童即纣,充满了对商纣王无道亡国的痛恨和对故国的思恋。①

《洪范》集中地表达了上古时期君王治理天下的基本观念和思路。在儒家发展史上产生过重大而深远的影响。历代都有大量的关于《洪范》的注释,甚至形成了《洪范》之学。最早为《洪范》作传的是西汉夏侯始昌的《洪范五行传》,被收录在《尚书大传》中。其后如刘向撰《洪范五行传论》、刘歆撰《五行传说》、王安石的《洪范传》、黄道周的《洪范明义》等,都是解释《洪范》的名著。虽然近代以来,受疑古思潮的影响,《洪范》文本的可靠性受到质疑,但近二三十年,越来越多的学者,如李学勤、裘锡圭等先生认为《洪范》确实是比较可靠的周初的作品。金景芳先生说:"自今天看来,它也确实是一部最系统最完整并提到理论高度来认识的政治哲学著作。"②

从思想史角度看,《洪范》具有以下四个方面的意义。第一,《洪范》是记载五行思想的最早文献,后世对五行思想进行发展,并与阴阳、宇宙论相结合,形成一种系统性的世界观,成为中国文化的一种具有"底色"性质的思想体系。尤其是在汉代,五行的概念甚至成了《洪范》一书的代名词,如《洪范五行传》《洪范五行传论》及《汉书·五行志》的命名等。第二,《洪范》具有浓厚的天人感应思想,虽然表面是在讨论治国,其实是以天道观念为背景的,所以司马迁甚至称武王问的不是治国,而是"问以天道"(《周本纪》)。尤其是第八"念用庶征"一畴,天人感应色彩更为浓厚。第三,皇极思想,它确立了天子代表天意的至高无上的地位,是人间一切善恶、是非、功过的标准,天下所有人都要服从天子的治理,同时天子的行为本身也要具有模范性,要公平、公正,成为天下的表率。但对于皇极的具体含

---

① 关于箕子与朝鲜的关系,以及箕子是如何到朝鲜的,有多种说法,此处据《史记》言。
② 金景芳、吕绍纲、吕文郁:《孔子新传》,长春出版社2006年版,第135页。

义,曾引起后世的广泛讨论。南宋时期,以王淮为首的官僚集团和以朱熹为代表的理学集团就此问题产生争论,王淮继承了传统的说法,将皇极训为大中,而朱熹认为皇训君、王,而极则是至极的标准。他并且撰有《皇极辨》一文来专门讨论这个问题。第四,《洪范》八政重视人民的日用生活水平,孔子曾说"富而教之",孟子也说使民"养生送死无憾"是王道之始,都将人民的生活水平放在首位,马一浮先生说:"观于《洪范》八政,不出教养二端。"可谓精辟的概括。

六、周初分封诸侯

周人推翻了殷商王朝之后,为了巩固自己的政治统治,实行大规模的分封制度,"封建亲戚以藩屏周"(《左传·僖公二十四年》),即古人常说的"封建制"。原来殷商的盟国、属国都接受了周人的分封,他们都承认周王为天下的共主,向周王俯首称臣。对于一些战略要地,则分封亲信或族人进行统治、管理。这样就形成了以周为共主的大一统局面,故《诗经·小雅·北山》云:"普天之下莫非王土,率土之滨莫非王臣。"

周初的分封,据研究大概有两次。第一次是武王灭商后所进行的分封,先是封商纣王之子武庚于殷,然后封管叔于管(今河南郑州市),封蔡叔于蔡(今河南上蔡),命他们监视殷人的动向,号称三监。为巩固周人在东方的势力,又分封几位重要的功臣,封太公望于吕(今河南南阳);封周公于鲁(今河南鲁山县)[①];封召公于匽(今河南郾城)。吕、鲁、匽都在洛阳和殷商旧都附近,是周人防御殷商东方残余势力的前沿阵地。这次分封规模并不大,并且还遗留了许多问题亟待解决。然而,武王不久就去世了,由于即位的成王年幼,各地诸侯和殷商旧民蠢蠢欲动,力图反叛。此时周公站了出来,承担起领导周朝的重任,他率军东征,经历了艰苦的战斗,杀武庚、管叔,放逐蔡叔,平定奄、蒲姑等殷商的旧盟国,从而使周的势力在东方进一步稳定下来,其天下共主的地位进一步巩固。

东征之后,商的残余势力及其旧盟国基本被摧毁。为巩固胜利的果

---

① 鲁曾两次受封,一次武王封周公于鲁山,一次成王封伯禽于曲阜,参杨朝明:《关于鲁齐两国的始封问题》,《管子学刊》1998 年第 2 期。

实,在周公的主导下对广大的疆域进行了再次分封。这次分封的规模相当大,据《荀子·儒效》篇记载,分封七十一国,其中姬姓五十三国,但实际分封数量当远远多于此,估计有数百个。这次分封有三种类型。第一,重新分封殷国,杀武庚之后,改封殷商贤臣、纣的庶兄微子启于宋,以继续安抚商人,宋由此便成了继承殷商一脉的诸侯国,也是孔子的祖国。第二,封神农之后于焦,封黄帝之后于祝,封帝尧之后于蓟,封帝舜之后于陈,封大禹之后于杞。宋、陈、杞等国都在春秋战国的历史舞台上发挥过重要作用。第三,大规模分封了周王的子孙、兄弟,如文王之子有管、蔡、霍、鲁、卫、毛、聃、郜、雍、曹、滕、毕、郇等,武王之子有唐(即晋)、韩等,周公之子为凡、邢等,这类诸侯占据很大一部分。

两次封建,第一次封建规模尚小,而真正的封建则是周公所主导的这次。所以梁启超说"真封建自周公始"[①]。在这次分封中,几个大国的分封尤为重要,如鲁、齐、燕、卫、晋等。由于周公、召公在成王时代是重要的辅政元老,故将他们留在周朝治理天下,而改封他们的长子为诸侯,将周公之子伯禽封为鲁公,国都迁移到奄、徐之地(即今曲阜)。将太公望改封到蒲姑的旧地,以营丘为都。把匽则迁到更遥远的东北方即今北京附近,并命召公的儿子为侯,即燕国。封周公的弟弟康叔于殷墟,为卫侯。封成王的弟弟姬钊于唐。

周的分封制,建立了周代八百年社会等级体制和天下格局的基本框架。周王作为天子,是代表天将天下的土地和人民颁赐给诸侯,诸侯要承认周王的天子地位,承担对周王的义务,如朝觐、纳贡、称臣、尊周等,并严格按照相应的礼制行事,不得有违礼的行为。分封制有多个层级,除了天子分封,还包括诸侯分封其卿大夫立家,每个大夫之家也有贰宗、士有隶子弟等等。这样层层分封,天子、诸侯、大夫、士、庶民建立起一级一级的从属关系,每个等级都有严格的区分,并以礼的形式表现在社会生活的各个方面,如祭祀、日常交往、饮食、器物等等。

春秋战国时,封建制衰落,郡县制兴起。秦汉之后,基本上是郡县制占主导。郡县制是大一统帝国的产物,适应了对广土众民的国家的统治。从封建到郡县,是具有划时代意义的历史变革,汉代史学家班固就说:"秦

---

① 梁启超:《先秦政治思想史》,东方出版社1996年版,第49页。

遂并兼四海。以为周制微弱,终为诸侯所丧,故不立尺土之封,分天下为郡县,荡灭前圣之苗裔,靡有孑遗者矣。"(《汉书·地理志上》)但封建并没有完全消失,秦始皇全面推行郡县制时,即遭到了很多人的反对。其后分封制多次复活,很多皇帝仍迷信通过分封皇族,可以形成对国家政权的藩屏和扶持,但是往往事与愿违,汉代的分封导致七国之乱,晋的分封导致八王之乱,带来惨痛的教训,明初的靖难之役也与明太祖的分封有一定关联。而唐太宗作为一代明君,也多次想恢复封建制,只是因为众臣的劝阻才没有实行。总体来说,秦汉之后,郡县制是主流,虽然历代对于王子皇孙都有分封,但多仅给予虚名,并无授予实际权力,且对其有各种严格限制,分封制已经名存实亡。

封建制与井田、学校等制度,是儒家视域中有代表性的圣王之制,寄托了儒家的治国理想,历代不少儒者对它们充满向往,并试图通过各种途径予以恢复。当然,有赞成就有反对,也有很多学者对封建制予以激烈的批判。对封建制度批评最激烈的是唐代柳宗元的《封建论》。他从历史发展之"势"的观点指出封建制的产生并非"圣人意"而是"势"使然,周之封建制之所以被秦之郡县制所取代,也是历史发展的趋势,不能简单归结为某个人的意志。是否实行封建与国祚的长短并没有必然联系。柳宗元旨在通过批判封建制来反对当时日益严重的藩镇割据,具有很强的现实针对性和政治批判色彩,在后世得到不少仁人志士的赞赏。苏轼的论封建一文就认为:"昔之论封建论者,曹元首、陆机、刘颂,及唐太宗时魏徵、李百药、颜师古,其后刘秩、杜佑、柳宗元。宗元之论出,而诸子之论废矣。虽圣人复起,不能易也。"宋代鉴于唐代藩镇割据的问题,严格控制地方势力发展,这时没人敢再提封建,但这样也走向了郡县制的极端,严重限制了地方经济和社会的发展。明末清初时,许多思想家在反思明亡的教训时,又开始重新思考封建与郡县二者的优劣问题,不少学者倾向于封建。总之,封建与郡县问题,是儒家政治思想不可忽略的话题。

七、周公制礼作乐

周公,姬姓,名旦,周武王同母弟,《史记·管蔡世家》言:"武王同母兄弟十人,次曰周公旦。"周公是西周时期具有灵魂意义的人物,其重要性甚至超过文王、武王，他对于周朝政治、文化之成立，都曾发挥了巨大作用，尤其是制礼作乐，更是中国文化史上的头一件大事。

在文武时代，周公就已经崭露头角。史载周公"同母昆弟十人，唯发、旦贤，左右辅文王"（《史记·管蔡世家》），又称"自文王在时，旦为子孝，笃仁，异于群子"（《史记·鲁周公世家》）。武王即位，周公成为最重要的辅佐大臣，尤其是在伐纣的过程中周公居功甚伟，《史记·鲁周公世家》称："及武王即位，旦常辅翼武王，用事居多。武王九年，东伐至孟津，周公辅行。十一年，伐纣至牧野，周公佐武王，作《牧誓》。破殷入商宫。已杀纣，周公把大钺，召公把小钺，以夹武王，衅社，告纣之罪于天，及殷民。释箕子之囚，封纣子武庚禄父……遍封功臣同姓戚者。封周公旦于少昊之虚曲阜。周公不就封，留佐武王。"《逸周书》之《大开武解》《大聚解》《武权解》等篇多记录周公辅相武王之嘉言懿行。周公与武王兄弟情深，据《尚书·金縢》记载，在武王患病的时候，周公甚至愿以身代武王受疾。

武王去世后，周公辅佐成王治理天下，除了平定各地叛乱，进一步扩大分封规模之外，最重要的举措就是制礼作乐。关于周公制定周礼，最早的记载见于《左传·文公十八年》："先君周公制周礼曰：'则以观德，德以处事，事以度功，功以食民。'作《誓命》曰：'毁则为贼，掩贼为藏。窃贿为盗，盗器为奸。主藏之名，赖奸之用，为大凶德，有常无赦，在九刑不忘。'"《礼记·明堂位》云："武王崩，成王幼弱，周公践天子之位以治天下。六年，朝诸侯于明堂，制礼作乐。颁度量而天下大服。"《逸周书·明堂解》也说："明堂，明诸侯之尊卑也，故周公建焉。而朝诸侯于明堂之位，制礼作乐，颁度量，而天下大服，万国各致其方贿。"《尚书大传》也称："周公摄政，一年救乱，二年克殷，三年践奄，四年建侯卫，五年营成周，六年制礼作乐，七年致政成王。"基本上认为周公摄政的第六年制礼作乐，朝诸侯于明堂，天下大服。但制礼作乐从广义上讲不是一蹴而就的单一事件，而是指整个周代礼乐制度的创建过程，周公在这一过程中起到了主导作用。西周的礼乐文明，并不仅局限于礼和乐这两项具体事物，它还包括了官制、刑法、礼仪等，涉及社会生活的方方面面，可以说是对整个西周早期所创建的文化制度体系的统称。上文提到的设定"九刑罚"、建明堂以朝诸侯、颁度量衡等，都是制礼作乐的重要内容。章太炎先生说："礼者，法度之通名，大别则官制、刑法、仪式是也。"（《检论·礼隆杀论》）例如官制，值得一提的是《周官》。《周官》是百篇《尚书》的一篇①，史书明确记载"天下已安，周之官政未次序，于是周公作《周官》，官别其宜"(《史记·鲁周公世家》)，可知《周官》是周公为创立西周官制所作。后来又出现了六篇本的《周官》，过去多认为是周公所作，近代以来则多认为是战国时的作品，但其中未必没有西周官制的影子。总体来说，西周时代整个国家的运作体系和框架，都是由周公通过制礼作乐这一活动来完成的。

西周礼乐文明是一个高度复杂的文明。文献中有"经礼三百，曲礼三千"的说法，可以想见西周礼乐文明之复杂程度，真可谓"繁文缛礼"。大至政治、军事，小至衣冠、陈设，无不有礼的规范和约束。礼乐不仅是两种具体事物，更代表了两种精神和价值，一是"别"，二是"和"。"别"，是区别和明确上至天子诸侯，下至士大夫庶民的地位差别，以及家庭中父子、夫妇、兄弟长幼之别，明确其权利义务，使他们各自有所遵循，即所谓的"明贵贱，辨等列，顺少长"(《左传·隐公五年》)。如在葬礼方面规定"天子七月而葬，同轨毕至；诸侯五月，同盟至；大夫三月，同位至；士逾月，外姻至"(《左传·隐公元年》)。丧服方面，根据血缘亲疏关系不同有斩衰、齐衰、大功、小功、缌麻五服之分。日常衣冠上，"天子袾裷衣冕，诸侯玄裷衣冕，大夫裨冕，士皮弁服"(《荀子·富国》)。衣饰器物之外，揖让、周旋行为动作的规定也很细微。但"别"不是刚性之别，又带有柔性和谐的因素，即"和"。"别"的功能是区别人的地位差别，而"和"则使所有人都能安于其位，使不同阶层能够和谐相处，从而使整个社会建立和谐的秩序。礼中所包含的敬、爱、孝、悌等情感，都是确保礼能够实行的重要柔性因素。所以，礼乐制度中，礼是主导与核心，而乐是礼的重要补充和辅助，古书上常说："礼以别异，乐以和同。"礼乐一个刚性，一个柔性，相辅相成、不可分割，它们的共同使命就是建立一个和谐、稳定的社会运作秩序。《尚书大传》曾细致描述了周公制礼作乐的本意，谓："周公将作礼乐，优游之三年不能作……将大作，恐天下莫我知。将小作，恐不能扬父祖功烈德泽。然后营洛以观天下之心。于是四方诸侯，率其群党，各攻位于其庭。周公曰：示之以力役，且犹至，况导之以礼乐乎？然后敢作礼乐。"可见，周公制作礼乐，在很大程度上是用以领导"四方诸侯"的，是其治理天下的一种

---

① 《周官》原文已失传，仅存序，今本《周官》是伪古文。

谋略。

周代的礼乐文明是在夏商二代文化的基础上创立起来的,并且超过了二代。孔子曰:"夏礼,吾能言之,杞不足征也。殷礼,吾能言之,宋不足征也。文献不足故也,足,则吾能征之矣。"(《论语·八佾》)孔子又谓"周监于二代,郁郁乎文哉! 吾从周"(《论语·八佾》)。孔子认为,夏礼、殷礼都不足征,而周则"监于二代",吸收并扬弃了夏商时期"尊命""尊神"的礼,而实行礼治和宗法相结合的周礼,所以孔子要遵从周礼。周公制礼作乐奠定了西周数百年的强盛繁荣。周公去世后,成王及其子康王继承文武周公奠定的基业,天下趋于稳定、繁荣,这段时期是周最为强盛的阶段,史家称"成康之际,天下安宁,刑措四十余年不用",因此又被称为"成康之治""成康盛世"。"成康之治"是后世儒家理想中最早的盛世的典范。

周公制礼作乐是中华文明发展史上的第一次大进步、大总结,它直接开启了一个不同于既往巫史传统的礼乐传统。礼乐传统虽然难免含有"巫"的成分,体现对神、祖先的崇敬,其中却蕴含着人的自觉的意识,凸显出主体的积极性与理性作用,体现出一种"内化"与"德化"的倾向,礼乐成为君王内在明德的外在体现和践履。杨向奎先生说:"自周公制礼作乐开始,才是我国对于'礼'的加工和改造,他开始用'德'字来概括原始礼的全过程。以'德'来代替礼。'德'不仅包含着人们主观方面的修养,也包含有客观方面的行为规范。这就丰富了礼的内容,减轻了对等的交换性质,而使礼纳入道德范畴。"①这就改变了此前巫对来自上天的神意的绝对服从和盲目奉行,而将关注点放到人身上。正如李泽厚先生所说,制礼作乐是"将上古祭祀祖先、沟通神明以指导人事的巫术礼仪,全面理性化和体制化,以作为社会秩序的规范准则"②。周公所创立的礼乐文明深刻影响了中华文明的发展,使礼乐成为中国古代文明的重要因素。夏曾佑在《中国古代史》中说:"有周一代之事,其关系至深。中国若无周人,恐今日尚居草昧。盖中国一切宗教、典礼、政治、文艺,皆周人所制也。"③周公也因制礼作乐,而被后世尊为圣人,称"元圣",唐代之前常与孔子并称周孔,史载"武德中…以周公为先圣,孔子配享",可见当时甚至尊崇周公超过孔

---

① 杨向奎:《关于周公"制礼作乐"》,《文史知识》1986 年第 6 期。

② 李泽厚:《新版中国古代思想史论》,天津社会科学出版社 2008 年版,第 297 页。

③ 夏曾佑:《中国古代史》,商务印书馆 1935 年版,第 29 页。

子。宋代封周公为文宪王。后世许多政治人物都以周公为楷模,或制礼作乐,或改制变法,如王莽、王安石、张居正等,虽然其中有成有败,但由此也可见周公影响力之深远。

八、伯禽封鲁与鲁国礼乐传统

鲁国作为周王室的宗邦,是西周时期最重要的诸侯国,《鲁颂·閟宫》称:"王曰叔父,建尔元子,俾侯于鲁。大启尔宇,为周室辅。"鲁国是周朝在东部地区的重要根据地,同时也是周代礼乐文明荟萃之地,这为孔子和儒家的诞生创造了良好的文化环境。

据学者研究,鲁国最初是由武王封周公于今河南鲁山附近,但由于武王不久去世,成王幼弱,周公担负起稳定西周政权的重任,没有就国。周公东征后,成王改封周公长子伯禽于少昊之虚的曲阜,《左传·定公四年》云:"因商奄之民,命以伯禽而封于少昊之墟。"从而开启了鲁国七百多年的历史,伯禽由此成为鲁国第一代国君。在周朝分封的众多诸侯国中,鲁国由于其封国的特殊性质以及所处的地理环境,完全继承了周人的文化传统。伯禽封鲁对于儒家具有重大的历史意义,它标志着儒家思想得以产生的文化场域正式形成。正如《淮南子·要略》所说:"周公继文王之业,持天子之政,以股肱周室,辅翼成王。……成王既壮,能从政事,周公受封于鲁,以此移风易俗。孔子修成康之道,述周公之训,以教七十子,使服其衣冠,修其篇籍,故儒者之学生焉。"

伯禽受封时,周公在为政之德与为政策略方面对其进行了训诫。在《论语·微子》篇中有这样一章:"周公谓鲁公曰:君子不施其亲,不使大臣怨乎不以。故旧无大故,则不弃也,无求备于一人。"施,读为弛,周公希望伯禽厚待自己的亲族和股肱大臣,不要太过苛刻,只有这样才能使鲁国长治久安。《韩诗外传》卷三载:

> 成王封伯禽于鲁。周公诫之曰:"往矣,子无以鲁国骄士。吾文王之子,武王之弟,成王之叔父也,又相天子,吾于天下亦不轻矣。然一沐三握发,一饭三吐哺,犹恐失天下之士。吾闻德行宽裕,守之以恭者荣;土地广大,守之以俭者安;禄位尊盛,守之以卑者贵;人众兵

强，守之以畏者胜；聪明睿智，守之以愚者善；博闻强记，守之以浅者智。夫此六者，皆谦德也。夫贵为天子，富有四海，由此德也。不谦而失天下，亡其身者，桀纣是也。可不慎欤？"

　　周公对伯禽的这篇训诫内容丰富，可以看作是中国的第一篇家训。这里提到恭、俭、卑、畏、愚、浅等都是一种虚心、谦卑心态的表现，在处理各种政务时都时刻保持这种态度，就可获得荣、安、贵、胜、哲、智六种好的结果。周公以自己为例，虽然身居摄政，位拟天子，但也时刻保持战战兢兢的谦虚之态而勤于政务，以至于"一沐三握发，一饭三吐哺"。但即使这样，还经常被人猜忌，据《史记·鲁周公世家》记载，成王年长，周公归政之后，有流言说周公的坏话，周公无奈逃到楚地。不过成王后来知道了真相，就把他迎了回来。《史记·鲁周公世家》也有周公诫伯禽的记载，但与《韩诗外传》略有差异：

　　　　周公戒伯禽曰："我文王之子，武王之弟，成王之叔父，我于天下亦不贱矣。然我一沐三捉发，一饭三吐哺，起以待士，犹恐失天下之贤人。子之鲁，慎无以国骄人。"

　　这里重点强调了礼贤下士的重要性，不要因为自己是鲁国的君主而骄纵，否则就会失去贤人的辅助。《荀子·尧问》也有一段记载与此主旨一致：

　　　　伯禽将归于鲁，周公谓伯禽之傅曰："汝将行，盍志而子美德乎？"对曰："其为人宽，好自用，以慎。此三者，其美德已。"周公曰："呜呼！以人恶为美德乎？君子好以道德，故其民归道。彼其宽也，出无辨矣，女又美之！彼其好自用也，是所以窭小也。君子力如牛，不与牛争力；走如马，不与马争走；知如士，不与士争知。彼争者，均者之气也，女又美之！彼其慎也，是其所以浅也。闻之曰：'无越逾不见士。'见士问曰：'无乃不察乎？'不闻，即物少至，少至则浅。彼浅者，贱人之道也，女又美之！吾语女：我，文王之为子，武王之为弟，成王之为叔父，吾于天下不贱矣。然而吾所执贽而见者十人，还贽而相见者三十人，貌执之士者百有余人，欲言而请毕事者千有余人。于是吾仅得三士焉，以正吾身，以定天下。吾所以得三士者，亡于十人与三十人中，乃在百人与千人之中。故上士吾薄为之貌，下士吾厚为之貌，人人皆以我为越逾好士然，故士至。士至而后见物，见物然后知其是非之所在。戒之哉！女以鲁国骄人几矣！夫仰禄之士犹可骄也，正身之士不可骄也。彼正身之士，舍贵而为贱，舍富而为贫，舍佚而为劳，颜色黧黑而不失其所，是以天下之纪不息，文章不废也。"

这番话可能有荀子润色的成分，如"力如牛，走如马"一句与《荀子·王制》"力不若牛，走不若马"很相似，但其基本思想仍与上引《韩诗外传》《史记》中的材料一致，即告诫伯禽要谦虚下士，尊重贤人，不要"以国骄人"。

由以上几则材料可以看出，鲁国从受封开始就非常注重国君和施政者品行和道德的培养，从而形成谦让、内敛、敦厚的文化性格。据《史记·鲁周公世家》记载，鲁公伯禽被封到曲阜之后，过了三年才向周公汇报政事处理情况，周公问为何迟迟不来报告，伯禽说："改变当地风俗，革新当地礼仪，推行三年之丧，三年丧期过后除去丧服，这样完整的一套礼仪才算完成，所以来迟了。"而太公望被封齐地，仅过了五个月就来报告。周公问为何如此之速，太公说："我简化了君臣之礼，顺从了当地的习俗。"后来在听到伯禽报告迟到的时候，叹气说："鲁国在以后恐怕要受制于齐国了，为政太过复杂、烦琐，人民就很难亲近，平易近民，人民才更容易归顺。"鲁国重礼守文，齐国包容创新，二者的文化差异由此可见。

伯禽就封鲁国之时，由于其父周公在周朝的崇高地位，以及鲁国在东方的重要地理位置，承担了许多重大使命，获得了政治、文化、军事等方面的诸多特权，成了宗周在东方的代言人。鲁国初封的管辖范围极为广大，据《礼记·明堂位》记载："是以封周公于曲阜，地方七百里，革车千乘。"郑玄认为包括"附庸方百里者二十四"。以此推算，其管辖面积可达数十万平方千米："略有今山东省南部小半省，兼涉苏北一隅之地，大致东到今沂水之东，南到今鲁、苏两省交界处，西到今郓城、巨野、城武、单诸县境，北到泰山及汶水之北，以泰山脉及汶水北岸地与齐为界。"（童书业《春秋史》）如此广大范围中，绝大部分是殷商故地和其他少数民族。而之所以将这块关系天下安危的重地封给伯禽,就是希望他"大启尔宇,为周室辅"(《鲁颂·閟宫》)。因此鲁国就责无旁贷地担负起维系各民族关系,并以周礼教化民众、化解纠纷的责任。为完成这一使命,鲁国被赋予很多特权,如征伐,一般的诸侯国是没有擅自征伐的权力的,而鲁国是东方的"方伯","监七百里内之诸侯,故得帅之以征戎夷"(《尚书·费誓》疏)。《尚书》有《费誓》之篇,讲的就是伯禽率军征伐徐夷的誓词。

由于鲁国与周朝的特殊亲近关系,"周之最亲莫如鲁,而鲁所宜翼戴者莫如周"①。使它完好地承袭了周公所开创的礼乐文明,鲁国因此也成为周代礼乐文化最集中的代表。周公去世后,成王为了褒崇周公的丰功伟绩,赐给鲁国很多器物,"凡四代之器、服、官,鲁兼用之"(《礼记·明堂位》)。《左传·定公四年》:"是使之职事于鲁,以昭周公之明德。分之土田陪敦、祝宗卜史、备物典策、官司彝器。"给鲁国赏赐了大量的礼器。还准许鲁国举行只有天子才能举行的礼仪,《史记·鲁周公世家》称"成王乃命鲁得郊祭文王",郊祭即祭天,正常情况只有天子才能祭天,鲁有祭天特权,今曲阜城南尚有祭天的圜丘遗迹。《春秋·僖公八年》:"秋七月,禘于太庙。"《左传·襄公十年》:"鲁有禘乐,宾祭用之。"《论语》中孔子说"明乎郊社之礼,禘尝之义"。鲁还有大雩礼,据《诗·大雅·云汉》,大雩乃祭天祈雨,只有天子才有资格施行,鲁也行大雩礼,古鲁城外现今尚存当年的舞雩坛旧址。《礼记·明堂位》载:"命鲁公世世祀周公以天子之礼乐,是以鲁君孟春乘大路,载弧韣,旗十有二旒,日月之章,祀帝于郊,配以后稷,天子之礼也。"对鲁国始祖周公的祭祀,也像周朝祭祀其始祖文王一样,完全使用天子的一套礼乐体系。《论语》中提到"八佾舞",就是天子乐舞的代表。

春秋时代,周代的礼乐文明开始衰落,鲁国在国力上渐趋弱势,无法与新兴强国齐、晋、楚等抗衡,但仍以礼乐文明的正宗自居,具有文化上的优越感。据《左传》记载,鲁闵公元年,齐想要趁鲁国发生庆父之难伐鲁,齐桓公问仲孙湫曰:"鲁可取乎?"仲孙湫说:"不可,犹秉周礼。周礼,所以本也。臣闻之:国将亡,本必先颠,而后枝叶从之。鲁不弃周礼,未可动也。"可见鲁国一直秉守周礼,起到了凝聚人心的作用。正因为如此,不少

---

① 〔清〕高士奇:《左传纪事本末》卷一《王朝交鲁》高士奇语。

诸侯国仍然对鲁国尊敬有加,如滕、薛、郯等都屡修朝聘之礼。鲁襄公二十九年(前544),吴国公子季札聘中原,并在鲁国观赏奏乐歌诗,鲁国为其演奏了《诗经》中的很多篇章,以及《象箾》《南籥》《大武》《韶濩》《大夏》《韶箾》等古乐,季札盛赞鲁国的礼乐文化。鲁昭公二年(前540),韩宣子聘鲁,"观书于大史氏,见易象与鲁春秋,曰:'周礼尽在鲁矣!吾乃今知周公之德与周之所以王也。'"两事均发生在春秋后期,这反映出当时鲁国的礼乐保存得仍然非常完整。近人韩席筹云:"鲁为齐弱久矣,然而河济海岱间诸小国,率亲鲁而远齐,岂无因而至哉!观曹太子来,则宾之以上卿;滕、薛争长,则婉言以和之;介葛庐来,则礼之加燕好。盖鲁能秉周礼,以怀柔小国,故小国亲睦而来服也。"①鲁国是名副其实的"礼仪之邦",也只有这样的文化氛围,才能孕育出孔子和儒家。

九、周王室的衰落与礼崩乐坏

西周王朝的繁荣并没有维持太久,中国历史上第一个盛世——成康之治之后,便出现"王道微缺"的状况。据《竹书纪年》等史料记载,康王的儿子昭王时,江汉地区的楚国开始与周朝分庭抗礼,昭王一怒之下南征,最终却导致"南征而不返"的结果,这意味着周王朝的权威开始有所下降。昭王之子穆王也多次东征西讨,《左传·昭公十二年》记载左史倚相对楚王曰:"昔穆王欲肆其心,周行天下,将皆必有车辙马迹焉。"其后,衰相渐显。《汉书·匈奴传》云:"至穆王之孙懿王时,王室遂衰,戎狄交侵,暴虐中国。中国被其苦,诗人始作,疾而歌之。"《史记·周本纪》载:"懿王之时,王室遂衰,诗人作刺。"可见,周懿王时,西周王室的衰相已经非常明显。周王本身的无道,是王室渐衰的重要原因,最著名的是周厉王时期的"道路以目",与周幽王的"烽火戏诸侯"。据《国语·周语》记载,周厉王暴虐,为防止人们的反抗,用卫巫监视国人,杀害有不满言论的人,从此"国人莫敢言,道路以目",厉王高兴地说"吾能弥谤矣,乃不敢言"。召公劝谏他,并说了一段为后世广为传颂的话:

---

① 韩席筹:《左传分国集注》卷三《小国交鲁》,江苏人民出版社1963年版,第155页。

防民之口,甚于防川。川壅而溃,伤人必多,民亦如之。是故为川者决之使导,为民者宣之使言。故天子听政,使公卿至于列士献诗,瞽献曲,史献书,师箴,瞍赋,蒙诵,百工谏,庶人传语,近臣尽规,亲戚补察,瞽、史教诲,耆、艾修之,而后王斟酌焉,是以事行而不悖。民之有口,犹土之有山川也,财用于是乎出;犹其原隰之有衍沃也,衣食于是乎生。口之宣言也,善败于是乎兴,行善而备败,其所以阜财用衣食者也。夫民虑之于心而宣之于口,成而行之,胡可壅也?若壅其口,其与能几何?

厉王仍然不听,过了三年,国人发动暴动,把厉王流放到彘。到西周的末代君王幽王时,政治更加腐败。虽然烽火戏诸侯的故事未必真实,但周幽王的昏庸无道却应属事实。幽王不问政事,任用奸佞乖巧、善于逢迎的虢石父为卿士,执掌政事,引起百姓强烈不满。郑国的史伯预测到西周的灭亡已经不远了,他说:"今王弃高明昭显,而好谗慝暗昧;恶角犀丰盈,而近顽童穷固,去和而取同。夫和实生物,同则不继。"(《国语·郑语》)认为应当允许不同的意见和观点,这样才更有利于国家的发展,而幽王却一味地听信惯于谄谀之辞的虢石父,听不进不同意见,所以"欲无弊,得乎"。更重要的是,周幽王破坏了周王朝一直奉行的嫡长子继承制,废黜申后和太子宜臼,而立宠妃褒姒为王后,立褒姒所生之子伯服为太子,并加害宜臼。嫡长制是周代礼乐制度和宗法制度的核心内容,一旦破坏,将会严重危及政治的稳定。周幽王十一年(前771),申后的父亲申侯联合缯国、西夷犬戎攻打周幽王,在骊山下杀死周幽王,西周灭亡。诸侯遂拥立太子宜臼为王,是为周平王,并东迁洛邑。此后,历史进入春秋时代,诸侯相互征伐,周王的权威更加萎缩,根本无法号令诸侯。孔子在《论语》中说的礼乐征伐自诸侯出、自大夫出,而不是自天子出,就是那个时代的反映。

周王室的腐败衰落,社会各阶层普遍出现不满情绪,发出抱怨和讽刺的声音,体现在文学上,就是讽刺诗的兴起。讽刺诗,常被后世称为"变风""变雅",与"正风""正雅"相对,指的是《风》《雅》中反映周政衰乱时期的作品。正风正雅是政教兴盛、人民安居乐业的反映,而变风变雅则是政教废弛、人民生活困苦而心怀怨愤的作品。《诗大序》云:"至于王道衰,礼义废,政教失,国异政,家殊俗,而变风变雅作矣。"《汉书·礼乐志》云:"周道始缺，怨刺之诗起。”《毛诗正义》引郑玄《诗谱序》云：“故孔子录懿王夷王时诗，讫于陈灵公淫乱之事。”《诗经》中的很多篇章，反映的都是周衰时的情况，如大雅中的《板》《荡》《桑柔》《民劳》《云汉》，小雅中的《节南山》《雨无正》等，这些诗往往抱怨上天不公，抱怨王公贵族不体恤民情，抱怨生活艰辛。

周的衰落，即所谓的“王纲解纽”，最主要的表现是西周所建立的礼乐制度和礼乐文化的衰落，即人们常说的“礼崩乐坏”。西周礼乐制度的核心是一整套体现贵贱尊卑的等级制度，“天子建国，诸侯立家，卿置侧室，大夫有贰宗，士有隶子弟，庶人、工、商，各有分亲，皆有等衰。是以民服事其上而下无觊觎”(《左传·桓公二年》)。而礼崩乐坏意味着这一等级制度的破坏。史称：“平王之时，周室衰微，诸侯强并弱，齐、楚、秦、晋始大，政由方伯。”(《国语·吴语》)诸侯开始不再朝贡天子，甚至还跟天子打仗，宗庙祭祀也逐渐废弛。在诸侯层面，是大夫与家臣秉政。鲁自宣公以后，以季氏为首的三桓控制了政权，季氏又忙于与国君争权，将采邑政事委与家臣，家臣势力日渐膨胀，于是又出现了“陪臣执国命”的现象。晋国三家分晋，齐国田氏代姜。孔子看不惯这种状况，谓之“天下无道”，他说：“天下有道，则礼乐征伐自天子出，天下无道，则礼乐征伐自诸侯出……天下有道，则政不在大夫，天下有道，则庶人不议。”(《论语·季氏》)孔子曾对鲁国违背礼乐传统处多所评论指责，如“八佾舞于庭，是可忍也，孰不可忍也！”(《论语·八佾》)司马迁说：“春秋之中，弑君三十六，亡国五十二，诸侯奔走不得保其社稷者，不可胜数。”(《史记·太史公自序》)

礼崩乐坏还表现在日常礼制的逐渐废弛。西周的礼制非常烦琐，体现在生活的方方面面，所谓“礼仪三百，威仪三千”，这么烦琐的礼仪掌握起来非常困难，遂渐渐被废弃。《左传》和《国语》中记载了大量失礼的故事。按照西周的礼制规定，诸侯不能娶同姓，而鲁昭公却娶了同姓的吴国之女。《春秋》哀公十二年记载：“夏五月甲辰，孟子卒。”对此《左传》云：“夏五月，昭夫人孟子卒。昭公娶于吴，故不书姓。死不赴，故不称夫人。不反哭，故不言葬小君。孔子与吊，适季氏。季氏不絻，放绖而拜。”《公羊》《穀梁》也称之所以不称夫人而称孟子，是“讳取同姓也”。在《论语·述而》中，也有一段对话：

陈司败问："昭公知礼乎？"孔子曰："知礼。"孔子退，揖巫马期而进之曰："吾闻君子不党，君子亦党乎？君取于吴，为同姓，谓之吴孟子。君而知礼，孰不知礼？"巫马期以告。子曰："丘也幸，苟有过，人必知之。"

可见，鲁昭公娶同姓，在当时是公认的失礼行为，只是因为他是国君，故有所避讳。《礼记·檀弓下》记载："悼公之母死，哀公为之齐衰。有若曰：'为妾齐衰，礼与？'哀公曰：'吾得已乎哉，鲁人以妻我。'"为妾服齐衰，显然是有违礼制，哀公却以鲁人都把她当作夫人为借口，心安理得。有时候鲁国明知正礼为何，但迫于形势也不得不违背。《礼记·檀弓下》记载，鲁襄公朝于荆，荆康王卒，荆人曰："必请袭！"鲁人曰："非礼也！"楚人强之，鲁人只好照办。《左传·哀公七年》记载，"吴来征百牢"，因为宋国献百牢于吴，吴人以为鲁不可以后宋。虽然"周之王也，制礼，上物不过十二，以为天之大数也"，但"吴人弗听"，鲁国只好与之百牢。许多礼仪虽未被废弃，但极度简化，形同虚设，如告朔之礼，春秋时许多诸侯已经不再亲临祖庙告朔，只是杀羊应景。《论语》中记载："子贡欲去告朔之饩羊，子曰：'赐也，尔爱其羊，我爱其礼。'"（《论语·八佾》）在朝聘之礼方面，诸侯也越来越慵懒，朝见周天子的次数越来越少，而朝见霸主的次数却急速增加，清人顾栋高说："终春秋之世，鲁之朝王者二，如京师者一，而如齐至十有一，如晋至二十。"（《春秋大事表》）

在孔子时代，真正的雅乐已经不多见了，几乎成了绝学，当时如果谁能懂得一点雅乐，就会让人充满敬畏，所以当孔子在齐国听到韶乐的时候，便沉浸其中三月不知肉味。古乐典雅、庄重、枯燥，难以引起人们的兴趣，而新兴的音乐更具有娱乐性和审美性，因此更容易为人接受，但它们由于与古乐不符，往往被称为"靡靡之音""郑卫之音""世俗之乐"等。《孟子·梁惠王下》齐宣王曰："寡人非能好先王之乐也，直好世俗之乐耳。"《礼记·乐记》载魏文侯问于子夏曰："吾端冕而听古乐，则唯恐卧。听郑卫之音，则不知倦。敢问古乐之如彼，何也？新乐之如此，何也？"都表现出古乐魅力的丧失与俗乐的兴起。

礼崩乐坏，一方面使过去严格的社会等级出现松动，人们的思想和活动不再被禁锢在严格的礼法范围内，开始变得活跃，为儒家乃至诸子百家思想的繁荣创造了社会条件。另一方面,礼崩乐坏所造成的社会混乱局面,也使一部分有志于保存、传承和重塑其精神的人得以产生,其最杰出的代表就是孔子,他有感于周室微而礼乐废、诗书缺,遂论次诗书,修起礼乐。孔子以其礼乐之学传授生徒,开私家讲学之风,儒学于是创立。

十、管仲辅佐齐桓公称霸

齐桓公是春秋五霸之首,其霸业是一个经常被后世儒家学者讨论的话题,大至王道与霸道的关系,小到齐桓公、管仲的个人品质问题。因此,齐桓公称霸在儒学史上也是不可忽视的一个重大事件。齐桓公名小白,齐僖公之子,齐襄公之弟,于公元前685—前643年在位。管仲(约公元前723—前645年),名夷吾,字仲,谥敬,又称管敬仲,颍上(今安徽省颍上县)人,与鲍叔牙为友,后随侍齐桓公的兄长公子纠。

据《史记·齐太公世家》《管晏列传》记载,齐襄公时,国政比较混乱,襄公醉杀了鲁桓公,又与其夫人通奸,"淫于妇人,数欺大臣",他的兄弟们怕祸及其身,于是管仲、召忽保护公子纠逃到了鲁国,鲍叔牙保护公子小白逃到莒国。襄公十二年(前686),公孙无知杀齐襄公,自立为君。次年,雍林人杀无知,并讨论重立国君的问题。齐国的高、国两大贵族事先暗地通知了小白提前回国。鲁国听说以后也发兵送公子纠回国,并派管仲带兵堵住从莒国到齐国的路,试图阻止小白回国争夺君位,管仲一箭射中小白带钩。小白假装倒地而死,管仲派人回鲁国报捷。鲁国见公子纠政敌已死,就放慢了送他回国的速度。而小白日夜兼程终于提前赶回齐国,并被立为国君,是为齐桓公。桓公即位以后发兵攻打鲁国,想把公子纠及其随从管仲等全部杀掉,但鲍叔牙知道管仲是不可多得的人才,劝说齐桓公留下管仲,"君且欲霸王,非管夷吾不可",齐桓公不计前嫌,听从鲍叔牙的建议,要求鲁国杀掉公子纠,而将管仲送回齐国。齐桓公任命管仲为大夫,把齐国的国政都委任给他。此后管仲长期参与齐国国政,身居相位,号为仲父,齐桓公对他言听计从,君臣相得,亲密无间,终于实现了霸业。

管仲具有出色的政治才干和务实精神,相齐后,凭借宏大的政治理想和非凡的政治眼光,充分运用其政治才能和手段,辅助齐桓公治理齐国,对齐国的政治、经济、军事等各领域进行改革，取得了显著的成效，使得齐国国力日益强盛。管仲的国家治理思想非常丰富，包括注重法令治国、礼法结合、发展经济等。进行政治改革，实行"叁国伍鄙"的军政合一的组织形式，便于政令的通达，更便于军事集结。他将自由民按职业划分士、农、工、商四种，采用分业定居的办法，使各业人员安心从事于本业，有利于社会安定。进行经济改革，主张富民裕民，提出了"仓廪实则知礼节，衣食足则知荣辱"的主张，废除井田制度，实行"均地分力"的土地制度，把土地平均分给农民，实现一家一户的个体经营，实施"相地而衰征"的税收制度，根据土地肥沃程度的不同交纳租税；发展工商业，"以区区之齐在海滨，通货积财"（《史记·管晏列传》）。重视礼教教民，提出礼义廉耻的四维主张。

由于周王室的衰微，中原诸国征伐不已而无力制止，使戎、狄等周边的强悍民族趁机内侵。在这种形势下，管仲提出"尊王攘夷"的口号，承认周王室的共主地位，积极援助被侵犯的诸侯国。这一口号在当时很有号召力，只有"尊王"旗帜竖起来，中原各国才能增强团结，才能共同抵御外族的交侵。《齐世家》记载，桓公二十三年，山戎伐燕，齐桓公救燕，遂伐山戎，燕庄公送桓公入齐境。桓公说："非天子，诸侯相送不出境，吾不可以无礼于燕。"于是将燕君所至之处全部让与燕国，并命燕君复修召公之政，纳贡于周，如成康之时。诸侯听了这件事，都更加顺从齐国。狄人多次伐邢，桓公率诸侯伐狄救邢，并将邢国迁到夷仪。狄人灭了卫国，桓公又在楚丘协助重建卫国。桓公三十年，齐桓公在管仲的建议下联合各诸侯国讨伐楚国，质问楚国不按时向周王室进贡，祭祀所用茅草的违礼行为，"尔贡包茅不入，王祭不共，无以缩酒，寡人是征。昭王南征而不复，寡人是问"（《左传·僖公四年》）。最终迫使楚国认罪改过。在辅佐和安定周室方面，桓公也有很大贡献，周惠王打算废黜太子郑而立少子带为太子，一废一立便会带来政局的不稳，齐桓公率诸侯主动匡扶周室，拥立太子郑为周襄王，维护了王室的安定。这一系列"尊王攘夷"的政策和行动，使得齐国形象大幅提升，周王室和各诸侯国都信服齐国，齐国成为周天子的代言人，逐渐确立了中原霸主的地位。

所谓霸，并非后世的蛮横、霸道之意，"霸"即伯，即诸侯之长的意思，"霸主"即诸侯会盟之主，霸主的地位需要有周天子之准许或册命。齐桓公五年(前681)春,齐桓公在甄地召集宋、陈、蔡、邾四诸侯国进行会盟,史称北杏之会,这是齐桓公第一次以盟主身份召集的诸侯国会盟,此后齐桓公共主持诸侯会盟达十一次,兵车之会四次,成为中原地区各诸侯国名副其实的霸主,并受到周天子的封赏。周惠王十年,即齐桓公十九年(前667),赐齐桓公为伯(《史记·周本纪》),标志着霸主地位得到周王的认可。桓公三十五年(前651)举行的葵丘会盟,与会的有齐、鲁、宋、卫、郑、许、曹等国的国君,周襄王也派代表参加,并赐祭肉于齐桓公,虽然周天子有意免除齐桓公下拜之礼,但管仲仍劝谏齐桓公遵守下拜之礼,坚持君臣之道,维护周天子的尊严和权威。这次会盟标志着齐桓公的霸业达到顶峰。

管仲由于辅佐齐桓公成为霸主,在齐国获得很高的威望,被齐桓公尊称为仲父,齐桓公四十一年(前645),管仲在辅佐桓公四十余年之后去世。管仲相齐称霸的功业,以及以其思想和事迹为基础而形成的《管子》一书,对后世产生了深远的影响。管仲之后,各国先后掀起变法改革热潮,如郑国子产铸刑书、魏国魏文侯和李悝、秦国的商鞅变法等,无疑都以管仲的思想和政治实践为先导。《管子》一书自汉初就是政治家、思想家们的热门读物。南宋韩元吉称:"汉兴,贾谊、晁错之流莫不推尊管氏之书。"(《南涧甲乙稿》卷十六)宋张嵲称"凡《汉书》语之雅驯者,率多本《管子》。《管子》,天下之奇文也"(《紫微集》卷三十二)。今本《古文孝经孔氏传》大量袭用《管子》语,有学者认为孔安国作为孔子的正宗后裔,怎么可能大量引用《管子》呢?以此怀疑《孔传》的真实性[①]。其实如果了解到《管子》一书在汉代的重要影响以及其在当时人心目中的崇高地位,《孔传》对《管子》的引用就不觉得奇怪了,至少不能据之以定《孔传》之伪。

对于管仲辅佐齐桓公称霸这一历史事件,儒家既有肯定,又有批评。肯定的是,齐桓公通过称霸维护了周天子的权威和中原地区的和平稳定,使之免受异族的入侵。《论语·宪问》载:

> 子路曰:"桓公杀公子纠,召忽死之,管仲不死。"曰:"未仁乎?"子

---

① 刘增光:《〈古文孝经孔传〉为伪新证——以〈孔传〉与〈管子〉之关系的揭示为基础》,《云南大学学报》2014年第1期。

曰:"桓公九合诸侯,不以兵车,管仲之力也。如其仁,如其仁。"子贡曰:"管仲非仁者与?桓公杀公子纠,不能死,又相之。"子曰:"管仲相桓公,霸诸侯,一匡天下,民到于今受其赐。微管仲,吾其被发左衽矣。岂若匹夫匹妇之为谅也,自经于沟渎而莫之知也。"

孔子称赞管仲为"仁",这是非常高的评价了。孔子从三个方面肯定了管仲,"九合诸侯,不以兵车",树立威信靠的不是武力;"霸诸侯,一匡天下,民到于今受其赐",安定国家,使民少受战争之苦;"微管仲,吾其被发左衽矣",抵御异族入侵,保卫了中原文化的存续。有这三个方面的功绩,足以称为"仁"。与这一功绩相比,管仲没有自杀殉其主公子纠,反倒是小节了。从这儿我们可看出孔子对管仲的高度肯定。不过,孔子对管仲也有批评,《论语·八佾》载:

子曰:"管仲之器小哉!"或曰:"管仲俭乎?"曰:"管氏有三归,官事不摄,焉得俭?""然则管仲知礼乎?"曰:"邦君树塞门,管氏亦树塞门。邦君为两君之好,有反坫,管氏亦有反坫。管氏而知礼,孰不知礼?"

这段对话反映了孔子对管仲的批评,认为管仲生活奢侈,更重要的是僭越了礼制。"塞门""反坫"都是天子诸侯之制,郑玄注曰:"人君别内外于门,树屏以蔽之。反坫,反爵之坫,在两楹之间。若与邻国君为好会,其献酢之礼更酌,酌毕则各反爵于坫上。"管仲以卿大夫之位"塞门""反坫",很明显违背了传统的礼制。但这只是细枝末节,孔子对管仲基本持肯定态度,这也体现了孔子重民、重国家和社稷的大局观,他认为凡是能"博施于民而能济众"的,不但是仁,更可以称为圣了。这也体现了圣人舍人之小疵取人之大功,不以人之小过掩其大善的胸襟。而后世儒家,则往往对管仲和齐桓公多有批评。如孟子称管仲"功烈如彼其卑"(《公孙丑上》),认为五霸者,三王之罪人。荀子一方面认为齐桓公"有天下之大节""其霸也宜哉",另一方面又认为"依乎仁而蹈利者也,小人之杰也"(《仲尼》)。可见,后世儒家更多地充满理想主义色彩,以至高的王道为标准来衡量和评价齐桓公的霸业,从而对其评价更多地充满批评色彩。

十一、铸刑鼎及其与礼乐的冲突

西周文明是典型的礼乐文明,以礼乐治国,刑罚只是辅助手段。而到春秋时代,不少诸侯国出现铸刑书现象,法令开始在政治生活中占据主导地位,这对西周的礼乐文明形成很大冲击。春秋时代关于铸刑器的记载有两次,即郑国子产铸刑器、晋国赵简子铸刑鼎。

公元前 536 年,郑国的执政子产铸刑书,这是东周法律思潮发展的标志性事件。杜预注《左传·昭公六年》"三月郑人铸刑书"云:"铸刑书于鼎,以为国之常法。"这一事件引来很多反对的声音。晋国的贵族叔向给子产写了一封信,提出反对意见,认为先王治国,靠的不是法律,而是"闲之以义,纠之以政,行之以礼,守之以信,奉之以仁;制为禄位,以劝其从;严断刑罚,以威其淫。惧其未也,故诲之以忠,耸之以行,教之以务,使之以和,临之以敬,莅之以强,断之以刚",即主要采用仁义道德的柔性方式,对民众进行引导和教化,这样民众自然就会服从上级,这是最理想的状况。而如果制定和公布明确的法律条文,一切唯条文是依,人民就会只遵从条文,而不再对当政者本人恭敬顺从,甚至还会放弃传统的礼制,"将弃礼而征于书",只斤斤计较于法律如何规定,对律条锱铢必较,甚至钻法律空子。失去礼制的约束,就会出现尊卑失度、长幼失序的状况,最后导致狱讼繁多、贿赂并行,败坏风俗和民心,这在叔向等保守贵族看来当然就是国家大乱了。叔向认为只有到衰世末世的时候,法律、刑罚才会大量出现,所谓"国将亡,必多制",并举例说:"夏有乱政,而作《禹刑》;商有乱政,而作《汤刑》;周有乱政,而作《九刑》,三辟之兴,皆叔世也。"公布刑书会让郑国败亡。叔向对《诗经》中所描绘的"仪刑文王,万邦作孚"的美好图景十分向往,认为只要像文王时代那样进行礼治,根本就不需动用刑辟。另一贵族士文伯甚至认为铸刑鼎用到了火,预言郑国将有火灾,以此来反对刑书。子产复信表示感谢叔向的好意,却坚持自己的做法。

2016 年出版的《清华大学藏战国竹简》(六)中收录有《子产》篇,其中也涉及子产制定法律的史实:

子产既由善用圣,班好物俊之行,乃聿(肆)三邦之令,以为郑令、

野令,道之以教,乃迹天地、逆顺、强柔,以成全御;聿(肄)三邦之刑,
以为郑刑、野刑,行以尊令裕仪,以释亡教不辜,此谓张美弃恶。

"三邦"之令与刑,应当即指夏、商、周的法律。而子产的立法有令、刑
两大类,两类又因国、野而有别。此事与子产铸刑书相互呼应。

在子产铸刑书23年后,也就是公元前513年,晋国也铸造了刑鼎。
据《左传·昭公二十九年》记载,晋顷公十三年(前513)冬天,赵鞅和荀寅
率领晋国军队在汝水之滨修建城防工事,同时向晋国民众征收"一鼓铁"
铸造铁鼎,并在鼎上铸上范宣子所制定的"刑书",公之于众。孔子时年
39岁,他听说了这件事之后,评论道:

晋其亡乎! 失其度矣。夫晋国将守唐叔之所受法度,以经纬其
民,卿大夫以序守之。民是以能尊其贵,贵是以能守其业。贵贱不
愆,所谓度也。文公是以作执秩之官,为被庐之法,以为盟主。今弃
是度也,而为刑鼎,民在鼎矣,何以尊贵? 贵何业之守? 贵贱无序,何
以为国? 且夫宣子之刑,夷之蒐也,晋国之乱制也,若之何以为法?

孔子认为,晋国只要恪守唐叔所创立的法度来治理人民就足够了,没
必要改作新法,当年晋文公之所以能够成为诸侯盟主,就是因为重新修起
了唐叔的法度,现在放弃旧法度,而改作刑鼎,那么人民的目光便都集中
在刑鼎身上,对整个国家的贵贱尊卑的秩序便都弃之不顾了。而所铸的
范宣子的刑法是"晋国之乱制",根本不能作为治理国家的依据。晋国的
大夫蔡史墨对此事进行了批评,认为参与这件事的中行氏身为"下卿,而
干上令,擅作刑器,以为国法,是法奸也",并预言范氏与中行氏最终灭亡
的命运。

前后不过二十余年出现两次铸刑鼎事件,说明它们的出现不是偶然
的。那么,这两次事件的意义在何处呢? 有人认为其意义在于成文法的
形成和颁布,但若从中国历史发展变迁的角度来看,事实并没有那么
简单。

春秋时代是历史大变迁的时代,是以礼乐为基础的西周等级社会体
系逐渐崩解的时代。在礼乐文明的支配下,社会按照严格的等级秩序运

作,各种法律制度和原则都隐藏于礼之中,法不过是礼治的附属物,并没有独立存在,刑罚只是实施礼治的辅助手段。法律的公布并不自春秋始。为了使刑罚起到恐吓与震慑作用,定期公布刑书在西周时似乎已成定制。《周礼·秋官·大司寇》记载:"正月之吉,始和布刑于邦国都鄙。乃县(悬)刑象之法于象魏,使万民观刑象,挟日而敛之。"但这也只是礼乐制度的一部分,与铸刑书公布法律为民众的最高行为准则性质不同。"议事以制,不为刑辟",是当时公认的先王之制,就是不预先公布非常明确的罪与刑相对应的刑事法条,而是靠原则性的礼法或者先王"遗训"来约束人民,因时制宜地用各种刑罚来灵活机动地制裁犯法者,这就是晋人杜预注解《左传》本句所谓"临事制刑,不预设法",其目的正如唐人孔颖达注解所谓"圣王虽制刑法,举其大纲","刑不可知,则威不可测","令不测其浅深,常畏威而惧罪也"。这一传统体制,实质上是贵族专擅司法体制。而且,由于当时认为礼制是先王所制定的,必须一直坚守,而不能破坏,符合它就能保证国泰民安,背离它就会导致败亡。无论是子产铸刑书,还是荀寅、赵鞅铸刑鼎,都被判定为不合先王的礼法。

从根本上说,铸刑书这一事件虽小,体现的却是整个礼乐制度的瓦解与法治思想的兴起。礼乐制度适用于以血缘关系为基础的宗法社会,而法治思想则与以选贤举能为基础的官僚社会相适应。礼乐思想是柔性统治,其处理的是作为父子、兄弟、甥舅的王与诸侯的关系以及诸侯国之间的关系,强调相互之间的和谐共处而不是强力和控制,贵族是遵行礼法的榜样,社会的和谐秩序要靠遵行礼法的贵族对庶民进行教化和引导,民众需要对贵族有足够的尊重和服从。而在官僚社会中,国家的基础不再是血缘,君主高居于上,利用官僚系统统治全国,君主要想有效控制和驱使臣民,就必须要有一套统一严格的法令才行。春秋时期,周王室权威崩颓,诸侯之间不再像以前那样有血缘的温情而彬彬有礼,而是相互争财争地,原有的礼乐政治秩序迅速瓦解。各诸侯国为了自己的强大,纷纷变乱旧章,订立刑制,不再以先王的"礼治"之道为尚,以加强社会控制能力、提高社会运作效率为目标,体现了一种更加务实、更加合于时宜的政治追求。而孔子和叔向继续强调原有的礼乐文化秩序,是对旧有传统合理成分的继承,体现的是一种文化的温情。

十二、子产相郑

子产（？—前522），郑穆公之孙，司马子国之子，故为公孙氏，名侨，字子产，谥成。郑简公十二年（前554）为卿，二十三年（鲁襄公三十年、前543）执政，先后辅佐郑简公、郑定公二十余年，是春秋时期著名的政治家，对孔子和儒家有重要影响。

子产比孔子大二三十岁，属于孔子的前辈，子产去世时，孔子仅29岁，学问尚未成熟，故孔子应该没有见过子产，但由于子产在当时的广泛影响力和良好声誉，孔子对子产的事迹多有耳闻，也对他非常敬重，多次给予崇高的评价。《史记·仲尼弟子列传》记载的"孔子之所严事"的历史人物中，就有郑国的子产。《郑世家》又称孔子"兄事子产"，《孔子家语·辩政》也记载孔子说："夫子产，于民为惠主，于学为博物。晏子，于君为忠臣，而行为恭敬。故吾皆以兄事之，而加爱敬。"孔子对子产的敬重之情由此可见一斑。

子产小时候就表现出敏锐的政治眼光。《左传·襄公八年》记载，郑入侵蔡，俘获了蔡司马公子燮，郑人皆喜，唯独子产不随声附和，他批评当政者说："小国无文德，而有武功，祸莫大焉。"当时蔡是楚的附属国，侵犯蔡国就相当于侵犯楚国，楚国必来讨，而若顺从楚则晋师必至，得罪了楚、晋两个大国，郑国未来几年都将不得安宁。子产准确分析了郑国面临的形势。果不其然，鲁襄公九年，"楚子伐郑"，而"晋人不得志于郑，以诸侯复伐之"。应验了子产之言。这是《左传》中关于子产的最早记载，当时他应属少年。

主政郑国之后，子产实施了一系列举措，推动了郑国的发展。《左传·襄公三十年》云："子产使都鄙有章，上下有服，田有封洫，庐井有伍。大人之忠俭者从而与之，泰侈者因而毙之。"《左传·昭公六年》载："今吾子相郑国，作封洫，立谤政，制参辟，铸刑书。"具体来说，其改革措施主要包括几个方面。土地方面，"作封洫"，封洫是田间纵横的水沟，子产"作封洫"，一方面是一种水利设施建设，另一方面是进一步明确各家田地的界限，以防止侵田占田事件的发生，也更加便于征收赋税。税收方面，"作丘赋"，其详细内容应与鲁国于公元前590年实行的"作丘甲"类似，大概是以丘（类似于乡、里的行政单位）为单位征收赋税，是对传统井田制下赋税制度的改革，更有利于公平地征收赋税，以及提高国家的经济实力。但当时国人并不理解，对此政策多有诽谤，《左传·昭公四年》载其事云：

> 郑子产作丘赋，国人谤之曰："其父死于路，己为蚕尾，以令于国，国将若之何？"子宽以告。子产曰："何害？苟利社稷，死生以之。且吾闻为善者不改其度，故能有济也。民不可逞，度不可改。《诗》曰：'礼义不愆，何恤于人言？'吾不迁矣。"

可见子产态度非常坚决，仍然坚持推行既定政策。行政体制方面，进一步理顺地方行政，所谓庐井有伍，即对人民进行编制和组织。法律方面就是广为人知的"铸刑书"。这些举措实行下来卓有成效，最终获得了郑人的广泛支持，当时郑人称颂子产曰："我有子弟，子产诲之。我有田畴，子产殖之。子产而死，谁其嗣之？"

子产为政注重"宽猛相济"。一方面子产为政宽大，施行仁政，爱民如子。孔子多次称赞子产为政爱民。《论语》记载："或问子产。子曰：'惠人也。'"（《宪问》）《孔子家语·正论解》记载"夫子之极言子产之惠"，可见子产的惠民形象对孔子影响很大，以至于经常向弟子们提起，孔子常说"仁者爱人"，不能不说受到子产的影响。子产死后，孔子哭着说："古之遗爱也。"认为他保留了古代圣人的爱民情怀。孔子偶尔也会批评子产只知爱民不知教民。如对于子产曾以自己的交通工具帮人渡河一事，孔子说："夫子产者，犹众人之母也，能食之，弗能教也。"又说："子产以所乘之舆济冬涉者，是爱无教也。"（《家语·正论解》）认为这只是爱民、养民，而不是教民，富民和教民是孔子重民思想的重要内容。孟子也曾批评他"惠而不知为政"，认为执政者不能只是施舍小恩小惠，更重要的是做事要使大多数人民受惠，比如架设桥梁，远比只渡一人更有价值。

子产为政开明，不独断专行，最为世人所称道的是"子产不毁乡校"（《左传·襄公三十一年》）的故事。郑国人有在乡校议论执政的习惯，当时有人提出毁弃乡校，而子产不同意，认为"其所善者，吾则行之；其所恶者，吾则改之，是吾师也，若之何毁？我闻为忠善以损怨，不闻作威以防怨。岂不遽止？然犹防川也，大决所犯，伤人必多，吾不克救也；不如小决使道，不如吾闻而药之也"。认为用"作威"的办法来"防怨"，犹如筑堤坝来防水患，"大决所犯，伤人必多"，毁了乡校，不同意见没有了宣泄渠道，反而会扩大统治阶级的内部矛盾，让人们在乡校里议论执政的得失善否，人们所赞成的就采纳，人们所讨厌的就改正。当然，能够在乡校议论的，应该以贵族为主，平民是没有资格的，但这毕竟体现了子产执政的开明作风。当孔子听说了子产不毁乡校的事之后评价说："以是观之，人谓子产不仁，吾不信也。"这也说明子产为政的宽大之处。子产不毁乡校对明末清初黄宗羲的学校观有重要影响。

另一方面，作为头脑清醒的政治家，子产认识到在周天子权威丧失、礼坏乐崩的社会现实中，单纯依靠仁爱的宽大政治难以维持国家和社会的安定。从实际出发，子产强调以猛济宽，以刑佐德，"见不仁者诛之，如鹰鹯之逐鸟雀也"（《左传·襄公二十五年》）。子产希望通过宽猛相济、德刑兼施的统治手段，来维持国内不同群体之间的利益平衡和势力均衡，以此来达到其"救世"的政治理想。《左传·昭公二十年》记载，郑国子产重病，请求子太叔来担任执政官。在子产看来，"唯有德者能以宽服民，其次莫如猛"，并以"夫火烈，民望而畏之，故鲜死焉。水懦弱，民狎而玩之，则多死焉，故宽难"的阐述向子太叔作了解释。子产离世之后，子太叔继任执政官。但其不忍以严厉方法治政，仅处政以宽大之法，最终导致萑苻之患。仲尼曰："善哉！政宽则民慢，慢则纠之以猛。猛则民残，残则施之以宽。宽以济猛，猛以济宽，政是以和。诗曰：'民亦劳止，汔可小康，惠此中国，以绥四方'，施之以宽也。'毋从诡随，以谨无良，式遏寇虐，惨不畏明'，纠之以猛也。'柔远能迩，以定我王'，平之以和也。又曰：'不竞不絿，不刚不柔，布政优优，百禄是遒'，和之至也。"孔子主张为政以德，却并非彻底否定刑罚的作用。孔子认为，圣人对百姓的治理必须以教化和刑罚相结合。"德"近乎"礼"，主要是为教化；"刑"则是暴力，两者并行，相得益彰。这种德主刑辅、刚柔相济的治国思路与儒家思想是一致的，因此孔子赞子产以"善哉"。

子产为政务实，能够在一定程度上突破传统鬼神观念的影响。鲁昭公十七年，郑国的裨灶根据星象预言宋、卫、陈、郑将会在同一天发生火灾，并向子产承诺"若我用瓘斝玉瓒，郑必不火"。子产并未采纳。鲁昭公十八年，宋、卫、陈、郑都发生火灾，裨灶说："不用吾言，郑又将火。"郑人要求采纳他的意见,子产不同意,说:"天道远,人道迩,非所及也,何以知之?灶焉知天道?是亦多言矣,岂不或信?"认为神灶哪里知道天道,只不过他说得多了,偶然能说中罢了。后来郑国也没有再发生火灾。子产不主张通过祭祀禳灾等活动祈求减灾得福,而认为应采取积极的可行性措施防灾减灾。史载,在大火发生后,子产采取了以下应对措施:

> 火作,子产辞晋公子、公孙于东门,使司寇出新客,禁旧客勿出于宫。使子宽、子上巡群屏摄,至于大宫。使公孙登徙大龟,使祝史徙主祏于周庙,告于先君。使府人、库人各儆其事。商成公儆司宫,出旧宫人,置诸火所不及。司马、司寇列居火道,行火所焮。城下之人伍列登城。明日,使野司寇各保其征,郊人助祝史,除于国北,禳火于玄冥、回禄,祈于四鄘。书焚室而宽其征,与之材。三日哭,国不市。使行人告于诸侯。(《左传·昭公十八年》)

这些举措包括疏散人员,抢救并转移卜龟、神位等国家重器,指示相关人员分工负责,明确其职责范围,确定受灾损失,减免受灾人员的赋税等。同时,子产不忘加强国防,防止外敌乘机来袭,并及时向各国通报灾情。次年,郑国又出现"龙斗洧渊"的怪事,人们敦请子产组织祭祀。子产又以"我斗,龙不我觌也。龙斗,我独何觌焉?禳之,则彼其室也。吾无求于龙,龙亦无求于我"(《左传·昭公十九年》),而拒绝禳灾祭祀等迷信活动。同时,子产更反对因祈雨祭祀而毁坏林木的做法,认为"有事于山,蓺山林也,而斩其木,其罪大矣"。子产的这种"天道远人道尔"的思想,对孔子"未能事人焉能事鬼,未知生焉知死"的观念有一定影响。

在外交方面,子产运用其高超的外交手段维护国家利益。子产执政前后,正处于晋楚争霸时期,郑国处于晋楚之间,往往左右为难,导致战争连年不断。子产凭借其高超的大局把握能力和敏锐的分析预判能力,周旋于晋、楚之间,坚持原则,不卑不亢,维护了郑国的利益,赢得了各诸侯国的尊重。据《左传·昭公十三年》记载,晋平公在平丘会盟各国诸侯,郑国子产就诸侯国应该向周朝纳贡多少的问题提出异议。他认为诸侯国应该以地位尊卑缴纳相应的贡赋。郑国仅是"男服"地位,却要按照公侯的身份纳贡,这有违常理,故请晋国降低郑国纳贡标准。为此从早上一直争论到晚上，争论的结果是"晋人许之"，子产争承被传为外交的佳话。孔子在这件事上称赞他："子产于是行也，足以为国基矣。"孔子的言外之意，也许不仅仅是称赞子产能够维护国家利益，更多的是认为子产遵从了传统的礼制，而在孔子那里，只有克己复礼，才是真正的立国之基。

子产善于用人，《论语》记载子曰："为命，裨谌草创之，世叔讨论之，行人子羽修饰之，东里子产润色之。"(《宪问》)裨谌、子太叔、公孙挥、子产四人均为郑国大夫，也都是郑国的股肱之臣，这句话强调在子产的统筹之下，郑国的主要领导人物能够做到通力合作，草拟和制定国家的重大政策法令，这是称赞子产善于团结人和使用人才。

经过子产的艰苦努力，到子产去世前郑国已经由一个外患频仍、内乱迭起、民生凋敝的贫弱小国转变为一个政治开明、经济富庶的国家，地位大为提高，几十年间未遭大国征伐。

孔子称子产"有君子之道四焉：其行己也恭，其事上也敬，其养民也惠，其使民也义"(《论语·公冶长》)。行己恭，代表个人修养水平高；事上敬，意味着知礼懂礼，不欺上凌下；养民惠、使民义，意味着能爱民、富民而不滥用民力。行己恭，事上敬，养民惠，使民义，这四条集合为一，几乎是儒家心目中最理想的政治人物应具有的品质。从这句话可以看出孔子对子产确实推崇备至。子产为政，不但体现了传统礼乐文明，以及古代圣王仁爱的遗风，也体现了新的历史背景下的变通和革新，所以赢得了高度赞誉，树立了一代"贤相"的形象，其务实又不失优雅的政治作风和人格魅力，对孔子和儒家思想产生深远的影响，受到后世儒者的高度评价。

十三、季札聘中原

季札，又称公子札，吴王寿梦第四子，封于延陵（今常州），称延陵季子，后又封州来，又称延州来季子，也有学者认为延陵即延州来，陵为州来二字合音[1]。季札约长孔子二十岁，是吴国著名的贤者，也是最早服膺礼乐文明的南方学者，后人常有"南季北孔"之称。

---

[1] 钱穆《史记地名考》延陵条下云："吴称句吴，越号于越，寿梦、寿越、惠墙伊戾，皆夷言发声。'陵''来'双声，故发声成'州来'；'延州来'即'延陵'。《左传》三言'延州来'，不言'延陵'；《史》《汉》仅言'延陵'，不云'延州来'，明延州来、延陵是一非二。"

　　季札最广为人知的故事是让国。据《史记·吴太伯世家》等文献记载,季札贤,而寿梦欲立之,季札让不可,于是乃立长子诸樊。诸樊死后传位给弟弟,想要通过兄弟相传,最后传给季札,但季札最终还是谦让未即君位。吴王余祭四年(前544),即鲁襄公二十九年,余祭被越人俘虏守门人杀死,其弟弟余眜即位。新君为了与中原各国通好,便派季札出使中原,加强与中原诸侯国的文化交流。季札对中原的礼乐文明仰慕已久,便欣然前往。由于鲁国是礼乐保存最完整的诸侯国,因此季札访问中原的第一站就是鲁国。在鲁国,季札迫不及待地要求观赏周乐,《左传·襄公二十九年》载其事曰:

　　　　使工为之歌《周南》《召南》,曰:"美哉! 始基之矣,犹未也,然勤而不怨矣。"为之歌《邶》《鄘》《卫》,曰:"美哉! 渊乎! 忧而不困者也。吾闻卫康叔、武公之德如是,是其《卫风》乎?"为之歌《王》,曰:"美哉! 思而不惧,其周之东乎?"为之歌《郑》,曰:"美哉! 其细已甚,民弗堪也,是其先亡乎!"为之歌《齐》,曰:"美哉! 泱泱乎! 大风也哉! 表东海者,其大公乎! 国未可量也。"为之歌《豳》,曰:"美哉! 荡乎! 乐而不淫,其周公之东乎?"为之歌《秦》,曰:"此之谓夏声。夫能夏则大,大之至也,其周之旧乎?"为之歌《魏》,曰:"美哉! 沨沨乎! 大而婉,险而易行,以德辅此,则明主也。"为之歌《唐》,曰:"思深哉! 其有陶唐氏之遗民乎? 不然,何忧之远也? 非令德之后,谁能若是?"为之歌《陈》,曰:"国无主,其能久乎?"自《郐》以下无讥焉。为之歌《小雅》,曰:"美哉! 思而不贰,怨而不言,其周德之衰乎? 犹有先王之遗民焉。"为之歌《大雅》,曰:"广哉! 熙熙乎! 曲而有直体,其文王之德乎?"为之歌《颂》,曰:"至矣哉! 直而不倨,曲而不屈,迩而不逼,远而不携,迁而不淫,复而不厌,哀而不愁,乐而不荒,用而不匮,广而不宣,施而不费,取而不贪,处而不底,行而不流,五声和,八风平,节有度,守有序,盛德之所同也。"见舞《象箾》《南钥》者,曰:"美哉! 犹有憾。"见舞《大武》者,曰:"美哉! 周之盛也,其若此乎!"见舞《韶濩》者,曰:"圣人之弘也,而犹有惭德,圣人之难也。"见舞《大夏》者,曰:"美哉! 勤而不德,非禹,其谁能修之?"见舞《韶箾》者,曰:"德至矣哉! 大矣! 如天之无不帱也,如地之无不载也。虽甚盛德,其蔑以加于此矣,观止矣! 若有他乐,吾不敢请已!"

鲁国为季札分别演奏了《诗经》中的风、雅、颂以及大武等古乐,而对于每一种乐,他都能敏锐地听出其中所反映的政治、民风以及与国家兴亡的关系,透析了礼乐之教的深远意涵,可以说是儒家以乐观政思想的先导。季札对古代圣王之乐赞叹不已,如称赞大武"美哉! 周之盛也",称大夏"美哉! 勤而不德,非禹其谁能修之",体现出对中原古代圣王的认同。

有不少学者怀疑季札北上观乐一事的可信性,认为季札生活于蛮荒之地的吴国,不太可能对乐有如此高的造诣。但从现有的出土资料看,吴国与中原的交流一直连续不断,其文化水平可能逊于中原,但也并没有想象的那样低。1954 年江苏镇江出土的《宜侯夨簋》共有铭文 120 余字,记载了周康王册封虞侯夨于宜,并赏赐虞侯夨田土、弓箭及奴隶等之事,是器乃虞侯夨感激王恩,铭刻功业为父虞公丁作器。虞侯即是吴侯,此铭文揭示了西周早期南方吴国与北方周王室之间的密切关系。《吴越春秋》上卷亦曰:"凡从太伯至寿梦之世,与中国时通朝会。"可与《宜侯夨簋》铭相互发明。另外,在吴地出土的大量音乐文物,如者减钟、吴王光残钟、配儿钩镭等,尤其是江苏无锡鸿山越墓发现的大量乐器,表明吴地的音乐已经发展到相当高的水准,因此,《左传》所记载的季札观乐应是可信的。

离开鲁国,季札继续聘问了齐、郑、卫、晋等中原主要诸侯国,同各国士大夫进行交流。他来到齐国,见到了齐国名臣晏婴,目睹齐国即将发生变乱的政治形势,他对晏子说:"子速纳邑与政,无邑无政,乃免于难。"晏子听从的劝告,赶快寻找机会交出了权力与封邑,果然在齐国后来的权力斗争中幸免于难。出使郑国之时,他见到了子产,他们一见如故,就像多年的知心之交。季札对郑国时局有着异常明晰的洞察力,临别前,他语重心长地对子产说:"郑之执政侈,难将至矣,政必及子。子为政,慎之以礼。不然,郑国将败。"言之谆谆,看到郑国贵族的奢侈无度,认为子产终将成为郑国的执政者,希望子产执政后能够以礼治国,才能避免郑国的败亡。季札又来到卫国,与蘧伯玉、史鳅、公子朝等卫国贤人交流,认为"卫多君子,未有患也"。从卫国到晋国去,途经戚邑,当时卫国的孙林父得罪于卫献公,正占据戚地以叛卫。季札听到钟鼓的音乐声,便对孙林父说:"异哉! 吾闻之也,辩而不德,必加于戮。夫子获罪于君,以在此,惧犹不足,而又何乐？夫子之在此也，犹燕之巢于幕上。君又在殡，而可以乐乎？"（《孔子家语·正论解》《左传·襄公二十九年》）认为孙林父得罪了君主，更是忧惧的时候，有什么可乐的事呢？孙林父听了之后，终身不听琴瑟。在晋国，季札结识了赵文子、韩宣子、魏献子，对三人非常赞赏，并预言"晋国其萃于三族乎"。他比较喜欢叔向，离开之前告诫叔向曰："吾子勉之！君侈而多良，大夫皆富，政将在家。吾子好直，必思自免于难。"

季札经过徐国的时候，徐国的国君非常羡慕他佩带的宝剑，但难于启齿相求，季札因自己还要遍访列国，当时未便相赠。待出使归来，再经徐国时，徐君已死，季札慨然解下佩剑，挂在徐君墓旁的松树上。侍从不解何意，他说："始吾心已许之，岂以死倍吾心哉！"（《史记·吴太伯世家》）季札之重信义也由此传为千古美谈。

季札在从齐国返回的时候，他的长子不幸去世了，于是将其葬于嬴博之间。孔子听了之后说："延陵季子，吴之习于礼者也。"便率弟子去观看葬礼。"其坎深不至于泉，其敛以时服。既葬而封，广轮掩坎，其高可隐也。既封，左袒，右还其封，且号者三，曰：'骨肉归复于土命也，若魂气则无不之也，无不之也。'而遂行。"孔子看到这种做法后说："延陵季子之于礼也，其合矣乎。"（《礼记·檀弓下》）今山东莱城尚存有孔子遗迹——"孔子观礼处"。

季札通过出使中原的活动，丰富了见闻，加深了对周代礼乐文明的理解和认识，是春秋时期一次南方与北方重要的文化交流活动。吴国在当时被认为是蛮夷之地，季札虽是吴国人，却能够仰慕和学习中原的礼乐文化，他让国、守信、通礼、知乐，丝毫不亚于中原人，因此受到后人的赞赏，并认为他是贤人，甚至将其当成南方第一位大儒，给予高度评价。上海博物馆藏战国楚竹简有《弟子问》一篇，其第二简中有这样的文字："子曰：前（延）陵季子，其天民也（乎）？生而不（因）其浴（俗）。吴人生十（十七）（年）而壤（让）（札），倗（乎）其雁，前（延）陵季＝（季子）侨而弗受。前（延）陵季＝（季子），其天民也（乎）？"可见孔子对年长于己的季札甚为尊崇，称之为"天民"。对于季札聘中原一事，《春秋》经用六个字郑重地书写"吴子使札来聘"，《公羊传》解释说："吴无君、无大夫，此何以有君、有大夫？贤季子也。何贤乎季子？让国也。"《穀梁传》也说："吴其称子，何也？善使延陵季子，故进之也。身贤，贤也。使贤亦贤也。"

但季札的贤能并不能改变吴国内部的纷争。吴王僚十三年（前514）春，吴又乘楚国新丧国君而伐楚，"使延州来季子聘于上国，遂聘于晋，以观诸侯"（《左传·昭二十七年》），这是季札第二次聘问中原。但公子光趁机发动政变，指使专诸刺杀了吴王僚，并自立为王，是为吴王阖闾。季札内心对吴王阖闾这种兄弟相残的做法极其不满。由于当初是吴王僚派他出使晋国的，所以回来后他到僚的墓前复命，并哭祭一番，然后回到自己的封邑延陵，终身不再进入吴国国都（《公羊传》）。季札死后，相传孔子为其碑题"于虖有吴延陵君子之葬"十字，此碑今存丹阳季子庙，为后世摹刻本。相传今存的孔子亲撰碑文只有两处，另一个是比干墓前的"殷比干墓"四字。由于年代久远，这两处是否确为孔子手迹，后世颇有争论，但无论真假，也足见孔子对季札的崇敬。延陵季子对后世儒者人格的培养有深远影响。司马迁在《史记·吴太伯世家》中引用孔子的话，感慨地说："延陵季子之仁心，慕义无穷，见微而知清浊。呜呼，又何其闳览博物君子也！"《后汉书·党锢传》载延笃贻刘祐之书曰："昔太伯三让，人无德而称焉。延陵高揖，华夏仰风。"

十四、诸侯国权力下移与大夫秉政

随着王纲解纽，礼崩乐坏，从春秋中晚期开始，权力进一步下移，各诸侯国君主权力削弱，卿大夫秉政的状况逐渐形成。这也是孔子时代最大的政治现实。《论语·季氏》载孔子云："天下有道，则礼乐征伐自天子出；天下无道，则礼乐征伐自诸侯出。自诸侯出，盖十世希不失矣；自大夫出，五世希不失矣；陪臣执国命，三世希不失矣。天下有道，则政不在大夫。天下有道，则庶人不议。"如果说春秋早期是"礼乐征伐自诸侯出"，那么到春秋晚期就变成了"礼乐征伐自大夫出"甚至"陪臣执国命"。

根据西周礼制的规定，诸侯国也有卿、大夫、士等不同等级，诸侯往往将自己的子弟或功臣封为卿大夫，称"家"，从西周末到春秋中期，是诸侯立家的集中期，许多活跃的世家大族都在这一时期开始形成，如鲁国的三桓，郑国的七穆，晋国的韩、赵、魏、范、中行、知，卫国的石氏、孙氏，齐国的国、高、崔、陈等。随着卿大夫之"家"的发展壮大，逐渐攫取了公室的权力，到春秋末年大夫专政已经是司空见惯的事了。这其中，尤以鲁国、晋国、齐国等最为明显。

孔子生活的时代,正是鲁国公室无权、三桓秉政的时代。三桓起源于鲁桓公的三个儿子,即庆父(后代称仲孙氏或孟孙氏)、叔牙(后代称叔孙氏)、季友(后代称季氏),其后代各自分族立氏,为仲孙、叔孙、季孙,形成三家鼎立的局面。由于三桓以季氏实力最为雄厚,所以"政在家门"实际上就是政在"政在季氏"。在《论语·季氏》中孔了说:"禄之去公室,五世矣;政逮于大夫,四世矣;故夫三桓之子孙微矣。"五世,指的是宣、成、襄、昭、定五公,"政逮于大夫,四世矣",指的是政权掌握在季氏手里已经有季文子、季武子、季平子、季桓子四代了。宣公之前,执掌国政的除了三桓,还有东门襄仲等其他家族。宣公十八年,季友的孙子季文子利用宣公逝世的机会一举驱逐两代执政的东门氏,从此政权落入以季氏为代表的三桓手中。季文子从公元前601年至前568年共在鲁国执国政33年,辅佐鲁宣公、鲁成公、鲁襄公三代君主。

到孔子时代,三桓秉政的状况已经持续了数十年,可以说根深蒂固,鲁公也已习惯了无权的地位。鲁昭公五年(前537),昭公聘晋,从郊劳到赠贿没有一项失礼的。但晋国的女叔齐认为昭公只是懂得礼的仪式而已,并没有知礼之本:"礼,所以守其国,行其政令,无失其民者也。今政令在家,不能取也;有子家羁,弗能用也;奸大国之盟,陵虐小国;利人之难,不知其私。公室四分,民食于他。思莫在公,不图其终。为国君,难将及身,不恤其所。礼这本末,将于此乎在,而屑屑焉习仪以亟。言善于礼,不亦远乎?"礼的真正作用是守国,现在昭公虽然懂得外在的礼仪,但"政令在家",昭公并无实权,而且不懂得通过任用贤人、交好邻邦等来树立威信,却致力于烦琐礼仪的细枝末节。这也说明,鲁国政令在家的状况已经很久了,鲁君已经在国内失去了作为国君的威信。

鲁昭公渐渐不满于自己无权的状况,开始了对季氏的讨伐与算计。但昭公并不是一个有智谋的政治家,他对季氏进行了两次驱逐都以失败告终。第一次是昭公十二年,由于季氏与其费宰南蒯有矛盾,南蒯想要据费叛季氏而归公室,并与昭公之子憖合谋请晋国作外援,最终这次行动没有成功。这次虽然昭公没有参与,但肯定有他的暗中支持。第二次是昭公二十五年(前517),昭公再次对季氏发起讨伐,季平子先是得罪了庶叔父季公若,然后又因与郈氏斗鸡而产生矛盾,在这些人的怂恿下昭公贸然讨伐季氏，最终也以失败告终，昭公因此在鲁国无立足之地，逃亡到齐、晋，最终死在晋地乾侯。

鲁昭公死后，赵简子感到很困惑，他问史墨说，季孙氏把昭公赶出国，但是人民都服从他，诸侯也仍然与他交往，他把昭公赶走使之死在外国，但所有的人都不怪罪他，这是为什么？史墨回答他说："天生季氏，以贰鲁侯，为日久矣。民之服焉，不亦宜乎？鲁君世从其失，季氏世修其勤，民忘君矣。虽死于外，其谁矜之？……昔成季友，桓之季也，文姜之爱子也。始震而卜，卜人谒之，曰：'生有嘉闻，其名曰友，为公室辅。'及生，如卜人之言，有文在其手曰'友'，遂以名之。既而有大功于鲁，受费以为上卿。至于文子、武子，世增其业，不废旧绩。鲁文公薨，而东门遂杀适立庶，鲁君于是乎失国，政在季氏，于此君也四公矣。民不知君，何以得国？"（《左传·昭公三十二年》）可见，季氏在鲁国长期执政，且其掌权者比较贤能，治国有方，在人民中获得很高的威信，人民早已习惯了听从季氏而不是鲁公，鲁公形同虚设，于民无恩无惠，自然不会有人同情他。与昭公的遭遇相似，数十年之后，鲁哀公也试图借助越国的兵力驱逐三桓，但也没有成功，逃亡到越国并死在那里。

鲁襄公二十九年（前544），吴公子季札历聘诸国，在晋国见到了赵文子、韩宣子、魏献子，他说："晋国其萃于三族乎？"认为晋国的政权大概要归于这三家了。他和叔向很投缘，临行前对叔向说"吾子勉之，君侈而多良，大夫皆富，政将在家，吾子好直，必思自免于难"。一句"政将在家"，即看到晋国政权也将落入大夫手中。鲁昭公元年（前541），诸侯为救援宋国的火灾，会于澶渊。鲁国的叔孙豹见到了晋国的赵武。他看到赵武意气消沉，预言晋国的政局将发生大的变化，回国后对孟孝伯和季武子说："晋君将失政矣，若不树焉，使早备鲁。既而政在大夫，韩子懦弱，大夫多贪，求欲无厌。齐、楚未足与也，鲁其惧哉。"这是说，继赵武为正卿的韩宣子性格懦弱，不能控制晋国的诸大夫，晋国的国君将要失去政权，鲁国为了应对这种局面应该早作准备。孟孝伯、季武子无动于衷，没有采纳他的建议。结果，"及赵文子卒，晋公室卑，政在侈家，韩宣子为政，不能图诸侯"。

鲁昭公三年（前539），齐国晏婴聘晋，与叔向会面。此时，齐、晋两国的君主都奢侈腐败，六卿和田氏却励精图治，逐渐掌握了各自国家的权力,齐、晋两国的政治都处在即将大变的前夜。他们谈起齐、晋两国的政局,感叹凋零,相对唏嘘,叔向说:"虽吾公室,今亦季世也,戎马不驾,卿无军行,公乘无人,卒列无长。庶民罢敝,而宫室滋侈,道殣相望,而女富溢尤,民闻公命,如逃寇雠。栾、郤、胥、原、狐、续、庆、伯,降在皂隶。政在家门,民无所依,君日不悛,以乐慆忧。公室之卑,其何日之有?"这是说晋国公室军备废弛,骄奢淫逸,公族凋零,民无所依,而国君犹不知改弦更张,只能寻欢作乐以忘记忧愁。所以,叔向预言,晋国公室之卑很快就会出现了,而公室卑微的结果就是"政在家门",最终,晋国为韩赵魏三家所瓜分。

陈氏,又称田氏、陈、田通,妫姓,陈厉公之后。陈厉公生公子完,完谥敬仲,前672年,陈人杀陈宣公太子御寇,公子完与御寇友善,害怕牵连,奔齐,齐桓公任他为卿,他认为自己只是"羁旅之臣",没有资格担任,辞掉了,桓公就让他担任工正。陈厉公生公子完时,恰好王室的史官过陈,厉公请他为公子完卜筮,史官预言他将在陈国衰落的时候,代姜姓的齐国而有之;而陈大夫难氏卜妻公子完时,其辞也说:"吉。是谓凤皇于飞,和鸣锵锵,有妫之后,将育于姜,五世其昌,并于正卿,八世之后,莫之与京。"(《左传·庄公二十二年》)陈氏初仕齐国,地位是不高的,直到陈文子时,陈氏才在齐国崭露头角。陈文子名须无,即田文子,是春秋时期的贤大夫,与晏婴同时,深通礼制和占卜。据《论语》记载:"崔子弑齐君,陈文子有马十乘,弃而违之,至于他邦,则曰:'犹吾大夫崔子也。'违之。之一邦,则又曰:'犹吾大夫崔子也。'违之,何如?子曰:'清矣。'曰:'仁矣乎?'曰:'未知,焉得仁?'"孔子以"清"赞许他。

齐景公十六年(前532),陈文子之子陈无宇联合鲍、国两家将栾、高二氏驱逐出国,瓜分了他们的家产。晏婴对陈无宇说:"必致诸公。让,德之主也,谓戴德。凡有血气,皆有争心。故利不可强,思义为愈。义,利之本也。蕴利生孽,姑使无蕴乎?可以滋长。"无宇认为晏婴说的有道理,就把分得的栾、高家财都还给了齐侯,而请求在莒地养老。齐景公的母亲穆孟姬为他请高唐,高唐是齐五都之一,为当时著名的军事重镇,陈氏拥有了高唐,成为齐国内的一股重要的政治势力,"陈氏始大"(《左传·昭公十年》)。陈无宇死后,其子田釐子陈乞继立,他善于收买人心,收税的时候用小斗,而卖出的时候用大斗,因此田氏越来越得民心,宗族在齐国影响力越来越大,所以晏子出使晋国的时候对叔向说:"齐国之政卒归于田氏矣。"(《史记·田敬仲完世家》)齐孺子荼元年(前489)，陈乞联合鲍牧和齐国的大夫将国夏、高张驱逐出境，派人从鲁国召回和他关系友好的公子阳生，十月，陈乞立阳生为君，即齐悼公。《史记·田敬仲完世家》说："悼公既立，田乞为相，专齐政。"悼公四年，吴人伐齐，齐人弑悼公以求媚于吴，立齐简公。《史记》认为弑悼公的是鲍牧，但鲍牧在悼公二年已为悼公所杀，所以不可能是鲍牧所为。《晏子春秋·内篇谏上》云："景公没，田氏杀君荼，立阳生；杀阳生，立简公；杀简公而取齐国。"则弑君的为陈氏无疑。陈乞卒，陈恒嗣立，陈恒即田常，汉朝时，为汉文帝刘恒避讳，称为田常。简公即位后宠信阐止。简公的车御缺对简公说："陈、阐不可并也，君其择焉！"但简公不听。陈、阐两家斗争，最终阐止失败被杀，而简公也因此逃亡，后来陈恒在舒州逮捕了简公并将其杀死，时为鲁哀公十四年(前481)，消息传到鲁国之后，孔子请求鲁君讨伐陈氏，据《论语》记载："陈成子弑简公，孔子沐浴而朝，告于哀公曰：'陈恒弑其君，请讨之。'公曰：'告夫三子。'孔子曰：'以吾从大夫之后，不敢不告也。君曰"告夫三子"者！'之三子告，不可。孔子曰：'以吾从大夫之后，不敢不告也。'"(《论语·宪问》)三桓畏惧田氏，自然不敢出兵，孔子悲愤但也无可奈何。陈氏弑简公之后，拥立齐简公的弟弟为国君，就是齐平公。之后，陈恒独揽齐国大权，尽诛鲍、晏诸族。齐国的政权就完全为陈氏控制了。过了100多年，即齐康公十九年(前386)，田氏终于通过魏武侯获得了王室的承认，正式成为诸侯。

孔子生活的时代，正是权力下移、大夫秉政如火如荼的时候，孔子目睹了这种现实，心痛于卿大夫的野心与诸侯国君丧失权威的无奈，才不遗余力地提出克己复礼的主张，希望恢复"君君臣臣父父子子"的正常的政治秩序，使天下复归安定与和谐。

十五、学术下移与士阶层兴起

西周时，学在官府，大部分知识如祭祀、礼仪、乐官等等，都掌握在官方的相关部门，多由世袭的家族世代掌管，确保这些知识代代传承不致失传，西周礼乐文明也因此得以延续传承。但西周后期，随着周王室的衰落，学校衰废，官职缺省，《诗·子衿》序云："子衿，刺学校废也，乱世则学校不修焉。”这些掌在官府的学问开始流散，从周室下移到各诸侯国。如司马迁的祖先世代为周室的太史，但在惠王、襄王世代（约与齐桓公同时），“去周适晋”，从此司马氏渐渐流散各地，有的在晋，有的在卫、赵、秦等地。司马氏向各地播迁的同时，也把有关的周史资料、编史经验以及天文、地理知识带到各地，从而扩大了文化和学术的传播。《史记·历书》云：“幽、厉之后，周室微，陪臣执政，史不记时，君不告朔，故畴人子弟分散，或在诸夏，或在夷狄，是以其禨祥废而不统。”畴人为王室中世代掌管天文历算的人，也因周室衰微而四散奔逃。据《吕氏春秋·当染》载：“鲁惠公使宰让请郊庙之礼于天子，桓王使史角往，惠公止之，其后在于鲁，墨子学焉。”本为周室之臣的史角去鲁国传授郊庙之礼，但到鲁国后鲁惠公不让他回去，于是他的后人就定居鲁国，这使史角的学问在鲁国发扬光大，后来墨子还曾向其后人学习。可见由于周王室的衰微，对学术的下移与播散问题只能采取放任的态度。

春秋初期，管仲曾建议齐桓公起用民间掌握“五官技”的人，所谓五官技，也就是懂诗（记录事物）、懂时（记录年月）、懂春秋（记录国事的成败）、懂出行（指导外出道路的选择）、懂易卜（预测事物发展的吉凶和成败）五种技艺。对于掌握这些技能的人给予奖励：“民之能此者皆一马之田，一金之衣。”（《管子·山权数》）这说明这些学问当时已散传到民间了。《左传·昭公二十六年》记载：“王子朝及召氏之族、毛伯得、尹氏固、南宫嚣奉周之典籍以奔楚。”由于周王室的内部纷争，失败的王子朝便携带与他有关的周室大族逃奔到楚国，并带去了“周之典籍”，也即是周朝的典章和文化。《哀公六年》记载“楚子使问诸周大史”，所问当是奔楚之周太史。类似的例子还有为周守藏室之史的老子，“居周久之，见周之衰，乃遂去”（《史记·老子韩非列传》）。不但周王室的官府之学遭到流散，诸侯国的礼乐文化也有流散的趋势。鲁国作为周代礼乐文化的集萃之地，其文化也大量流失，《论语》记载：“大师挚适齐，亚饭干适楚，三饭缭适蔡，四饭缺适秦，鼓方叔入于河，播鼗武人于汉，少师阳、击磬襄入于海。”（《论语·微子》）这一关于学者、乐师等知识分子流散民间的描述，是春秋时期官学衰微、学术下移的生动写照。

四散奔逃的文化官吏，由于失去了世袭的职守，流落于社会，他们将其所学之知识和所掌之典籍带入民间，在民间创办私学，以传授自己掌握的专业知识谋生，使学术文化知识流入民间，打破了政府对于学术和教育的垄断，正如孔子所说："天子失官，学在四夷。"(《左传·昭公十七年》)他们培养了一大批民间学者，从而促使了一个新兴阶层——士的崛起。

士在西周时期就有，但那时它处于贵族等级制度的末端，士者事也，即从事具体事务的人，其社会地位非常低下，仅略高于平民。他们可从宗子那里得到田园家产，有自己的"隶弟子"供役使，靠"食田"为生，有时亦可"治官府"，给高一级的贵族做家臣，他们从官学学得六艺知识，是执干戈以卫社稷的主力。到春秋时期，随着学术下移，士作为一个富有生命力的新兴阶层在崛起。纵观春秋战国之世，士的来源主要有三个。一是没落的贵族子弟，他们一般都受过比较正规的贵族教育，熟悉各种典章制度，并且操持各种礼仪，但政治地位下降、经济穷困。这些出身贵族的"贫寒之士"往往不甘寂寞，总是会利用当时政治上风云际会的机遇，游说各国诸侯，以求建功立业，发挥自己的才学。比如首开私学的孔子，他身为宋国贵族之后，少年时期"贫且贱"，精通六艺，素怀拯救天下的大志，聚徒讲学、游说各国，从事政治活动。士的第二个来源，就是原来周王朝的官方学者流落民间，他们有着世传的专业知识和技能，是每个诸侯国都不可缺少的"知识人"。第三类则是像墨子这样由农、工、商等庶民等级上升而来的。他们出身低下，但由于好学而接受私学教育、掌握了为统治上层所需要的知识和经验，所以也常常得到诸侯的青睐。

士人登上历史舞台是时代的需要。春秋战国时期，由于社会结构的变动，诸侯纷争不断，迫切需要一批知识人来辅佐他们。而旧的贵族和世家子弟大都养尊处优，生活腐化，不学无术，根本不堪大用。例如，周大夫原伯鲁不悦学，公然说："可以无学，无学不害。"(《左传·昭公十八年》)在旧体制和厌学风气的影响下，享有特权而头脑空空的世家子弟，根本不可能成为诸侯图强所需的人才和谋士，所以鲁国的曹刿才会说："肉食者鄙，未能远谋。"(《左传·庄公十年》)所以这批旧贵族注定会走向没落。而这就为身通六艺、富有文韬武略的士人提供了用武之地，为他们登上政治舞台、施展才能提供了契机。士具有丰富的知识，当然，所谓的知识主要是指政治历史经验、礼仪制度等。对于诸侯国来说，这些知识人是不可缺少的，因此，各诸侯国的执政者从巩固自己的统治权力的需要出发，争先"招贤纳士"。所以，当时尊贤、用贤成为一种社会风气。士可以自由流动，从而优秀的士成为统治者竞相争夺的对象,这在一定程度上提高了士的地位。当时许多诸侯对士都异常尊重,如齐国之尊孟子,"后车数十乘,从者数百人",而一旦稍有不如意,则立即离开,连淳于髡都批评孟子走得太突然:"在三卿之中,名实未加于上下而去之。"魏国之尊田子方,《史记·魏世家》载:

> 子击逢文侯之师田子方于朝歌,引车避,下谒。田子方不为礼。子击因问曰:"富贵者骄人乎?且贫贱者骄人乎?"子方曰:"亦贫贱者骄人耳。夫诸侯而骄人则失其国,大夫而骄人则失其家。贫贱者,行不合,言不用,则去之楚、越,若脱屣然,奈何其同之哉!"

的确,对于士来说,一言不合就可以离开,而诸侯若骄人则士人都会离开他,那他离灭亡也就不远了。这是士人能量之显示,刘向所言"所在国重,所去国轻"(《〈战国策〉叙录》)的说法,并非夸张。由于士阶层的影响力越来越大,于是兴起了养士与用士之风。战国中后期,养士之风达到了高潮。秦孝公、魏文侯、齐威王、齐宣王、梁惠王、燕昭王等国君都曾"尊贤使能",争取人才。齐国的孟尝君(田文)、赵国的平原君(赵胜)、楚国的春申君(黄歇)、魏国的信陵君(魏无忌)及秦相吕不韦等卿相,养士都以千计。士人虽然虽无权无势,却能纵横于天下,表明"士"已成为一种强大的社会力量,他们是中国的第一代知识分子和第一代教师群体。在"任人唯才,任人唯贤"(《墨子·尚贤》)、"贤者在位,能者在职"(《孟子·公孙丑》)的风气之下,饱学之士凭借其才智谋略,得幸于人君,入仕干政,并成为列国政治、经济、军事、外交方面的骨干力量。

春秋战国的尊贤用贤与西周"亲亲""任人唯亲"的用人政策相对立,"虽在农与工肆之人,有能则举之,高予之爵,重予之禄,任之以事,断予之令"(《墨子·尚贤上》)。打破了原来的世卿世禄制而渐行官僚制,进而促使更多的人学而为仕,以干人主,"中牟之人弃其田耘,卖宅圃,而随文学者邑之半"(《韩非子·外储说左上》)。此时官学已废坠不修,沉寂无闻,想学而入仕者只能就学于私学大师,私人讲学之风由此大炽。熟谙经邦治国之道的士人跻身政坛,谋得高官厚禄,显身扬名,激发了更多的人涌向私学,而私学也义不容辞地担负起培养士子的任务。

春秋战国时期的学术下移，促进了学术文化向社会的普及和传播，从而促进了士阶层的崛起，而士阶层的崛起又促进了学术的发展和繁荣。而儒家正是在这一历史背景下，成为最先创立的学术流派，孔子成为第一个私学的老师。

十六、孔子先世自宋奔鲁

孔子先世是宋国公族，而宋是殷人的后代，因此孔子常常说："予始殷人也。"（《史记·孔子世家》）又说："丘也，殷人也。"（《礼记·檀弓上》）据《史记·宋微子世家》记载，周公平定武庚之乱后，"乃命微子开代殷后，奉其先祀，国于宋"。微子是纣王的庶兄，著名的殷商三贤之一。微子开卒，立其弟衍，是为微仲，后来宋国的公族都是微仲的后代。关于孔子先世的世系，可靠的资料主要有以下几则。

唐孔颖达《毛诗正义商颂那疏》引《世本》云：

> 宋湣公生弗甫何，弗甫何生宋父，宋父生正考甫，正考甫生孔父嘉，为宋司马，华督杀之而绝其世，其子木金父降为士，木金父生祁父，祁父生防叔，为华氏所逼奔鲁，为防大夫，故曰防叔，防叔生伯夏，伯夏生叔梁纥，叔梁纥生仲尼。

汉王符《潜夫论·志氏姓》云：

> 闵公子弗父何生宋父，宋父生世子，世子生正考父，正考父生孔父嘉，孔父嘉生子木金父……金父生祁父，祁父生防叔……防叔生伯夏，伯夏生叔梁纥。

《孔子家语·本姓解》：

> 宋公生丁公申，申公生缗公共及炀公熙，熙生弗父何及厉公方祀，方祀以下，世为宋卿。弗父何生宋父周，周生世子胜，胜生正考甫，考甫生孔父嘉，五世亲尽，别为公族，故后以孔为氏焉。一曰孔父

者,生时所赐号也,是以子孙遂以氏族。孔父生子木金父,金父生睪夷,睪夷生防叔,避华氏之祸而奔鲁。防叔生伯夏,伯夏生叔梁纥。

以上三则材料所载世系基本一致,但有几个微小差异需要辨明。首先,《毛诗正义》引《世本》无世子胜一代,后两则都有。世子胜,或作世子士、世子、世父胜。《汉书·古今人表》录有世子士,清梁玉绳《古今人表考》认为此即世子胜,并且认为这是有关世子胜其人的最早记载。而且《潜夫论》和《家语》都有这一世,可见东汉时人们确实普遍认为孔子先世有世子胜其人。另外,孔子先世是从孔父嘉这一代开始得氏立族,而按当时礼制"五世亲尽"方可从公族中脱离出来别为一族,而从弗父何到孔父嘉,必须加上世子胜才足"五世"。因此,可以断定孔氏先祖确有世子胜一世,《毛诗正义》所引《世本》漏脱了这一世。第二,《毛诗正义》所引弗父何之子为宋父,后二则材料则为宋父周,可见《正义》所引脱"周"字。第三,《毛诗正义》所引木金父之子祁父,《家语·本姓解》称"睪夷",可能名睪夷字祁父。由上述世系可见,孔子先世不可谓不显赫,《家语·本姓解》即称孔子父亲"其先圣王之裔",孔子小时候便有人称其为"圣人之后"(《左传·昭公七年》)。孔子先世中,出现了不少贤人,如弗父何、正考父、孔父嘉等,而且经历了若干磨难,最终自宋奔鲁,在鲁国发展壮大。

弗父何是孔子十一世祖,大约生活于西周后期。弗父何为后世所知的唯一事迹就是让位。关于弗父何的出身,《毛诗正义》所引《世本》及《潜夫论》皆认为弗父何出自宋愍公,而《家语》认为出自宋愍公弟弟宋襄公①。《史记·宋微子世家》记载"潜公子鲋祀弑炀公而自立,曰:'我当立',是为厉公",但《左传·昭公七年》说:"弗父何以有宋而授厉公。"《史记·孔子世家》同,《毛诗正义》卷三十引服虔云:"弗父何,宋愍公世子,厉公之兄,以有宋言愍公之适嗣当有宋国,而让与弟厉公也。"宋厉公通过弑君夺取君位,他假意让位弗父何,但弗父何迫于形势而放弃君位,而他也因这一点被后世以让德称赞。

从弗父何到孔父嘉五代,都在宋国为卿,地位非常显赫。据《左传·昭公七年》记载,弗父何曾孙正考父曾辅佐戴、武、宣三世,非常谨慎、恭

---

① 此宋襄公非春秋时代欲称霸之宋襄公,据《史记》当为炀公。

敬，且有鼎铭云："一命而偻，再命而伛，三命而俯，循墙而走，亦莫余敢侮。饘于是，鬻于是，以糊余口。"可见其在为政中的谦恭、勤勉态度。正考父在学术上的功绩是整理了《诗经》的部分篇章。《国语·鲁语下》载："正考父校商之名颂十二篇于周太师。"《毛诗·那》小序也称："微子至于戴公，其间礼乐废坏，有正考甫者，得商颂十二篇于周之大师，以那为首。"正考父整理了《商颂》十二篇，用来祭祀殷商的祖先，后来这十二篇亡佚七篇，今仅存五篇。

正考父之子孔父嘉是宋穆公的大司马。孔父嘉在孔氏先祖史上是一个转折性人物，从弗父何到孔父嘉共五世，意味着此后不再是公族，而另立氏族，后世便以孔父嘉之字孔为氏[1]，故为孔氏。据《左传》桓公元年、二年及《史记·宋世家》记载，宋穆公的兄长宣公舍弃其子与夷，而把君位传给了穆公，穆公感念兄长之德，于是去世前遗命大司马孔父嘉不要立自己的儿子公子冯，而要立公子与夷为君。穆公去世后，公子与夷即位，即宋殇公，孔父嘉任大司马辅政。孔父嘉的夫人非常漂亮，殇公九年（前711）的一天，其妻外出，遇见了太宰华督，华督为其美色所动，想把她霸占过来，便寻找借口陷害孔父嘉。当时殇公即位已十年，其间发生了十一次战争，国人都有些不堪忍受了，于是华督发布流言，说战争都是孔父嘉怂恿所为，试图引起国人对孔父嘉的不满。第二年，华督伺机攻杀孔父嘉，取其妻，灭其族。殇公怒，华督于是又弑殇公，而迎穆公子冯于郑而立之，是为庄公。孔氏家族经此一难，地位一落千丈，"其子木金父降为士"（《毛诗正义》引《世本》）。按周代的官制，卿大夫是高级官员，由贵族担任，可世袭，而"士"则比较低贱，仅略高于平民，这意味着孔子的先世从木金父起，已失去贵族头衔，由卿大夫降为士阶层。

华氏之乱是孔氏奔鲁的导火索，但关于孔子先世何时奔鲁，史料中有不同记载。上引《世本》及《孔子家语》，均称木金父之孙防叔为避华氏之祸而奔鲁。而李贤注《后汉书·孔融传》引服虔云："孔子六代祖孔父嘉为宋华督所杀，其子奔鲁也。"现今多数学者认为，以木金父为避华氏之祸奔鲁之说比较可信，因为孔父嘉死后，华督继其位为庄公大司马，闵公时又

---

① 《家语·本姓解》引又一说认为孔是赐号，但先秦多有名嘉字孔，或名孔字嘉者，可见孔与嘉是名字呼应的，不应是赐号。

为太宰，前后执政达二十九年，在这二十九年中，华督在宋国权势显赫，势必对孔氏加以迫害，在将木金父降为士后，当然不会善罢甘休。木金父应是迫于华氏的压力，觉得在宋国已无立足之地，无奈才逃亡到鲁国，而到防叔时，华氏之乱已经过去很久，华督也早已去世，孔氏家族在宋国的威胁已经不那么严峻，没必要此时再出逃。因此，可以推测，木金父当是在华督之乱发生后不久就借机逃到了鲁国，时间约是在公元前711年之后不久。《世本》称防叔"为华氏所逼，奔鲁，为防大夫，故曰防叔"，值得怀疑的是，一个为逃难而由宋奔鲁的士人，怎么会在毫无背景的情况下，在异国他乡当上"大夫"呢？因此，可能木金父是入鲁的第一代，经过两三代人的努力，到防叔的时候，孔氏家族在鲁国站稳了脚跟，相传防叔担任过鲁大夫臧孙氏的家臣，任防邑宰。

孔氏奔鲁之后，大概在鲁国南部防一代生活，因此防叔就成为防地的大夫。防叔生伯夏，伯夏生叔梁纥。叔梁纥就是孔子的父亲，名纥字叔梁，身材高大魁梧，体格威猛强壮，《孔子家语·本姓解》说他"身长十尺，武力绝伦"。换算成今天的长度，一尺是23厘米，十尺就是2.30米。这里面或许有夸张的成分，但无论如何都应该算得上是一个巨人了。叔梁纥为鲁国著名的勇士，据《左传》记载，襄公十年（前563），晋国的荀罃、荀偃、士匄带着诸侯联军进攻逼阳国。四月初九，联军包围逼阳，不能攻克。孟孙氏的家臣秦堇父用人力拉了装备车到达战地，逼阳人打开城门，诸侯的将士乘机进攻。逼阳国内城的人突然把闸门放下，叔梁纥双手撑住门，把已经攻入城里的将士放出来，为部队的撤出争取了时间。孟献子称赞说："《诗》所谓'有力如虎'者也。"鲁襄公十七年（前556）秋季，齐灵公攻打鲁国边境，齐将高厚把臧武仲围困在防地，鄹叔纥（即叔梁纥）与臧畴、臧贾率领三百名甲士夜袭齐军，把臧武仲救出后返回防地，齐国不久即退兵，再次显示出其武功才能。叔梁纥的墓地今称梁公林，位于曲阜城东14千米，面对防山，北阻泗水，又称"齐国公墓""启圣林""启圣王林"。

孔氏奔鲁，虽然只是一个家族事件，但对儒家和孔子来说却有非常重要的意义，意味着孔家具有综合商周两代文化的先天优势。孔子身上带着殷商的血统，具有强烈的殷商文化基因，孔子"少居鲁，长居宋"，他曾多次回故里宋国考察殷商文化，对宋国有很深的感情。而鲁国是周礼文化的大本营，孔子正是扬弃了殷商文化和周礼文化，才创立了儒家。孔氏家族的经历是春秋时代失势世族命运的最生动、典型的例子。《史记·孔子世家》附记的感言说："孔子布衣，传十余世，学者宗之。"到孔子的时候，其家族早已由诸侯和贵族降为普通平民，也许正是在这种境遇中，孔子才以出类拔萃的品质、博学多能的才华、化成天下的宏愿，在有限的人生历程中，创立了儒家，开启了中华文化发展的新篇章。

中篇：孔子与儒学的产生

十七、儒的产生

孔子及其后学被称为儒者，其所创立的学派则称为儒家，那么，儒的含义是什么？它是什么时候产生的呢？《礼记·儒行》篇记载了孔子与鲁哀公对儒的讨论。战国时代，关于儒的记载和讨论就更多了，《墨子》有《非儒》之篇，《庄子·田子方》篇曾讨论儒服的问题。对于儒者和儒家源流的探讨，从古至今相续不断，尤其是 20 世纪以来，更是产生了一个原儒、说儒的热潮，章太炎、胡适、冯友兰、徐中舒等著名学者都曾对此问题发表过见解，陈来先生的《说说儒》①一文，概括了从古至今的 18 家说法。其中，古人 6 种、近人 8 种、晚近 4 种。这些说法纷繁复杂，有的是从字源学意义探讨儒的本义，有的是从职业角度探讨儒者的身份特征，还有的从人格和精神方面探讨儒者的内涵和价值，体现了不同的视角、不同的研究方法。但这些说法不是截然分立的，而是相互贯通的。例如，从字源学意义的探讨，与职业、人格等方面就是相通的。综合前人观点，对儒的起源和内涵的理解大致可以分为三种看法。

第一，认为儒是术士，术即技术、艺术②之义，即凡是掌握某种专门技术的人，都可称儒，如章太炎先生《原儒》云：

> 儒者，术士也。(《说文》)太史公《儒林列传》曰："秦之季世，坑术士。"而世谓之坑儒。司马相如言："列仙之儒，居山泽间。形容甚

---

① 见陈明主编《原道》第二辑，团结出版社 1995 年版。
② 古代尤其是唐代之前的"艺术"，意为技艺、技术，与今天的"艺术"一词含义不同。

臞。”(《汉书·司马相如传》语。《史记》“儒”作“传”,误。)赵太子悝亦语庄子曰:“夫子必儒服而见王,事必大逆。”(《庄子·说剑篇》)此虽道家方士,言儒也。《盐铁论》曰:“齐宣王褒儒尊学,孟轲、淳于髡之徒受上大夫之禄,不任职而论国事。盖齐稷下先生千有余人,湣王矜功不休,诸儒谏不从,各分散。慎到、捷子亡去,田骈如薛,而孙卿适楚。”(《论儒》)王充《儒增》《道虚》《谈天》《说日》《是应》,举儒书所称者,有鲁般刻鸢,由基中杨,李广射寝石、矢没羽,荆轲以匕首擿秦王、中铜柱入尺,女娲销石,共工触柱,觟觽治狱,屈轶指佞,黄帝骑龙,淮南王犬吠天上、鸡鸣云中,日中有三足乌、月中有兔蟾蜍。是诸名籍,道、墨、刑法、阴阳、神仙之伦,旁有杂家所记,列传所录,一谓之儒,明其皆公族。

又云:“古之儒知天文占候,谓其多技,故号遍施于九能,诸有术者悉晐之矣。”不过,章太炎先生认为儒之名有一个含义逐渐缩小的过程,最初凡是术士皆可称儒,后世才缩小为通五经六艺者为儒:“儒之名于古通为术士,于今专为师氏之守。”

第二,认为儒是一种类似于巫祝的从业者。这层意思与作为术士的儒也是相通的,本来巫祝也是术士之一种,掌握专门的巫术技艺,章太炎先生说古之儒知天文占候,实际上指的就是巫祝。胡适的《说儒》从《礼记·儒行》载孔子“冠章甫之冠”、《墨子·公孟》“公孟子戴章甫”两条材料出发,依据《士冠礼》“章甫,殷道也”,断定最初的儒都是殷的遗民,穿戴殷的旧衣冠,实行殷的古礼。认为被称为儒的这一部分殷人,是从殷的祝宗卜史转化而来,在西周及春秋以治丧相礼为职业。殷末的祝宗卜史在西周几百年间自成了一个特殊阶级,是贵族阶级有用的清客,是新统治阶级的下层,又是自己民族殷礼的保存者和教师。徐中舒先生的《甲骨文中所见的儒》,认为商代已有卿士,而卿士中主相礼之官即为儒,甲骨文写作“需”,或“濡”。濡字的造字,其原意是指“斋戒沐浴”,整个字像以水冲洗沐浴濡身之形,也就是说濡字是儒字的初文。根据他的看法,儒在商代是一种宗教性的神职人员,与巫祝相似。总之,从这个角度看,儒最早是从事巫祝的人员,掌握了祭祀、占卜、祈雨等方面的技术。

第三,认为儒是负责教育、教化人民的人员。《周礼》“儒以道得民”,

郑玄注曰"儒，诸侯保氏有六艺以教民者"；《大司徒》"以本俗六安万民……四曰联师儒"，注云"师儒，乡里教以道艺者"。《汉书·艺文志》论"儒家"云："儒家者流，盖出于司徒之官，助人君顺阴阳教化者也。游文于六经之中，留意于仁义之际，祖述尧舜，宪章文武，宗师仲尼，以重其言，于道为最高。"郑玄注《礼记·儒行》时也说："儒之言优也，柔也；能安人，能服人。"进一步说明所谓柔的具体含义是安人、服人。郑玄又提供另一种解释："又儒者濡也，以先王之道能濡其身。"也是从声训的角度，认为儒即濡，以先王之道来浸润自身。其实这一点，很多学者都是认同的，如傅斯年作《战国子家叙论》认为"儒家者流，出于教书匠"（引自冯友兰《原儒墨》），由于上古时代无私学，教书匠也就是官府中负责教化的人员。

以上关于儒之含义的三种解释不是完全分立的，而是相通的，巫祝是术士的一种，而教化人民的官员，也是以所谓的礼、乐、射、御、书、数六艺来教化人民，六艺也是一种术。巫祝所掌握的占卜、丧祭之礼的技术，从某种角度看也是教化人们的内容。冯友兰先生说："儒指以教书相礼等为职业的一种人。"（《原儒墨》，《中国哲学史》下册）所以，虽然学界对儒的起源意见不一，但认为儒最初是一种懂得某种专门技术的术士，这种专门技术带有教化、教育的色彩，应该是比较中肯的。

不过，以孔子的出现为界，就把孔子之前的儒与孔子之后的儒区分开来，即冯友兰先生所说的儒与儒家，前者主要代表了儒的原初含义，后者则特指孔子、孔子学派及其后世的传承者。冯先生说："照我们现在的说法，儒家与儒两名，并不是同一的意义。儒指以教书相礼等为职业的一种人，儒家指先秦诸子中之一派。儒为儒家所自出，儒家之人或亦仍操儒之职业，但二者并不是一回事。"从起源说，儒最早可能是从事教书相礼的一批人，但"后来在儒之中，有不止于教书相礼为事，而且欲以昔日之礼乐制度平治天下，又有予昔之礼乐制度以理论的根据者，此等人即后来之儒家。孔子不是儒之创立者，但乃是儒家之创立者"。我们今天所说的儒，一般忽略其本源的意义，而专指孔子之后的儒。不过孔子与其前的儒也不是截然分开的，而仍有所继承。

孔子具有原初之儒的特点。首先，孔子小时候就陈俎豆、设礼容，长大后也多方学习礼仪，对当时的各种礼仪如丧礼、祭礼等非常精通，而且常去充当这些礼仪的傧相。尤其是丧礼，在上古时代，丧礼程序非常复杂，一般人难以掌握，需要有精通丧礼的人来主持丧礼，孔子精通丧礼，常为别人主持丧礼，《礼记·檀弓》记载了许多孔子与弟子们关于丧礼的对话，《论语》称"子食于有丧者之侧，未尝饱也"（《述而》），这表示孔子经常替别人办丧事，否则为何会到家有丧事的人旁边吃饭，而他又故意吃不饱？《论语》又载子曰："出则事公卿，入则事父兄，丧事不敢不勉，不为酒困，何有于我哉？"（《子罕》）所谓"丧事不敢不勉"，有一种解释就是说孔子从事助丧的职业，所以为人承办丧事不敢不尽力。《礼记·檀弓上》载："子游问丧具。夫子曰：'称家之有亡。'子游曰：'有亡恶乎齐？'夫子曰：'有，毋过礼；苟亡矣，敛首足形，还葬，县棺而封，人岂有非之者哉。'"孔子要求在主持丧礼时，要根据主家的家境情况把握好丧礼的分寸，既不违礼，又不失体面。《檀弓下》载："孔子之故人曰原壤，其母死，夫子助之沐椁。"又《礼记·曾子问》载：

> 曾子问曰："葬引至于埏，日有食之，则有变乎？且不乎？"孔子曰："昔者吾从老聃助葬于巷党，及埏，日有食之，老聃曰：'丘！止柩，就道右，止哭以听变。'既明反而后行。曰：'礼也。'反葬，而丘问之曰：'夫柩不可以反者也，日有食之，不知其已之迟数，则岂如行哉？'老聃曰：'诸侯朝天子，见日而行，逮日而舍奠；大夫使，见日而行，逮日而舍。夫柩不早出，不暮宿。见星而行者，唯罪人与奔父母之丧者乎！日有食之，安知其不见星也？且君子行礼，不以人之亲痁患。'吾闻诸老聃云。"

孔子在这里回忆了早年协助老聃主持巷党之葬礼的情形，大概此时孔子还处在"实习"阶段，老聃是主持，孔子只是助理。其实不仅孔子，孔子弟子也有不少以主持丧礼为职业。上文提到子游就向孔子请教丧具的问题，子游也常为别人主持丧礼，《礼记·檀弓下》称"有若之丧，悼公吊焉，子游摈于左"。正是因为孔子及其弟子很多都从事丧礼主持工作，他们对丧礼才如此讲究，才会就丧礼的各种细节有大量讨论，甚至于达到烦琐的地步，所以在孔子去世后，就产生了对这种烦琐丧礼的反动，这就是墨子学派所提出的"节葬短丧"，这自然会引起儒家的极大反感，并将墨家作为头号敌人，因为墨家的主张无疑是要打破儒者的饭碗。不仅是丧礼，孔子作为当时最精通礼的专家,还常主持其他的重大礼仪活动,比如鲁定公与齐景公会于夹谷,孔子为鲁国相礼,即以鲁国傧相的身份主持会盟。

不过,从孔子开始,儒的含义开始加入新的内涵,而不再局限于某种技艺或某种教书相礼的职业。孔子对儒的精神内涵进行了提升,包括儒的价值和使命、儒的人格修养等诸多方面。在使命上,如冯友兰先生所说,儒变成了"欲以昔日之礼乐制度平治天下",从人格修养方面,儒者有了一个更高的境界,在《礼记·儒行篇》,孔子向鲁哀公讲述了儒者精神的十六个方面,如"夙夜强学以待问,怀忠信以待举","言必先信,行必中正","博学而不穷,笃行而不倦,幽居而不淫,上通而不困"等等,并称:"儒有不陨获于贫贱,不充诎于富贵,不慁君王,不累长上,不闵有司,故曰儒。"这些都充分说明在孔子时代,儒者已经成为一种具有特定人格内涵的群体。后世儒者,也都是沿着孔子开辟的新道路前进的。据《孔丛子·儒服》篇记载,孔子七代孙孔穿会见赵国平原君赵胜的时候,赵胜曾问他:"儒之为名为何取尔?"孔穿说:"取包众美,兼六艺,动静不失中道。"这实际上也是对儒者的精神和人格的一种概括。

十八、孔子诞生及生辰问题

关于孔子的家世和诞生,在《史记·孔子世家》和《孔子家语·本姓解》中有详细记载。孔子出生在鲁昌平乡陬邑,其父叔梁纥是陬邑的大夫。叔梁纥娶了鲁国的施氏,生了九个女儿,但没有儿子,又娶了妾,生了个儿子叫孟皮,又称伯尼。孟皮有足病,无法成为继承人,于是叔梁纥打算再娶一个续妻。他向颜家求亲,颜氏有三个女儿,由于当时叔梁纥已经年老,两个女儿都不愿意嫁过去,只有小女儿徵在愿意,于是嫁给叔梁纥。可能叔梁纥担心自己年老无法生子,便与颜氏在尼丘山祈祷,后来生了孔子,就起名叫丘,字仲尼。《史记》上说"纥与颜氏女野合而生孔子",对于"野合"一词的含义古今聚讼纷纭。对此钱穆先生说:"《史记》称叔梁纥与颜氏女祷于尼丘,野合而生孔子。此因古人谓圣人皆感天而生,犹商代先祖契,周代先祖后稷,皆有感天而生之神话。又如汉高祖母刘媪,尝息大泽之陂,梦与神遇,遂产高祖。所云野合,亦犹如此。欲神其事,乃诬其父母以非礼,不足信。至谓叔梁老而徵在少,非婚配常礼,故曰野合,则是曲解。"(《孔子传》)近年海昏侯墓出土的孔子屏风上所抄录的《孔子世家》的节文中,不是"野合"而是"野居",有学者认为破解了"野合"的千古之谜,"野居"意为居于野(郊)而非居于邑(城)而生①,可备一说。孔子出生没多久,叔梁纥就去世了,葬在防山一带。孔子是由其母亲颜氏培养长大的。

孔子的诞生,虽然只是一个婴儿的出世,却是儒学史上第一件大事。关于孔子诞生的具体日期,由于文献记载的歧异,历代有很多争辩,清末孔子后裔孔广牧作《先圣生卒年月日考》②,罗列了近百种观点,如果再加上近现代的讨论就更多了。今天通行的 9 月 28 日,也有不少人质疑。因此,对于孔子诞辰有必要略作考辨。

(一)孔子诞辰原始资料的检讨

关于孔子诞辰的观点虽多,但大多是派生看法,而真正的原始资料只有四种:一、《公羊传》《穀梁传》;二、《史记》;三、汉代其他相关记载;四、《世本》。首先来看二传。阮校本③《春秋公羊传·襄公二十一年》经文:

> 九月,庚戌朔,日有食之。冬,十月,庚辰朔,日有食之。曹伯来朝。公会晋侯、齐侯、宋公、卫侯、郑伯、曹伯、莒子、邾娄子于商任。十又一月,庚子,孔子生。

阮校本《春秋穀梁传·襄公二十一年》经文:

> 九月,庚戌朔,日有食之。冬,十月,庚辰朔,日有食之。曹伯来朝。公会晋侯、齐侯、宋公、卫侯、郑伯、曹伯、莒子、邾子于商任。庚子,孔子生。

关于这两条材料,有两个问题值得关注:其一,二传所载孔子诞辰之语,即"十有一月庚子孔子生"或"庚子孔子生",是经文还是传文?其二,

① 杨军等:《海昏侯墓衣镜画传"野居而生孔子"考》,《江西师范大学学报》2018 年第 1 期。
② 见《皇清经解续编》卷一千四百一十四至一千四百一十五。
③ 中华书局 1980 年影印本《十三经注疏》。

两传所载日期同为庚子,但月份《公羊传》为十一月,《穀梁传》承自前文为十月,那么到底是十月还是十一月?《公羊传》比《穀梁传》多"十又一月"四字是何原因?

关于第一个问题,许多人可能习以为常地认为这是一句经文,其实是错误的。徐彦《公羊传疏》在解说"十有一月,庚子,孔子生"时说:"《左氏》经无此言,则《公羊》师从后记之。"今传《左传》之《春秋》经文确实没有这句话。清段玉裁说:

> 《公》《穀》识孔子之生,犹《左氏》记孔子之卒,然《左》大书孔子名以记其卒,俨然赓经也,《公》《穀》曰孔子生,不敢书名,则此当为传文无疑。陆氏云"庚子孔子生传文也,又一本无此句"可证。唐初《公羊》尚有无此条者,自《公》《穀》经不别为书,《唐开成石经》每年经传捃合之,尽一年乃跳起。于是经传不可分,经传不可分而庚子孔子生之文俨然经矣,故马端临谓《公》《穀》二经有孔子生而不知固传也,非经也。今世板本冠之以传字,较《唐石经》为易明。(《经韵楼集》卷四)

后世所刻的《十三经注疏》版本中的闽本、北监本、殿本等,大多在传文上标出"传"字,"孔子生"此句之上亦标"传"字。但是阮刻十三经却没有这种标注,而将经传全部刻为大字,致使经传之文完全混淆在一起。可见,这句话确实是传文,是《公羊》《穀梁》经师所加,他们可能觉得行文至孔子诞辰的这个地方,有必要把孔子诞辰给记录下来,所以就加了这条传文。同理,《左传》在《春秋》经结束的哀公十四年之后,又增加了两年经文,一直到哀公十六年孔子卒年结束。《公羊》《穀梁》与《左氏》,前二者以传文的形式记录了孔子的生日,后者则以接续经文的形式记录了孔子的去世日期。

关于第二个问题,可以根据十月庚辰朔,推断庚子日在十月二十一日,而不在十一月,所以孔子诞辰日期在十月不在十一月,《公羊》比《穀梁》多的"十又一月"四字为衍文。这一点也有文献依据。陆德明《经典释文》于《公羊传》此四字之下注云:"传文上有十月庚辰,此亦十月也;一本作'十一月庚子',又本无此句。"这句话有两点值得关注,其一,陆德明所见的《公羊传》是没有"十又一月"四字的，所以他直接说"此亦十月也"。其二，他列出所见的两种其他版本，一个作"十一月庚子"，另一个根本没有孔子生这句话。由此可见，古代曾存在没有"十有一月"四字的《公羊传》文本，此四字应为衍文。因为经文前文有"十月庚辰"，这里又是光秃秃的"庚子孔子生"，传抄者可能顺笔就加上了"十又一月"四字。

总之，《公羊传》与《穀梁传》关于孔子生日的记载是一致的，都是鲁襄公二十一年冬十月庚子，只是今本《公羊传》误衍了"十又一月"四个字。

其次看《史记》的记载。《史记》有三处提到孔子生年，第一处是《十二诸侯年表》在鲁襄公二十二年中标注：孔子生。第二处《孔子世家》云："鲁襄公二十二年而孔子生。"第三处《鲁周公世家》云："（襄公）二十二年孔丘生。"《史记》三处记载完全一致，但都只有年份，而没有详细的月日。杜预《左传·襄公三十一年》注云："仲尼以二十二年生。"《哀公十六年》于孔子卒下注云："鲁襄公二十二年生。"杜预应该是依据《史记》的记载而来。陆德明《左传音义》于杜注"鲁襄公二十二年生"下云："本或作鲁襄公二十三年生，则与《史记·孔子世家》异，此本非也。"可见当时杜注《左传》有把"二十二年"误为"二十三"年者，数字本来就容易讹误，这也可以理解。可见，《史记》记载的孔子生年为鲁襄公二十二年，无日期。

第三，汉代记载孔子诞辰的史料，还有如下几则：其一，《左传·襄公二十一年》贾逵注："此年仲尼生，哀十六年夏四月己丑，卒，七十三年。"（《左传·襄三十一年》正义引）其二，《左传·昭公二十四年》服虔注引贾逵语云："是岁孟僖子卒，属其子使事仲尼。仲尼时年三十五，定以孔子为襄二十一年生也。"（同上）其三，东汉延熹八年《老子铭》载："孔子以周灵王廿年生，到景王十年年十有七。"（见宋洪适《隶释》，周灵王廿年即鲁襄公二十一年）。以上三则皆认为孔子诞生于鲁襄公二十一年。

最后，关于《世本》记载孔子诞辰问题，需要略作辨析。许多学者研究孔子诞辰援引《世本》的材料。如董作宾先生在其多篇文章中指出，《世本》有"鲁襄公二十二年冬十月庚子孔子生"这句话。由于《史记》的创作曾参考《世本》，则《史记》中关于孔子生年的记载就自然认为来自《世本》。夏乃儒先生在《孔子大辞典·孔子诞日》中也说："《史记》之年与《世本》所记一致。"但是，其实《世本》中并没有这条记载。关于这一点，金友博先生在《史记孔子生年索源》一文中有详细论证，今参考其文，略述如下。

学者之所以认为《世本》记载了孔子生年，源于对金代孔元措所撰《孔氏祖庭广记》中以下这段话的误解：

> 至圣文宣王鲁曲阜昌平乡阙里，其先宋人也。世本云宋孔父嘉生木金父，木金父生祈父，其子奔鲁为孔防叔，生伯夏，伯夏生叔梁纥，长子曰伯皮，有疾不任继嗣，遂娶颜氏，祷于尼山，得孔子，鲁襄公二十二年冬十月庚子日孔子生，生而首上圩顶，故因名丘字仲尼，二岁纥卒。孔子长九尺六寸，腰大十围，凡四十九表……

此处的"世本云"，但云到何处，却是个问题。如果所云包括"鲁襄公二十二年冬十月庚子日孔子生"这句话，那么这句话自然就是来自《世本》。但是据考证，《世本》所云仅截止到"伯夏生叔梁纥"，以下全是《广记》作者的话。证据主要有两条：其一，《世本》是对诸侯大夫世系的记载，是流水账式的，其基本格式是"某生某"，而他书如《毛诗正义》《穀梁疏》《左传正义》引用《世本》记载的孔子世系，也仅是"防叔生伯夏，伯夏生叔梁纥，叔梁纥生仲尼"等语句，中间绝没有没有孟皮有疾、娶颜氏女的故事，也绝不见孔子诞辰的信息①。若认为孔子诞辰之语出自《世本》，实不合其书体例。其二，汉唐经史大师在论及孔子诞辰时，无一引《世本》为说。如《穀梁疏》《史记索隐》等，都多次引用《世本》，但在论及孔子诞辰时只提《史记》与《春秋三传》。如果《世本》有这句话，岂有不用之理？综上所述，《世本》中并无孔子诞辰的记载，而仅有关于孔子世系的罗列。《孔氏祖庭广记》所称"鲁襄公二十二年冬十月庚子日孔子生"这句话应该是该书作者孔元措的话。

综上所述，关于孔子诞辰的记载包括三种观点：

第一种：《公羊传》和《穀梁传》，主鲁襄公二十一年冬十月庚子。

第二种：《史记》，主鲁襄公二十二年，无具体日期。

第三种：贾逵、服虔、老子铭，主鲁襄公二十一年，无具体日期。

第一种与第三种是一致的。众所周知，汉武帝罢黜百家独尊儒术，设立五经博士，其中《春秋》一经为公羊博士，终两汉皆然，在汉人眼里《公羊

① 参本书第十六篇《孔子先世自宋奔鲁》。

传》是《春秋》的最权威解释。因此，一般学者提到孔子诞辰当然要以《公羊传》为依据。因此，关于孔子诞辰的真正歧异之处在于《公》《穀》二传的襄公二十一年，与《史记》的二十二年的差别。那么，哪一个记载更为可靠？

在司马迁作《史记》时，《公羊传》已立于学官，成为具有权威性的学说，所以司马迁在《史记》中记录孔子生年，资料来源肯定也是《公羊传》。但为何又与《公羊传》不同，而相差一年呢？这有两种可能。第一种可能，如果司马迁见到的是衍了"十又一月"的文本，则十一月按周正（以十一月为岁首）是第二年了；第二种可能，如果他见到的是没衍"十又一月"的文本，由于汉朝在太初之前，都是以十月为岁首，可能他习惯性地认为十月就是第二年了，于是记为鲁襄公二十二年。总之，二传成书都在《史记》之前，且是《史记》的资料来源，应该比《史记》的记载更为可靠。过去由于人们过度崇拜司马迁，所以对其结论深信不疑，反而置二传于不顾，其实《史记》中记载的年代、史实错误不在少数。

综上所述，关于孔子诞辰应以《公羊传》《穀梁传》所载最为准确，即鲁襄公二十一年冬十月庚子。

（二）孔子诞辰的换算

鲁襄公二十一年冬十月庚子，年份换算成公历，为公元前 552 年，日期换算成今天通行的农历，就是八月二十一日，而要换算成公历，就遇到一个小小的麻烦，因为公历有儒略历和格里历之分，儒略历是公元前 46 年开始实施，在 1582 年 10 月 4 日之前，西方用的都是儒略历，但由于此历法不够精确，过 400 年约误差一天，于是自 1582 年 10 月 5 日起改用新的更精确的历法，即格里历，并将这一天改为 10 月 15 日。而孔子出生时，既没有儒略历，也没有格里历，应该用哪个历法推算呢？江晓原先生主张用儒略历，他认为，应以 1582 年格里历的实施为分界线，此后应该用格里历，公元前 46 年到 1582 这段时间应该用儒略历，因为当时格里历还不存在。而公元前 46 年之前国际历史学界和天文学界的不成文约定是用儒略历，"因为公元前 46 年之后开始使用儒略历，那么将这一历法向公元前 46 年之前的年代延伸，是很自然的；如果使用格里历来向公元前 46

年之前的年代延伸,就要跳过一千六百多年,这显然不合常理"①。按儒略历推算,孔子诞辰日就是公元前 552 年 10 月 9 日②。徐文新先生主张用格里历,认为格里历更精确,所有的历史年代都应用格里历表述,他据格里历的推算结果是公元前 552 年 10 月 3 日③。

综上可知,孔子诞辰较为可靠的农历日期为八月二十一日,公历日期为 10 月 9 日或 10 月 3 日。那么,今天通行的 9 月 28 日又是怎么来的呢?

由于过去人们多相信《史记》所记载的孔子生于鲁襄公二十二年之说,于是便捏合《史记》之生年与《公》《穀》二传之日期,将孔子生日定为鲁襄公二十二年冬十月庚子,即前述金代孔元措著《孔氏祖庭广记》所载。这一天换算成今天通行的农历就是八月二十七日。这一日期在《孔氏祖庭广记》卷八就已经推算出来:"先圣生十月庚子,即今之八月二十七日。"此后元明清基本上都认同这一日期。但古代对生日并不看重,祭孔典礼并不在孔子生日举行,而是在仲春(二月)、仲秋(八月)的上丁日分别举行,称为"春秋二祭"或"丁祭",孔子诞辰日则只进行简单的斋戒、庆祝。

民国初年,中国实现共和政体,决定废除祭孔典礼,而只于孔子生日那天举行纪念活动。1912 年 9 月 26 日民国政府教育部致各省都督民政长电云:"查孔子诞日,应以阴历就阳历核算,本年阴历八月二十七日,即阳历十月七日,自民国元年为始,永以十月七日为举行纪念会之期。"④这种算法很荒唐,因为 1912 年的农历八月二十七对应公历 10 月 7 日,但孔子出生那一年的八月二十七未必对应 10 月 7 日。1913 年 9 月 17 日民国政府教育部又决定以孔广牧《先生生卒年月考》所考定的日期农历八月二十八日为标准日期,且不得换算为阳历:"惟孔子生日既从夏正考定,自不得溯从夏正,否则恒致抵牾,转近诬妄。嗣后各校应永依旧历八月二十八⑤日行礼。"不过凑巧的是,当年的八月二十八日,恰恰是公历的 9 月 28 日。这是 9 月 28 日这个日期第一次与孔子诞辰扯上关系。鲁迅在 1913

---

① 江晓原:《儒略历还是格里历:这是一个问题》,《中国国家天文》2007 年第 4 期。
② 江晓原:《孔子诞辰:公元前 552 年 10 月 9 日》,《历史月刊》1999 年第 8 期。
③ 徐文新:《孔子诞辰的推算》,中国儒学网 2003 年 7 月 30 日发布。
④ 《教育部致各省都督民政长电》,《政府公报》,1912(149)。该条中的十月七日,被多人误引为十月十七日,如李俊领的《中国近代国家祭祀的历史考察》(山东师范大学 2005 年硕士论文,第 66 页)、朱文哲《符号、仪式与认同:民国时期的孔子诞辰纪念》(《天府新论》2015 年第 4 期)。
⑤ "八"原作七,当时公文出现错误,参常会营《民国初年关于祭孔问题的争议》一文。

年的日记中有记载："九月二十八日。星期休息。又云是孔子生日也。"不过，鲁迅所记的九月二十八日虽然没错，但当时认定的实是农历的八月二十八日，而非公历的 9 月 28 日，只是农历八月二十八日这一天凑巧是公历 9 月 28 日而已。

后来，袁世凯想搞复辟，试图重新恢复祭孔典礼。1913 年 12 月颁布了《祀孔案审查报告书》，仍决定沿用传统做法，于春秋上丁日举行祭祀典礼：

> 窃谓春秋两祭仍宜适用，上丁或疑与新历不甚相宜，则有说焉……政令用阳历，所以取世界之大同，祭祀用阴历，所以从先圣之遗志，言各有当，事不相蒙也。若改于每年开学之首日举行祀典，我国幅员广大，气候不同，开学之期，断难一律，未便作为通祭之期。若即于先圣生日举行祭礼，不知祝圣庆典，通国所同。若国家崇祀之上仪，义取特尊，碍难并举。此本审查会议以夏时春秋两祭为祀孔之日之理由也……此外开学祭、诞日祭，应按照从前习惯，自由致祭，无庸特为规定。①

这段话解释了祭孔大典仍采取传统春秋两祭，而不取每年开学首日及孔子生日的理由。这是就官方层面讲，而对于民间层面，则开学日、孔子生日当天仍可自由举行纪念活动。1914 年 9 月出台的《祀孔典礼》便正式规定"以夏时春秋两丁为祀孔之日"②。而凑巧的是，1914 年仲秋八月上丁日为八月初九丁巳，公历亦恰为 9 月 28 日。9 月 25 日，袁世凯发布《举行祀孔典礼令》云："前经政治会议议决，祀孔典礼业已公布施行。九月二十八日为旧历秋仲上丁，本大总统谨率百官举行祀孔典礼。"③不过这个 9 月 28 日依然跟孔子诞辰无关，它只是与农历仲秋上丁日偶尔重合而已。整个北洋政府时期，基本继承了春秋二季祭孔的习惯，而对孔子生日当天的活动并没有给予太多关注。

真正重视孔子生日要从国民政府时代算起。1928 年国民政府统一全国，为显示其革命性，废除了春秋祭孔典礼，而只于孔子诞辰日举行纪

---

① 《祀孔案审查报告书》，《孔教会杂志》第一卷第十一号，1913 年 12 月。
② 政事堂礼制馆：《祀孔典礼·呈文》，第 1 页，民国三年。
③ 章伯锋、李宗一主编：《北洋军阀》（1912—1928）第二卷，第 1399—1400 页。

念活动。由于当时正式废除了旧历,改用公历,于是又在1934年直接把旧时沿用的农历八月二十七日改为公历的8月27日,并将此日定为孔子诞辰纪念日。此后国民政府历年均在此日举行一些纪念活动,一直到1948年8月27日举行最后一次。

这中间有一个插曲。1942年,汪精卫伪国民政府将孔子诞辰日由8月27日正式改为9月28日,并作了详细考证[①]。其主要观点是认为孔子的生日只有两种可能,即鲁襄公二十一年十月庚子,或二十二年十月庚子,前者为农历八月二十一日,用通行的格里历推算为公历10月3日,后者为农历八月二十七日,用通行的格里历推算为公历9月28日。由于农历八月二十七日沿用已久,便决定采用后说,定孔子诞辰为公历9月28日。这是9月28日第一次作为孔子诞辰登上历史舞台。不过由于他们的推算是按照格里历进行的,如果按儒略历,则八月二十七日当是10月4日。

综合本文,可知历史上所采用的孔子诞辰的日期涉及襄公二十一年、二十二年之分,农历、公历之分,以及儒略历、格里历之分,可以说纷繁复杂,令人头晕目眩,今为清楚表明其源流关系,特制作表格如下:

资料来源	《公羊传》《穀梁传》			《史记》之年份及《公》《穀》二传之日期			
日期	鲁襄公二十一年冬十月庚子			鲁襄公二十二年冬十月庚子			
换算	公元前552年			公元前551年			
	农历	儒略历	格里历	农历	儒略历	格里历	直接由农历对应而来
	8月21日	10月9日	10月3日	8月27日	10月4日	9月28日	8月27日
使用情况	未使用			元代至北洋政府使用	未使用	1942—1945年汪伪政权使用;1952年至今,中国台湾地区及海外	1934—1949年国民政府1949—1952年中国台湾地区
可靠性	比较可靠			不如前者可靠			不可靠

注:儒略历在公元前46年至1582年10月4日使用。误差较大,但国际惯例公元前46年之前仍使用之。格里历即现行公历,1582年10月5日之后渐为各国通用。误差较小,但不适宜表述此前的历史日期。

---

① 《孔子诞辰定为9月28日》,见《华北编译馆馆刊》,1942年第1卷第2期。

十九、孔子学而不厌

孔子从小就非常好学,长大后更是多方求学,学无常师。孔子说:"三人行,必有我师焉。"(《论语·述而》)又说:"十室之邑,必有忠信如丘者焉,不如丘之好学也。"(《论语·公冶长》)孔子的学习,并非漫无目的的学习,而是有主旨和重心的,那就是对周代礼乐文明的掌握与学习,而孔子也是以精通礼乐在当时闻名。

《史记·孔子世家》记载,孔子年少时,为儿嬉戏,常陈俎豆、设礼容。孔子从小就喜欢摆弄礼器,对礼乐文化有一种天然的热爱,这也是他一直坚持学习的动力。鲁昭公十七年(前525),郯国的君主郯子来朝见鲁昭公,在宴会上,鲁国大夫昭子问起郯子少昊时以鸟名官的情况,郯子作了详细回答。孔子听说这件事后,马上去拜见郯子,向他请教学习,这也可见孔子对古代礼制文化的兴趣(《左传·昭公十七年》《孔子家语·辨物》)。据《史记·孔子世家》记载,孔子母亲去世不久,鲁国贵族季孙氏宴请士一级的贵族。孔子当时还在服丧,但仍主动前往,不想却遭到季孙氏家臣阳虎的训斥,于是孔子只好退了出来。有人将此事解释为孔子钻营攀附季氏的例证,其实从孔子好学的性格看,更可能的是他想通过参与和观摩这种贵族大场面来学习礼乐文化知识。

鲁昭公十九年(前523),孔子29岁,向鲁国的乐师师襄学习鼓琴,由"得其数""得其志"到最后"得其人",并说:"丘得其为人,黯然而黑,几然而长,眼如望羊,心如王四国,非文王其谁能为此也!"①(《史记·孔子世家》,《韩诗外传》卷五、《孔子家语·辩乐解》略同)通过学鼓琴进而领悟到文王的风骨,进一步增强了他对周代礼乐文化的景仰。鲁昭公二十五年(前517),孔子在齐国学习韶乐。由于雅乐在当时已经不流行,难得一闻,孔子能够有学习韶乐的机会,非常高兴,全身心投入学习,甚至达到"三月不知肉味"的地步,并感叹地说:"不图为乐之至于斯也。"(《史记·孔子世家》)鲁昭公二十七年(前515),吴国的贤者季札出使齐国,在返回

---

① 相关资料记载此事均无明确年岁,明陈镐《阙里志》卷四属此事于孔子29岁时,应无大误,故今从之,见《四库全书存目丛书》史部第76册,齐鲁书社1997年版,第82页。

的路上他的长子去世,葬在嬴、博之间。孔子听说后,便前去观摩了葬礼的整个过程(《左传・昭公二十七年》《礼记・檀弓下》)。可见孔子努力抓住任何的机会进行学习。谈到礼乐文化,周朝国都自然是其最大渊薮,孔子曾专门适周考察礼乐,并问礼于老聃,问乐于苌弘,还考察了太庙、明堂等礼制建筑,还曾去杞国、宋国学习考察夏商等古代文明的遗迹。

由于孔子的好学,他在很年轻的时候就以精通礼乐闻名遐迩。《左传・昭公七年》记载,孟僖子临死前嘱咐儿子孟懿子和南宫敬叔拜孔子为师,向孔子学礼:"礼,人之干也。无礼,无以立。吾闻将有达者曰孔丘,圣人之后也……我若获没,必属说与何忌于夫子,使事之,而学礼焉,以定其位。"正因为孔子在当时以知礼闻名,所以孟僖子有这样的嘱托。鲁定公三年(前507),孔子四十五岁,时邾隐公即位不久,要举行冠礼,通过孟懿子来向孔子请教。孔子向他详细讲述了冠礼的内容,使邾隐公顺利地举行了冠礼(《孔子家语・冠颂解》《左传・定公三年》)。即使在周游列国的困境中,孔子也不放弃对诗书礼乐的修习,困于陈蔡之间,七日不火食,仍然弦歌不辍;去曹适宋,路途休息时还与弟子习礼大树下(《史记・孔子世家》)。诗书礼乐是孔子毕生坚持学习的。孔子在学习的同时,还积极讲学授徒,而其讲学的重要内容就是诗书礼乐,《史记・孔子世家》称"孔子以诗书礼乐教",《论语》记载了大量的孔子与弟子们讨论诗书礼乐的内容。

在礼乐之外,孔子还注重学习多方面的历史文化知识,并积累了深厚的文化素养,从而成为当时最博学的人。《论语》记载达巷党人评价孔子说:"大哉孔子,博学而无所成名。"孔子的博学在当时是非常知名的,许多人遇到疑难问题都会向孔子请教。吴国讨伐越国,攻下了会稽,获得一枚大骨,要用一辆车才装得下。吴王派使者到鲁国访问,顺便向孔子询问大骨的来历。孔子认为,当年大禹召集群神到会稽山,防风氏违命后到,大禹杀了他,陈尸示众,他的一节骨骼就要装一辆车,这算是最大的骨头了。使者又向孔子请教谁守为神和防风何守的问题,孔子一一作了回答,使者赞叹不已,称之为圣人(《国语・鲁语》《史记・孔子世家》等)。季桓子在家中挖井,得到一个像瓦罐一样的东西,里面有一只外形似羊的动物,于是派人问孔子说:"我家挖井时得到一只狗,是怎么一回事呢?"孔子回答说:"据我所知,你得到的应该是羊。山中的怪物叫夔、叫魍魉,水中的怪物叫龙，叫罔象，土中的怪物叫羵羊。"（《国语·鲁语》）据《孔子家语·辨物》记载，季康子向孔子问道："现在是周历十二月，夏历的十月，却仍有蝗灾，为什么呢？"孔子答道："我听说大火星隐没后，昆虫也都蛰伏起来。现在大火星仍然出现在西方天空，这是司历官的过失。"季康子问："错了几个月？"孔子说："在夏历十月，大火星就应隐没，现在它还出现在天空，这是两次未置闰的结果。"可见孔子对于天文历法也有深入的学习。

　　孔子的好学品格，使他全面继承了前代思想和文化的精粹，掌握了周代礼乐文明的精华，为他创立儒家学派、构建自身独具特色的儒学思想体系提供了丰富的思想资源。元武宗大德十一年的封诏中说："盖闻先孔子而生者，非孔子无以明。后孔子而生者，非孔子无以法。"意在说明孔子将他之前的文化全部吸纳并开创出新的文化。后人评价孔子也往往这样说，中华五千年文明，孔子集前一个两千五百年文明之大成，又开启了下一个两千五百年的文化，这话虽不无过誉之处，但也可见孔子在中华文明传承发展过程中的关键作用。

二十、孔子赴夏商周旧都访学

　　孔子在学习中，尤其注重吸收夏商周三代的历史文化，曾专程赴夏商周三代旧都访问、学习。夏、商距离孔子已经非常遥远，当时的杞国是夏朝人的后代，保存了一定的夏代文化，而宋国是商朝人的后代，保存了一定的商代文化。孔子曾专程去杞、宋两国考察文化。《论语·八佾》记载孔子曰："夏礼，吾能言之，杞不足徵也；殷礼，吾能言之，宋不足徵也。文献不足故也，足，则吾能徵之矣。"《中庸》亦载子曰："吾说夏礼，不足征也。吾学殷礼，有宋存焉。吾学周礼，今用之，吾从周。"《礼记·礼运》的记载更详细：

　　　　言偃复问曰："夫子之极言礼也，可得而闻与？"孔子曰："我欲观夏道，是故之杞，而不足徵也，吾得夏时焉。我欲观殷道，是故之宋，而不足徵也，吾得坤乾焉。坤乾之义，夏时之等，吾以是观之。"

　　《史记·孔子世家》则将《论语》的三章连缀在一起：

孔子之时,周室微而礼乐废、诗书缺。追迹三代之礼,序书传,上纪唐虞之际,下至秦缪,编次其事。曰:"夏礼吾能言之,杞不足徵也。殷礼吾能言之,宋不足徵也。足,则吾能徵之矣。"观殷夏所损益,曰:"后虽百世可知也,以一文一质。周监二代,郁郁乎文哉,吾从周。"

结合以上材料可以看到,孔子想要学夏礼、殷礼,于是跑到杞国和宋国考察,但两国的文章典籍(或耆老贤才)留存不多,故并没有学到太多东西,在杞国只学到夏时,在宋国只学到坤乾。夏时,大概是关于夏代历法的书,也有学者认为是保存于《大戴礼记》中的《夏小正》一书。坤乾,似乎是商代的《易》。郑玄注"吾得坤乾焉"云:"得殷阴阳之书也,其书存者有《归藏》。"《周礼》云:"掌三易之法,一曰《连山易》,二曰《归藏易》,三曰《周易》,其经卦皆八,其别卦六十有四。"则所谓"坤乾",可能就是《归藏易》。《归藏易》汉代及后世都有流传,相传它就是以坤为首卦,但人们对其真伪颇有争议。

孔子考察夏商文化,所得不多,于是又进而赴周都考察了周室文化,作一对比,即发现周室文化远比夏商文化高深、丰富得多,所以他后来说"周监于二代,郁郁乎文哉,吾从周"。孔安国在解释"吾从周"章时说:"监,视也。言周文章备于二代,当从之也。"也正是对这一意思的表达,司马迁将此章与之杞之宋章连接起来,并非毫无道理。

关于孔子适周一事,《孔子家语·观周篇》的记载最为详细,《史记·孔子世家》系节略其文而成。孔子适周的起因是听闻老聃"博古知今,通礼乐之原,明道德之归,则吾师也",故适周向其学习。当时孔子应该非常年轻,由南宫敬叔向鲁君提出申请,并介绍了孔子显赫的家世,可见当时孔子非常年轻,没有什么名气,鲁君也不认识他。鲁君批准了他的这次行程,并给孔子一乘车两匹马以及一名随从,与南宫敬叔一起适周。在周都,孔子主要做了几件事,第一是考察周代的礼制遗址,所谓"历郊社之所,考明堂之则,察庙朝之度"。孔子先看了周代的明堂,"睹四门墉有尧舜之容,桀纣之象,而各有善恶之状,兴废之诫焉。又有周公相成王,抱之负斧扆,南面以朝诸侯之图焉"。孔子认为明堂中的这些陈设说明周代善于吸取历史兴亡的经验教训,这才是周兴盛的原因。孔子又来到周的太庙,即太祖后稷之庙,看到庙堂右阶之前,有一个金人,三缄其口,其背后

就是著名的《金人铭》:

> 古之慎言人也,戒之哉。无多言,多言多败。无多事,多事多患。安乐必戒,无所行悔。勿谓何伤,其祸将长。勿谓何害,其祸将大。勿谓不闻,神将伺人。焰焰不灭,炎炎若何。涓涓不壅,终为江河。绵绵不绝,或成网罗。毫末不札,将寻斧柯。诚能慎之,福之根也。口是何伤,祸之门也。强梁者不得其死,好胜者必遇其敌。盗憎主人,民怨其上,君子知天下之不可上也,故下之。知众人之不可先也,故后之。温恭慎德,使人慕之。执雌持下,人莫逾之。人皆趋彼,我独守此。人皆或之,我独不徙。内藏我智,不示人技,我虽尊高,人弗我害,谁能于此。江海虽左,长于百川,以其卑也。天道无亲,而能下人,戒之哉!(《说苑·敬慎》篇亦载,文字略异)

孔子看了这篇铭文之后,对跟随的弟子们说:"小子识之,此言实而中,情而信。诗曰:'战战兢兢,如临深渊,如履薄冰。'行身如此,岂以口过患哉?"这篇文字充满道家色彩,对于其真伪及年代学界有很多争论,但无论如何,孔子既然适周,则其考察周代的太庙应属事实。孔子考察周太庙一事,还见于出土文献。1977 年在安徽阜阳双古堆 1 号汉墓中发掘出一批简牍,1 号木牍的 46 个篇题中,其背面有《孔子之周观太庙》,关于阜阳双古堆 1 号汉墓,考古学家断定其墓主是夏侯婴之子夏侯灶,卒于西汉文帝十五年(前 165),墓葬下限不会晚于此年[①]。又定州汉简《儒家者言》第八章有:

> 于大庙右陛之前有铜 825
> □其口如名(铭)其背〔□□=□=〕844
> 〔之为人也多〕言多过多事多患也 604

也是对这一故事的记录。除了考察礼乐文化遗迹,孔子还向当时周朝的礼乐专家请教,问礼于老聃,访乐于苌弘。孔子问礼老子详见下篇,

---

① 安徽省文物工作队等:《阜阳双古堆西汉汝阴侯墓发掘简报》,《文物》1978 年第 8 期。

以下略述孔子问乐苌弘之事。

苌弘是周室的乐师和著名智者,年岁长于孔子,主要活动于周灵王、景王、敬王时期。班固在《汉书・郊祀志》中明确记载:"昔周史苌弘欲以鬼神之术辅尊灵王,会朝诸侯。"可见苌弘为周太史,在周灵王时就已供职。《左传》对苌弘的事迹多有记述,如昭公十一年载:"景王问于苌弘曰:'今兹诸侯何实吉?何实凶?'对曰:'蔡凶。此蔡侯般弑其君之岁也,岁在豕韦,弗过此矣。楚将有之,然壅也。岁及大梁,蔡复,楚凶,天之道也。'"哀公三年又载:"六月癸卯,周人杀苌弘。"则苌弘卒于是年,早于孔子之卒约十三年。关于孔子向苌弘学习乐的故事,《礼记・乐记》载:

> 宾牟贾侍坐于孔子,孔子与之言及乐,曰:"夫武之备戒之已久,何也?"对曰:"病不得其众也。""咏叹之,淫液之,何也?"对曰:"恐不逮事也。""发扬蹈厉之已蚤,何也?"对曰:"及时事也。""武坐致右宪左,何也?"对曰:"非武坐也。""声淫及商,何也?"对曰:"非武音也。"子曰:"若非武音,则何音也?"对曰:"有司失其传也。若非有司失其传,则武王之志荒矣。"子曰:"唯。丘之闻诸苌弘,亦若吾子之言是也。"(《史记・乐书》略同)

从这里可以看出,苌弘确实对周代的雅乐有精深的知识,而孔子也学习得非常深入,故能够与宾牟贾谈论《武》乐的细节问题。又《孔丛子・嘉言》有孔子与苌弘的对话:

> 夫子适周见苌弘,言终退。苌弘语刘文公曰:"吾观孔仲尼有圣人之表,河目而隆颡,黄帝之形貌也。修肱而龟背,长九尺有六寸,成汤之容体也。然言称先王,躬履谦让,洽闻强记,博物不穷,抑亦圣人之兴者乎?"刘子曰:"方今周室衰微而诸侯力争,孔丘布衣,圣将安施?"苌弘曰:"尧舜文武之道,或弛而坠,礼乐崩丧,亦正其统纪而已矣。"既而夫子闻之曰:"吾岂敢哉?亦好礼乐者也。"

这则材料的主旨是苌弘夸赞孔子能够以弘扬文武之道为己任,必将成为圣人。而孔子谦虚地说"亦好礼乐者也",正因为好礼乐,所以才会向苌弘问乐。

孔子考察夏商周三代旧都,以访周的成果最为丰富,也由此奠定了其思想的主要基调。总之,通过考察夏商周三代的文化遗迹,更进一步加深了对三代历史文化的认识和了解,丰富了见闻,增长了知识,并结识了许多有丰富礼乐知识的贤人智者,为孔子下一步授徒讲学、为官从政乃至游历弘道的生命历程产生了深远影响。所以《家语·观周》称:"自周反鲁,道弥尊矣。远方弟子之进,盖三千焉。"

二十一、孔子问礼于老子

孔子问礼于老子一事,关涉到儒家与道家最早的交流与碰撞,也引起后世广泛的争论,在学术思想史上具有重要意义。据《史记》记载,老子,又称老聃、老莱子,是周室的柱下史,其生平颇为神秘。关于孔子向老子学习的事迹,见于多种资料,且记载各异。综合来看,可以将相关资料分为三类,第一类是孔子在与弟子讨论礼的时候,回顾和称引老聃的话,主要来自《礼记》等儒家经典文献。第二类是孔子适周,向老子问礼时的场景及对话记录,主要来自《史记》与《孔子家语》。第三类是《庄子》等道家寓言文献中的孔子与老子。三类文献中的老子形象及其与孔子的关系并不完全一致。

首先讨论第一类文献。孔子在与弟子讨论礼的时候,多次引用老聃的话。其中,《礼记·曾子问》有四则,《家语·曲礼子夏问》有一则。

> 曾子问曰:"古者师行,必以迁庙主行乎?"孔子曰:"天子巡守,以迁庙主行,载于齐车,言必有尊也。今也取七庙之主以行,则失之矣。当七庙、五庙无虚主;虚主者,唯天子崩,诸侯薨与去其国,与袷祭于祖,为无主耳。吾闻诸老聃曰:'天子崩,国君薨,则祝取群庙之主而藏诸祖庙,礼也。卒哭成事而后主各反其庙。君去其国,大宰取群庙之主以从,礼也。袷祭于祖,则祝迎四庙之主。主,出庙入庙必踊。'老聃云。"曾子问曰:"古者师行,无迁主,则何主?"孔子曰:"主命。"问曰:"何谓也?"孔子曰:"天子、诸侯将出,必以币帛皮圭告于祖祢,遂奉以出,载于齐车以行。每舍,奠焉而后就舍。反必告,设奠卒,敛币

玉,藏诸两阶之间,乃出。盖贵命也。"(《礼记·曾子问》)

这则讨论的是天子外出是否载迁主之事,孔子引用老聃的话,指出只有四种情况七庙五庙才可以虚主,即天子崩、诸侯薨、诸侯去国、祫祭于祖。由此可见老子对于庙制之礼非常精熟。

　　曾子问曰:"葬引至于堩,日有食之,则有变乎? 且不乎?"孔子曰:"昔者吾从老聃助葬于巷党,及堩,日有食之,老聃曰:'丘! 止柩,就道右,止哭以听变。'既明反而后行。曰:'礼也。'反葬,而丘问之曰:'夫柩不可以反者也,日有食之,不知其已之迟数,则岂如行哉?'老聃曰:'诸侯朝天子,见日而行,逮日而舍奠;大夫使,见日而行,逮日而舍。夫柩不早出,不暮宿。见星而行者,唯罪人与奔父母之丧者乎! 日有食之,安知其不见星也? 且君子行礼,不以人之亲痁患。'吾闻诸老聃云。"(《礼记·曾子问》)

这则讨论的是在葬礼送殡路上,遇到日食的时候该如何处理的问题。孔子回忆了曾跟随老聃协助巷党之葬礼的情形,在路上遇到日食的时候送殡队伍要停下来,靠在路右边,停止哭泣而等待天的变化。孔子问日食不知道什么时候才能结束,为什么不继续呢? 老子说"柩不早出,不暮宿",像朝见天子、大夫出使、葬礼这类重大事件,都不能在黑暗的时候进行,必须要等太阳出来才能进行。为别人主持葬礼,要严格按照礼制来进行,不能因为失礼而让别人的双亲蒙受辱患。这则故事也告诉我们另一个信息,即孔子曾跟随老聃参加过他主持的葬礼。可见,孔子向老聃问礼和学习,应该不止一次。

　　曾子问曰:"下殇,土周葬于园,遂舆机而往,涂迟故也。今墓远,则其葬也如之何?"孔子曰:"吾闻诸老聃曰:'昔者史佚有子而死,下殇也。墓远。召公谓之曰:何以不棺敛于宫中? 史佚曰:吾敢乎哉? 召公言于周公,周公曰:岂不可? 史佚行之。'下殇用棺衣棺,自史佚始也。"(《礼记·曾子问》)

这段话是关于下殇的葬法问题,孔子引述老聃的话,讲述了下殇用棺衣棺这一做法的历史渊源,可见老子不但对礼制的细节非常熟悉,而且对历史典故也了如指掌。

> 子夏问曰:"三年之丧卒哭,金革之事无辟也者,礼与? 初有司与?"孔子曰:"夏后氏三年之丧,既殡而致事,殷人既葬而致事。记曰:'君子不夺人之亲,亦不可夺亲也。'此之谓乎!"子夏曰:"金革之事无辟也者,非与?"孔子曰:"吾闻诸老聃曰:'昔者鲁公伯禽有为为之也。今以三年之丧,从其利者,吾弗知也。'"(《礼记·曾子问》,《家语·曲礼子夏问》略同)

这段话讨论的是丧礼期间致仕的问题,子夏认为在丧礼卒哭之后,就不应该再有政务活动(如金革之事等),否则就是非礼。孔子引用老聃的观点,认为当年鲁公伯禽在母丧期间,因为周边的少数民族有不义的举动,伯禽作为镇守一方的方伯才不得不出兵讨伐,今天的人没有那样紧迫的形势,却也学伯禽有兵革之事,只是利益的驱使而已。可见,老聃对于古礼还是有坚守的。

> 子夏问于孔子曰:"客至无所舍,而夫子曰:'生于我乎馆,客死无所殡。'夫子曰,于我乎殡,敢问礼与? 仁者之心与?"孔子曰:"吾闻诸老聃曰:'馆人使若有之恶有之,恶有之而不得殡乎。夫仁者制礼者也,故礼者不可不省也,礼不同不异,不丰不杀,称其义以为之宜,故曰我战则克,祭则受福,盖得其道矣。'"(《家语·曲礼子夏问》,《礼记·檀弓上》作:"宾客至,无所馆。夫子曰:'生于我乎馆,死于我乎殡。'"疑有错简)

这里孔子引用老聃的话,就礼的深层含义进行了解释,认为礼本于仁,是仁者所制,要体现仁心,而礼又是符合义的,才是适宜的。可见老聃已经把握了礼的精髓。

从上述这些材料中可以看出,老聃是一个精通周代礼制的人,学问渊博,熟知历史典故,对礼的内涵、意义及特例和变通都有精确的把握,而且对礼制非常坚守,反对破坏传统的礼制,这明显是一个儒者的形象。孔子在跟弟子们讨论礼的时候,不是发挥个人见解,而是动辄称引老聃的话,对其充满尊重和崇敬之情,可以推知他曾亲自受学于老聃,从老聃那里学到很多关于礼的理论与实务。《论语·述而》载孔子说:"述而不作。信而好古。窃比于我老彭。"后人有将老彭解释为老聃、彭祖的,或许是对的,在孔子心目中,老聃或许就是一个信而好古的人。

第二类文献,孔子适周并问礼老聃的对话,主要来自《孔子家语》和《史记》。《孔子家语·观周》的记载最为详尽:

> 孔子谓南宫敬叔曰:"吾闻老聃博古知今,通礼乐之原,明道德之归,则吾师也,今将往矣。"对曰:"谨受命。"遂言于鲁君曰:"臣受先臣之命云:'孔子圣人之后也,灭于宋,其祖弗父何,始有国而授厉公,及正考父佐戴武宣,三命兹益恭。故其鼎铭曰:一命而偻,再命而伛,三命而俯,循墙而走,亦莫余敢侮,饘于是,粥于是,以糊其口。其恭俭也若此。臧孙纥有言:圣人之后,若不当世,则必有明德而达者焉。孔子少而好礼,其将在矣。'属臣曰:'汝必师之。'今孔子将适周,观先王之遗制,考礼乐之所极,斯大业也,君盍以乘资之,臣请与往。"公曰:"诺。"与孔子车一乘,马二匹,竖子侍御。敬叔与俱至周,问礼于老聃,访乐于苌弘,历郊社之所,考明堂之则,察庙朝之度。于是喟然曰:"吾乃今知周公之圣,与周之所以王也。"及去周,老子送之曰:"吾闻富贵者送人以财,仁者送人以言,吾虽不能富贵,而窃仁者之号,请送子以言乎!凡当今之士,聪明深察而近于死者,好讥议人者也;博辩闳达而危其身,好发人之恶者也;无以有己为人子者,无以恶己为人臣者。"孔子曰:"敬奉教。"自周反鲁,道弥尊矣。远方弟子之进,盖三千焉。

《史记·孔子世家》的记载可能取材于《家语》,而经过司马迁的加工,更为精炼:

> 鲁南宫敬叔言鲁君曰:"请与孔子适周。"鲁君与之一乘车,两马,一竖子俱,适周问礼,盖见老子云。辞去,而老子送之曰:"吾闻富贵

者送人以财,仁人者送人以言。吾不能富贵,窃仁人之号,送子以言,曰:'聪明深察而近于死者,好议人者也。博辩广大危其身者,发人之恶者也。为人子者毋以有己,为人臣者毋以有己。'"孔子自周反于鲁,弟子稍益进焉。

据《家语》,孔子适周的最初动因就是要向老子问礼,因为他听说老聃"博古知今,通礼乐之原,明道德之归",以孔子之好学,自然想要拜访老聃学习。在完成访问行程离开周都的时候,老子送给他一些颇有深意的话,大致是希望孔子为人处世能够更加谦虚、谨慎,与人为善,不要争强斗胜、巧言善辩,要做好自己的本分。《史记·老子列传》也提到老子告诫孔子的话:"子所言者,其人与骨皆已朽矣,独其言在耳。且君子得其时则驾,不得其时则蓬累而行。吾闻之,良贾深藏若虚,君子盛德容貌若愚。去子之骄气与多欲,态色与淫志,是皆无益于子之身。吾所以告子,若是而已。"孔子回去后对弟子说:"鸟,吾知其能飞;鱼,吾知其能游;兽,吾知其能走。走者可以为罔,游者可以为纶,飞者可以为矰。至于龙,吾不能知其乘风云而上天。吾今日见老子,其犹龙邪!"另外,《家语·观周篇》还记载了孔子与老子的一段对话:

> 孔子见老聃而问焉,曰:"甚矣道之于今难行也,吾比执道,而今委质以求当世之君而弗受也,道于今难行也。"老子曰:"夫说者流于辩,听者乱于辞,知此二者,则道不可以忘也。"(《说苑·反质》略同,忘作委)

据考证,孔子适周向老子问礼发生于孔子三十多岁的时候,当时尚未周游列国,而这段话记载的"委质以求当世之君"则明显是周游列国之后的话,故未必可信。不过,从老子的回答看,其主旨与上文所言是一致的,都告诫孔子要谨言慎行。

这类文献中的老子形象具有明显的道家色彩,而与第一类文献中老聃的儒者形象有很大不同,他送给孔子的话基本上与礼无关,而多是为人处世的谦卑态度。孔子称老子为"犹龙",显得高深不可捉摸。

第三类文献,即道家文献中的老子与孔子关系,主要见于《庄子》之

《天道》《天运》等篇中。《天运》篇中提到"孔子行年五十有一而不闻道,乃南之沛见老聃",并有长达四章叙述孔子与老聃的谈话,其中涉及许多儒道思想的争论与差异,如老聃批评仁义说:"仁义,先王之蘧庐也,止可以一宿而不可久处。""夫仁义憯然,乃愤吾心,乱莫大焉。"并对儒家推崇的三皇五帝提出批评:"三皇五帝之治天下,名曰治之,而乱莫甚焉。"《天道》篇中提到"孔子西藏书于周室",并与老聃讨论仁义的概念,老聃批评了孔子主张的仁义,认为是"乱人之性"。不过这些显然都是寓言,因为《天运》中引述的老聃话中有"是以天下大骇,儒墨皆起"之语,墨家都出来了,明显是战国争鸣时代的特征。这些寓言,不过是通过孔、老的对话,来发挥作者的个人见解。

从以上三类文献看,第一类文献来自《礼记》这类正宗的儒家文献,其中老子是一位懂礼守礼的儒者,孔子对其尊敬溢于言表。第二类文献中老子对孔子更多的是为人处世的忠告。而第三类文献则是以寓言的形式,表现老子对儒家仁义思想的批评。客观来说,第一类文献更加可靠。《礼记》主要是孔门后学的记录,而他们并不讳言孔子对老子的尊敬,所以记录下那么多孔子对老子教诲的引用,并体现出孔子对老子的尊敬,将其作为长者、智者来看待。前人讨论孔子问礼于老聃,多据《史记》言,但《史记》记载的孔老对话丝毫没有礼的意味。因此,孔子问礼于老子一事,还是应当以《礼记》中的材料为准。孔子问礼老子,并以老子为师,在战国秦汉时代成为一个非常流行的典故,不少文献对此事都有提及,如《吕氏春秋·当染》云:"孔子学于老聃、孟苏夔、靖叔。"《韩诗外传》卷五云:"仲尼学乎老聃。"《论语谶》:"孔子师老聃。"《潜夫论·赞学篇》:"孔子师老聃。"近年出土的汉代画像砖上也有对此事的大量演绎。魏晋之后,道家复兴,道教兴起,此事遂被当做道优于儒、道为儒师的例证,而部分儒家学者为了反击道家和道教,才开始否认孔子问礼于老子一事的真实性。

二十二、孔子创办私学

孔子云:"吾年十有五而志于学,三十而立。"孔子从小好学,十五岁开始立志学习,有了正式的目标和方向,三十岁就学有所成。在广泛学习的基础上,孔子很早就开始授徒讲学,因此成为我国历史上第一位兴办私学的教育家,可以说孔子是中国古代私学的集大成者。孔子的教学生涯,大致可以分为三个阶段,第一阶段是早期,在三十岁左右;第二阶段是中年,在四十多岁至六十多岁。第三阶段是晚年,在周游列国回到鲁国之后。

关于孔子开始授徒讲学的时间,历史上有不同的记载。元程复心《孔子论语年谱》称孔子二十二岁时始教于阙里,明陈镐《阙里志》等孔子年谱类著作多沿袭其说,也有定为二十三岁的。不过,匡亚明先生则认为,孔子开始授徒讲学从 30 岁左右开始[①],三十而立,自己有所立才能教人,所以这一说法是比较稳妥的。最初跟从孔子学习的,有颜路、曾点、琴张等,他们的年纪都比孔子略小,颜路,颜回之父,字季路,鲁国人,《家语》说小孔子六岁。曾点,南武城人,字子皙,曾参之父,年岁不详,《论语·先进》云:"子路、曾皙、冉有、公西华侍坐。"钱穆《先秦诸子系年》第二十九篇《孔子弟子通考》引金鹗说:"此以齿序。"若金说成立,子路小孔子九岁,曾皙当比子路略小,又曾子年少于孔子 46 岁,则曾点可能比孔子小一二十岁。琴张,又名琴牢,卫人,字子开,一字子张。琴张不见于《史记·仲尼弟子列传》,《孔子家语·七十二弟子解》中有琴牢。牢与宗鲁友,闻宗鲁死,欲往吊焉,孔子弗许,曰:"非义也。"《左传·昭公二十年》详载其事。昭公二十年孔子约 30 岁,此时琴张当已成人,故与孔子年岁也不会相差太远。昭公二十四年孔子 34 岁的时候,孟僖子临死前嘱咐儿子孟懿子和南宫敬叔拜孔子为师,向孔子学礼:"礼,人之干也。无礼,无以立。吾闻将有达者曰孔丘,圣人之后也……我若获没,必属说与何忌于夫子,使事之,而学礼焉,以定其位。"可见,孔子当时授徒讲学已经非常知名了,故孟僖子遗嘱让其儿子向孔子求学。

孔子四十多岁在鲁国从政之前,由于学问渊博而声名远播,在教学方面成就斐然,弟子甚众。孔子四十七岁时,阳虎执掌国政,孔子不喜欢他的专横跋扈,故不出来做官。司马迁说他"退而修诗书礼乐,弟子弥众,至自远方,莫不受业焉"(《史记·孔子世家》)。孔子的主要弟子,如子路、子贡、颜回、冉有等,都应在这一时期开始受学。在鲁国从政期间,子路等弟子还成为孔子的重要助手。孔子离开鲁国周游列国之时,弟子们有不少跟随孔子,患难与共,建立了深厚的师生情谊。

---

① 匡亚明:《孔子评传》,南京大学出版社 1990 年版,第 434 页。

晚年回归鲁国的孔子,已无意从政,而是专心从事文献整理事业,他的早期和中期的弟子大多离开身边,各自从事自己的事业,孔子又新收了不少年轻的弟子,如曾子、子夏、子张、子游等,他们晚年随侍孔子身边,照顾孔子的日常起居,接受孔子的言传身教,为传承和弘扬孔子晚年成熟的思想做出了重要贡献。

孔子的教学,并不是灌输式的课堂教学,而是寓教于日常的言传身教中,讲学自由,讲无定所,随时随地都是讲堂,而其讲学的不少内容如礼乐,也都是需要实际演习才能掌握的知识。《礼记·射义》记"孔子射于瞿相之圃,盖观者如堵墙",这其实是通过演示的方式来进行教学。

孔子的教学,围绕做君子这样一个中心展开,更注重对弟子进行道德和人格教育,提高他们的胸怀和境界,使他们以仁为己任,做顶天立地的君子。《论语》中对君子的人格有许多论述,如君子不忧不惧、君子坦荡荡、君子矜而不争、君子有三戒、知者不惑、仁者不忧、勇者不惧等等,这些都是他在平时教学中对弟子们谆谆教诲的内容。为培养君子,《论语》说:"子以四教,文行忠信。"孔子将教学内容归纳为文、行、忠、信四个方面。文,即外在的修饰、修养,许慎在《说文解字》里写道:"文,错画也。象交文。凡文之属皆从文。""文"是会意字,象征事物的外部文饰,引申为光辉、美丽之义,文是接近美的一个概念,用以指外部的形式美,具体指礼、乐、诗等用来修饰、修养人的行为的规范和技巧。孔子非常注重文,认为文是君子的重要标志。孔子曾说:"文之以礼乐,亦可以为成人矣。"(《论语·宪问》)一个人有了文的修养,言行举止才会更加优雅,更加符合君子的尺度。行,即行动、实践、落实,孔子本人多才多艺,绝不空谈理论,孔子希望自己所教授的内容能够落实到日常生活的一言一行中,做到"讷于言而敏于行"。如对于《诗》,他说:"诵诗三百,授之以政,不达;使于四方,不能专对;虽多,亦奚以为?"忠和信,代表了孔子最为重视的人与人交往中的品德,尽己之谓忠,无愧于自己的内心,对于自己的分内事尽最大努力做好就是忠。人言为信,努力去落实自己说过的话,不爽约,就是信。"主忠信,徙义,崇德也。"(《论语·颜渊》)孔子的弟子曾子说:"吾日三省吾身:为人谋而不忠乎?与朋友交而不信乎?传不习乎?"曾子把替别人谋划事情是否忠心竭力、与朋友交往是否诚实相待作为每天自我反省的内容。文、行、忠、信四部分内容,基本上涵盖了孔子的主要思想,代表了孔子心目中的理想人格。

《史记》云："孔子以诗书礼乐教"，以文、行、忠、信教与以诗、书、礼、乐教，并不矛盾，而是相通的，很大部分也是重合的。如果说文、行、忠、信是品德教育和人格教育，那么诗、书、礼、乐就是素质教育和能力教育，通过对诗、书、礼、乐的学习，掌握基本的文化知识和交往技能，并且通过学习诗、书、礼、乐这些代表先王之道的文化载体，提升个人的精神境界，对天下国家、治国理政这类宏观事务，对性、天道这类形而上的概念有更深的把握和理解。关于诗，他说："《诗》，可以兴，可以观，可以群，可以怨，迩之事父，远之事君，多识于鸟兽草木之名。"书是先王治国理政的记录，所谓"文武之政布在方策"，学习书就是学习先王的治国经验。孔子说："不学礼，无以立。"又说："非礼勿视，非礼勿听，非礼勿言，非礼勿动。"关于乐，他说："兴于诗，立于礼，成于乐。"通过乐教，以达到陶冶性情，对学生进行潜移默化教育的作用。

由于孔子的教学以培养君子为目的，所以其教学内容主要属于雅文化的范畴，而对于具体的生产技术、技能则关注不多，孔子说"君子不器"，《礼记·乐记》也说："德成而上，艺成而下"，《论语》记载："樊迟请学稼。子曰：'吾不如老农。'请学为圃。曰：'吾不如老圃。'樊迟出。子曰：'小人哉，樊须也！上好礼，则民莫敢不敬；上好义，则民莫敢不服；上好信，则民莫敢不用情。夫如是，则四方之民襁负其子而至矣，焉用稼？'"孔子并非轻视劳动，而是他的关注点在更为高远、更为重要的天下国家，至于具体的生产技术知识，自有老农、老圃掌握和传承。

孔子的教学理念和教学方法，有许多至今仍值得我们学习和借鉴。首先，孔子授徒没有身份限制，不管什么人只要有心向学，都可以入学受教，不因为贫富、贵贱、智愚、善恶等原因把一些人排除在外。在孔子的诸多弟子中，既有属于贵族出身的孟懿子、南宫敬叔、孟武伯、司马牛等，也有属于城市贫民和卑贱之人的颜路、颜回、仲弓、原宪、闵子骞等人，甚至连颜涿聚这样的梁父之大盗也列入门墙。不分地域，有鲁、卫、陈、宋等，甚至还有吴人和秦人。不分性情，如子贡比较聪明、灵巧，曾参比较愚鲁，子路比较勇猛，但经孔子的教育，他们都有所成就。不分年龄，既有孔子同辈人，也有晚辈甚至孙辈者。所以南郭惠子曾问子贡："夫子之门，何其杂也？"子贡回答说："欲来者不拒，欲去者不止。且夫良医之门多病人，隐括之侧多枉木,是以杂也。"(《尚书大传·略说》)来者不拒,去者不止,正是孔子收徒的最好写照。有一个名为互乡的地方,此地之人不善,难与言。互乡一童子求见孔子而孔子接受了,门人非常疑惑,孔子解释说:"与其进也,不与其退也。唯何甚,人洁己以进,与其洁也,不保其往也。"(《论语·述而》)这就是说,只要人愿意进步,就应该接受它,不管其曾经怎样,现在把自己收拾得整整齐齐,以求获得受教育的机会,就不应该放弃他。孔子的学生子路以暴躁不驯闻名,后被孔子收为弟子。孔子的学生冉雍,其父贱而恶,冉雍却甚有德行,孔子以为,这样的人是神明也不会放弃的,谁也不能剥夺他受教育的机会。孔子收徒不拘一格,使弟子们成就为各种各样的人才:有德行高尚的,有善于辞令的,有的以政事见长,有的文学出众,真是人才济济,盛极一时,这不仅为随之而来的战国时期的学术繁荣和百家争鸣准备了条件,而且对后代教育事业和教育理念的发展也产生了极大的影响。

其次,孔子注重因材施教。针对学生学业程度的高低进行不同的教导。他说:"中人以上,可以语上也,中人以下,不可以语上也。"(《论语·雍也》)根据个人资质情况传授相应的内容。他说:"柴也愚,参也鲁,师也辟,由也喭。"(《论语·先进》)可见对学生的性格特点掌握得非常清楚。根据学生的不同情况,他的讲授也有不同。《论语》记载:

> 子路问:"闻斯行诸?"子曰:"有父兄在,如之何其闻斯行之?"冉有问:"闻斯行诸?"子曰:"闻斯行之。"公西华曰:"由也问'闻斯行诸',子曰'有父兄在';求也问'闻斯行诸',子曰'闻斯行之'。赤也惑,敢问。"子曰:"求也退,故进之;由也兼人,故退之。"(《论语·先进》)

这是孔子因材施教的典型例子。在《论语》中有很多人问同样的问题,如问仁、问孝等,而孔子总是根据个人的情况,给予完全不同的回答,目的就在于切中各人的缺点,从而能够进一步改正。

第三,孔子注重启发诱导的教学方法。他说:"不愤不启,不悱不发。举一隅不以三隅反,则不复也。"(《论语·述而》)"愤"就是学生在对某一问题进行积极思考,急于解决而又尚未想明白时的矛盾心理状态。这时老师应对学生思考问题的方法适时加以指导，以帮助学生开启思路，这就是"启"了。"悱"是学生对某一问题已经有所思考了，但尚未考虑成熟，想说又说不出的一种矛盾心理。这时老师应帮助学生理清思路，扫清障碍，这就是"发"。"启发"一词即由此而来。孔子认为"举一隅当以三隅反"，启发学生去举一反三、触类旁通。《论语·公冶长》记载："子谓子贡曰：'女与回也孰愈？'对曰：'赐也何敢望回？回也闻一以知十，赐也闻一以知二。'"无论是举一反三，还是闻一知十，都是孔子"启发式教学"的成果。颜回曾这样说："夫子循循然善诱人，博我以文，约我以礼，欲罢不能，既竭吾才，如有所立卓尔。"（《论语·子罕》）所谓循循然善诱人、欲罢不能，都是孔子启发式教学的体现，颜回以自己的亲身体会，证明了孔子教学方法的优良效果。孔子的启发诱导的教学思想不仅为他培养出杰出的学生作了贡献，也对后来的教学实践产生了很大的影响。

孔子创办私学，教学活动贯穿了他的一生，他称自己"诲人不倦"。孔子教学的成绩斐然，《史记》称"孔子以诗书礼乐教，弟子盖三千焉，身通六艺者七十有二人"，最著名的弟子号称孔门十哲，德行：颜渊、闵子骞、冉伯牛、仲弓。言语：宰我、子贡。政事：冉有、季路。文学：子游、子夏。他们学成之后，走向不同的岗位，实践着孔子的理想，继承和传播着孔子的理念，成为各方面的杰出人才，做出了许多杰出的成绩。因此，可以说，孔子的办学，造成了中国最早的学派——孔氏学派，孔子也因此被后世尊为"至圣先师""万世师表"。

二十三、孔子五十知天命

孔子曾说："吾十有五而志于学，三十而立，四十而不惑，五十而知天命，六十而耳顺，七十而从心所欲，不逾矩。"（《论语·为政》）这段话是孔子晚年对自己生命历程的回顾，而其中"知天命"应该算是孔子生命中的转折。

从古至今，人们对"五十而知天命"一语有多种不同的解释，如理解为"受天命而王"之天命、人无法把握的宿命之天命，以及作为天地万物运行之理的天命。这些理解大多将"知天命"作为一个哲学命题来阐释，而忽略了与孔子生命轨迹的关联，也就是只谈"知天命"，而忽略了"五十而"三个字,而恰恰是这三个字才是理解"知天命"真实含义的关键所在。因此,对于"知天命"的理解只有摆脱玄思和空想,紧扣孔子一生的生平和志业,才能得出可靠的结论。黄俊杰先生在研究这一问题时似乎注意到了这一点,他说:"孔子以'五十而知天命'自述其心路历程,或与实际的仕进经验互有关系。据《史记·孔子世家》记载,鲁定公八年(502B.C.),孔子年届五十,是年公山不狃(即《论语·阳货》之公山弗扰)以费邑叛季氏,使人召孔子,孔子欲往,子路不悦加以阻止,孔子有意于实践抱负,但最后终未成行。"①但是,黄先生仅将其与孔子年五十时发生的某个偶然事件联系起来,而没有将其放入孔子的整个生命历程中进行考察。

对于"五十而知天命"一语,首先我们应该确认50岁这一年在孔子的生命历程中具有里程碑意义,当然,50可能只是一个约数,指的是50岁前后这个时段。研究孔子的人生经历,我们便会惊奇地发现,以51岁为界限②,孔子的人生明显可以分为两个阶段,51岁之前孔子的主要活动是求学、授徒等,而从51岁出仕为中都宰,开始进入仕途,其后相继在鲁国和其他诸侯国做官和游历,最后归鲁整理文献。那么,知天命就是其前51年生命历程的结晶,也就是说,"知天命"的确切含义也只有从其前51年的生命积累中才能获得答案。

关于孔子50岁之前的活动,在《史记·孔子世家》中有比较详尽的记载,综合这些记载可以发现这一时期孔子的活动主要包括两个方面,一是求学,吸收文化;二是讲学,传播文化。孔子曾四处求学,学无常师,不但曾赴夏商周的旧都考察三代文化,而且曾学鼓琴于鲁国的乐师师襄,向郯子学古代官制,问礼于老聃,在齐国学韶乐等等。由于对传统礼乐文化坚持不懈的学习,孔子积累了深厚的文化素养,并渐渐成为当时最精通礼乐的人。随着学识的增加,孔子也开始授徒讲学。孔子四十七岁时,阳虎执掌国政,孔子不喜欢他的专横跋扈,故不出来做官。司马迁说他"退而修诗书礼乐,弟子弥众,至自远方,莫不受业焉"(《史记·孔子世家》)。这句话对孔子50岁前后思想和行为状况进行了精确概括,即已经学有所成、声名远播、弟子甚众,但没有官位。就当时的情势来看,孔子无疑已经成

---

① 黄俊杰:《德川日本论语诠释史论》,上海古籍出版社2008年版,第268页。
② 关于孔子的生年,历来有两种说法,但只有一岁之差,于本书研究影响不大,为方便计,本书孔子年岁依据《史记·孔子世家》。

为西周礼乐文化首屈一指的代表人物。

　　总体来说，在孔子 50 岁之前，无论是求学还是讲学，孔子日日沉浸于诗、书、礼、乐的熏染中，经过这些积累和历练，在他的心中渐渐形成一种积淀。这种积淀约略说来可能有三个渐进的层次。其一，对礼乐文化的认知。通过长年的学习积累，孔子渐渐认识到礼乐文化对人生、对社会是不可或缺的，它代表了先王之道，是贯通古今的"一以贯之"之道。其二，对礼乐文化与自身关系的认知。数十年的积累使孔子渐渐认识到周公以来的礼乐文化的精华已经汇聚到自己身上，而他又目睹了当时周文化的渐渐衰败，但又没到无可挽救的地步，正所谓"齐一变至于鲁，鲁一变至于道"，通过努力是可以挽救的，然而放眼天下，能够承担这一责任的人非他莫属。这就是一种传道的、传承文化的使命感，即他有责任、有义务把代表道的礼乐文化（周文），重新发扬并传承下去。礼乐文化传承的重要性不言而喻，孔子之所以尊崇齐桓公，就是因为齐桓公保存了礼乐文化，从而使中原免于披发左衽。他的文化使命感正与此类似。其三，对文化、自身与天关系的认知。由于文化使命感的日渐强烈，孔子自然而然地与当时对天的崇拜相结合，认为他所要承担的文化使命，是很神圣、很崇高的，甚至就是上天的安排（天命），是上天派他来承担和传承"斯文"的。这种心理暗示，在孔子的生命经历中不断强化。《论语》中有不少这方面的记载，例如孔子说："久矣吾不复梦见周公。"（《论语·述而》）可见孔子是经常梦见周公的，这说明他怀有继承周公开创的礼乐文化的文化使命感。正如一位学者所指出的："关于孔子梦见周公所含的意义，孔子自己有自己的理解。我们今天撇开古老的梦魂观念，从客观上看问题，其实这是中国先哲的一个文化传承之梦。孔子一心想把以周公为代表的西周文化传承下来并发扬光大，此梦所表现的正是这种强烈愿望和精神追求。"①这与"知天命"的内涵是契合的。再如《论语·子罕》载："子畏于匡，曰：'文王既没，文不在兹乎？天之将丧斯文也，后死者不得与于斯文也；天之未丧斯文也，匡人其如予何？'"在被围困于匡的危急关头，孔子仍泰然自若，因为他坚信弘扬周文化是上天派给他的责任，匡人难道能违背上天的使命吗？由于始终抱有这种"斯文在兹"的天命观，所以孔子每次在碰到逆

① 刘文英：《关于孔子梦见周公的几个问题》，《孔子研究》2004 年第 4 期。

境的时候,都显得非常坚强而自信。再如《论语·述而》:"子疾病,子路请祷。子曰:'有诸?'子路对曰:'有之,诔曰:祷尔于上下神祇。'子曰:'丘之祷久矣。'"孔子认为,他的病不需要祈祷,因为他自信有天命在身,所以他的病肯定会好的。《论语·宪问》:"子曰:'莫我知也夫!'子贡曰:'何为其莫知子也?'子曰:'不怨天,不尤人,下学而上达,知我者其天乎?'"从"莫我知"可以推测这段话应该是在周游列国多次碰壁之后说的。孔子认为只有"天"才真正懂得他的真正价值,因为他坚信他弘扬周文化的责任是上天赋予的。

综合可知,文化使命感,或曰传道的使命感,正是孔子50岁时所知"天命"的主要内涵。这一见解并不新鲜,其实日本儒者荻生徂徕在数百年前就已提到,他说:"孔子又曰知我者其天乎,知天之命孔子传先王之道于后也。"①虽然是用经学化的语言,却与我们的结论不谋而合。文化使命感这一天命支撑了孔子50岁之后的全部生命,孔子为了承担这一天命,付出了全部努力。不过由于他后半生的曲折经历,对天命的具体承担方式也有一个转折。前期主要表现为积极的入世事功,后期表现为消极的文化整理与传承。

50岁前后的孔子,作为学有所成的大学者,在获知文化使命感的天命之后,在内心确认了自己文化承担者的地位,因此这时候的孔子信心满满,跃跃欲试,有很强的入仕冲动,要把周文化发扬光大,再现周文化的辉煌。《史记·孔子世家》记载孔子50岁时发生的一件事,足以说明孔子的这种心态:

> 定公八年,公山不狃不得意於季氏,因阳虎为乱,欲废三桓之适,更立其庶孽阳虎素所善者,遂执季桓子。桓子诈之得脱。定公九年,阳虎不胜,奔于齐。是时孔子年五十。公山不狃以费畔季氏,使人召孔子。孔子循道弥久,温温无所试,莫能己用,曰:"盖周文武起丰镐而王,今费虽小,傥庶几乎!"欲往。子路不说,止孔子。孔子曰:"夫召我者岂徒哉?如用我,其为东周乎!"然亦卒不行。

---

① [日]荻生徂徕:《辨名》,转引自黄俊杰《德川日本论语诠释史论》,第272页。然荻生在《论语徵》解释五十而知天命时说"五十始衰,自此之后不可复有所营为,故五十而爵不至,有以知天命也",仍是决定论的路径,可见其自身见解不一。

　　鲁定公八年,公山不狃等人不得志于季桓子,便与阳虎勾结起来一同反对季氏,占据费邑而叛乱,但遭到三桓的激烈反抗,结果兵败逃亡。在此期间,公山不狃曾召孔子,孔子当时"循道弥久,温温无所试",早就想发挥抱负,但一直没机会,于是有意前往。他认为文王、武王是从丰镐这样的小地方成就大业,或许费也会成为自己建功立业的起点,如果真能用我,那我不就有了弘扬周文化的机会了吗?从这里可以充分看出孔子胸中的大志,而当时孔子恰好五十岁,正是其对天命即自己的文化使命感初有觉醒的时期。不过这是孔子首次的入仕冲动,虽然没有成行,却掀开了孔子践行"天命"之新的一页。不久,孔子被任命为中都宰,正式开启了其从政的生涯,在其鲁国从政的五六年时间里,他先后做过司空、司寇,尤其是在五十六岁时摄行相事,主持鲁国政务,仕途达到顶点。在他的治理下鲁国显得朝气蓬勃,"与闻国政三月,粥羔豚者弗饰贾;男女行者别於涂;涂不拾遗;四方之客至乎邑者不求有司"(《史记·孔子世家》)。这引起了邻国齐国的警觉,于是通过馈女乐等方式来离间孔子与季氏的关系,最终孔子被迫离开鲁国,开始了长达十三年的周游列国的历程。孔子周游列国,也是其试图通过入世事功践行其文化使命感的继续。虽然其中遇到诸多不顺利,如厄于陈蔡、困于匡,甚至被人形容为"丧家之狗",但他从来没有放弃努力。这背后的根本原因,就在于有"知天命"的信念在支撑他。

　　周游列国后期,在多年的颠沛流离而行动无果之后,孔子也变得灰心失意,他曾说:"道不行,乘桴浮于海",曾"欲居九夷",想要逃避自己的责任;还说"天下无道,丘不与易也",哀叹现在天下无道,我真是没有办法啊!这种哀叹还有很多,如"凤鸟不至,河不出图,吾已矣夫"(《论语·子罕》)。颜渊死的时候,他说"天丧予",这是他对通过入世事功这种方式来践行文化使命感毫无成效的一种失望,以及失望之后的痛苦心情,但是他从没有怀疑过这种使命感本身。在痛苦和失望中,随着自己日渐老去,孔子慢慢意识到,在他有生之年将周文化付诸实践是很难实现了,他需要转换一种承担文化使命感的方式,虽然现世无法落实,但他可以将周文化的精华整理出来传承下去,给后人保留一份宝贵的文化遗产,把这个王道的宏大构想保留下去,使先王之道的种子不至于断灭,并在不远的未来得到实现。这就是他晚年回归鲁国后整理六经并更积极地传授弟子的文化活动,孔子以这种方式,继续着他的文化担当。故司马迁说:"孔子自卫反鲁,然后乐正,雅颂各得其所。"孔子学有所成、对文化传承发挥重要作用的弟子,如子夏、子游、曾子、子张等①,都是其晚年归鲁后的著名弟子。

从积极的入世事功,到消极的文化整理与传承的转变,是一个非常痛苦的过程。荻生徂徕认为知天命即"知天之命孔子传先王之道于后也",这是不错的,但他又说:"孔子学先王之道,以待天命,五十而爵禄不至,故知天所命,不在行道当世,而在传诸后世已。"②其实孔子对传承先王之道这一天命的认知,最初就是要让它实现在当世,而不只是传诸后世而已,只是在经过一番现世努力之后,才在无奈之中采取传诸后世的方式。

无论是入世事功,还是文化整理与传承,一以贯之的是孔子对天命的承当。孔子以"知天命"为核心的文化使命感和传道意识,正构成了后世儒家学者的基本性格,也开辟了"道"与"政"相分离的思维模式,当权者代表"政",而儒者则承担了"道"。在儒者看来,虽然道在某些历史时期可能无法实行于世,但道的传承是不会灭的,而儒者正是道的传承者,他们保存了文化的火种,并且随时准备着出世实践,这就是后世有志的儒者所共同持有的抱负和理念。

二十四、孔子鲁国为政

在一般人眼中,孔子经历坎坷,周游列国,到处碰壁。其实,孔子在鲁国有一段非常显赫的从政经历,只是由于他坚持自己的理想,与当时权贵意见不合,所以才不得不抽身而退。

孔子小时候家贫,年轻时曾做过委吏、乘田等小吏。孟子曰:"孔子尝为委吏矣,曰会计当而已矣;尝为乘田矣,曰牛羊茁壮长而已矣。"《史记》云:"孔子贫且贱。及长,尝为季氏史,料量平;尝为司职吏而畜蕃息。"季氏史,据《史记索隐》称有本作"委吏",赵岐注《孟子》曰:"委吏,主委积仓库之吏。"委吏即仓库管理员,负责保管、会计、出纳等事务。乘田,即主管牛羊的饲养、放牧、蕃息。做委吏他能做到"料量平",做乘田能做到"畜蕃

---

① 据《史记·仲尼弟子列传》记载,子夏比孔子小44岁,子游比孔子小45岁,曾子比孔子小46岁,子张比孔子小48岁,孔子自卫返鲁时68岁,这四位弟子大都20岁左右,因此他们受学于孔子当多在孔子晚年居鲁时。
② [日]荻生徂徕:《辨名》,转引自黄俊杰《德川日本论语诠释史论》,第272页。

息",即使在这些比较低级的岗位上,他也都能够尽职尽责。不过,孔子在50岁之前并没有正式从政,他大部分时间都用在学习礼乐文化和讲学授徒上。直到50岁左右的时候,才有了正式出仕的机缘。

孔子的出仕,与季氏的两个叛臣阳虎和公山不狃有关。阳虎,又称阳货,公山不狃,又写作公山弗扰,字子洩。据《左传》记载,鲁定公五年,季平子逝世,儿子季桓子继位。季桓子年幼,不能掌控家族事务,阳虎等家臣就开始蠢蠢欲动。桓子即位后巡视费邑,费宰子洩在郊外迎接,桓子的宠臣仲梁怀不加礼敬,子洩怒,于是怂恿阳虎驱逐仲梁怀。当年九月,阳虎不但驱逐了仲梁怀,连季桓子也囚禁起来。后来通过盟誓才把他给放了,但从此阳虎越来越看不起季氏了,大有夺取季氏家大权的趋势。为此,阳虎招揽人才,很想结交孔子,但孔子本来就主张尊君抑臣,对于阳虎的这种举动自然不会赞成。《论语·阳货》记载:

> 阳货欲见孔子,孔子不见,归孔子豚。孔子时其亡也,而往拜之,遇诸涂。谓孔子曰:"来!予与尔言。"曰:"怀其宝而迷其邦,可谓仁乎?"曰:"不可。""好从事而亟失时,可谓知乎?"曰:"不可。""日月逝矣,岁不我与!"孔子曰:"诺,吾将仕矣。"

阳货想见孔子,但孔子找借口推脱了,阳货于是给他馈赠了豚,孔子按礼应去登门拜谢,但孔子本来不想见他,于是在阳货恰好不在家时去拜谢,不巧的是正好在路上遇到,孔子与阳货的对话"辞缓意峻"(钱穆《孔子传》语),虽然表面答应"吾将仕矣",但最终还是没有出仕。这件事在《孟子·滕文公下》也有记载。

定公八年,阳货联合公山不狃以及三桓中不得意的子弟,"将享季氏于蒲圃而杀之"(《左传》),季桓子察知其谋而得脱,于是公山不狃据费以叛,大概也想有所作为,便派人请孔子前往辅助。《论语·阳货》:"公山弗扰以费畔,召,子欲往。子路不悦,曰:'末之也已,何必公山氏之之也?'子曰:'夫召我者,而岂徒哉?如有用我者,吾其为东周乎?'"孔子时年已五十,学问精熟,弟子满天下,正是大展身手的好时候,《史记》称"孔子循道弥久,温温无所试,莫能己用",孔子正跃跃欲试,看到这个机会,不能不有所动心,但终于还是没有去,钱穆先生说:"其欲往,见孔子之仁,终于不往,见孔子之知。"可谓的评。

定公九年,叛乱失败,阳货奔齐,鲁国国内暂时安定下来。不过经历这场变乱,鲁定公及三桓有所反思,认为孔子值得任用,于是在这种机缘下,孔子终于以正式的身份得以在鲁国出仕,首先孔子做了地方官——中都宰。

中都,即今山东汶上,中都宰是孔子首次担任正式的行政职务,仅在任一年便升司空。《家语》云:"孔子初仕为中都宰,制为养生送死之节,长幼异食、强弱异任、男女别涂、路无拾遗、器不雕伪,为四寸之棺,五寸之椁,因丘陵为坟,不封、不树。"孔子在中都主要实践了其以礼治国的理想,使长幼、强弱、男女各有区别,各安其用,使人民和睦,从而不再有偷盗、诈伪等事发生;尤其在丧礼方面制定了一定的规制,既注重节俭,不劳民力,又能够充分表达和深化人们的情感。《史记》称"一年,四方皆则之",可见其政绩之显著。今汶上留有多处孔子遗迹,如孔子讲学堂(又称圣泽书院)等,元代,朱熹后裔朱公昌带领家人不远千里从江西婺源迁来汶上居住,以奉先圣先贤,经历三迁,定居中都孔子垂钓处钓鱼台之侧,其子孙繁衍生息至今。

孔子作中都宰一年,政绩显著,《家语·相鲁》载:"定公谓孔子曰:'学子此法,以治鲁国何如?'孔子对曰:'虽天下可乎,何但鲁国而已哉!'"定公便将其升为司空,不久又升为大司寇,最后还摄相事。这段时间是孔子出仕以来最得意的时光。司空主要负责水土、营建之事,在司空任上,孔子"别五土之性,而物各得其所生之宜,咸得厥所"。原来季氏把鲁昭公葬在墓道之南,孔子派人挖了一道沟渠,将鲁昭公的墓地和鲁国先君的墓地圈在一起,算是为鲁昭公恢复了名分,并对季桓子曰:"贬君以彰己罪,非礼也,今合之,所以掩夫子之不臣。"(《家语·相鲁》)

孔子作司寇,掌管国家法律,注重以礼治国,以无讼为目标,尽量不用刑法,《论语》记载孔子曰:"听讼,吾犹人也,必也使无讼乎!"这句话可能就是做大司寇时所说。《家语》也说:"设法而不用,无奸民。"并记载了孔子判决父子争讼案件的经过。有一对父子来打官司,孔子把他们关在同一个牢房里,三个月不予审理。后来父亲请求终止诉讼,孔子同意了,便把父子二人都放出去了。当时鲁国的掌权者季孙氏听了这件事很不高兴:"您是在欺骗我吧!原来您告诉我说,治理国家要以孝为先,我如果把那个跟父亲打官司的不孝子给杀了，不正符合您说的道理吗？现在您又把他们都赦免了，到底是为什么？"孔子叹道："不能教育民众遵守孝道，却审理他们违反孝道的案子，这是屠杀无辜啊！法治普及教育工作没有做好，是不能实行刑罚的，因为这是执政的人推行教化不力，罪责不在老百姓啊！要以教化为先，刑罚为后。大部分民众应该都会服从教化的，对于个别不服从的，然后才可以实行刑罚。"孔子认为，刑、法只是礼治教化的一种补充而已，不能作为治理国家的主要手段来实行。孔子以为德礼之治优于政刑之治，法律只是一种促成名正言顺、事成功就的手段，这种手段与礼乐教化相比，位居次要地位。

在孔子执政时，鲁国的社会秩序、社会风气都有很大改观。《家语》记载，原来鲁国有很多不法无礼之人，如贩羊的沈犹氏，"常朝饮其羊以诈"，公慎氏的妻子邪淫而他不加制止，慎溃氏生活奢侈逾越法度，鲁国贩卖六畜的常常通过修饰六畜来抬高价格。孔子为政之后，"沈犹氏不敢朝饮其羊，公慎氏出其妻，慎溃氏越境而徙。三月，则鬻牛马者不储价，卖羊豚者不加饰，男女行者，别其涂，道不拾遗。男尚忠信，女尚贞顺。四方客至于邑，不求有司，皆如归焉"。《史记》也说："与闻国政三月，粥羔豚者弗饰贾；男女行者别于涂；涂不拾遗；四方之客至乎邑者不求有司，皆予之以归。"这些描述或许有些夸张，但确实体现了孔子杰出的政治才能。

孔子在鲁国为政，值得一提的还有两件事，一是参与齐鲁夹谷之会。一是堕三都。齐鲁夹谷之会发生于定公十年，《左传》《史记·孔子世家》《穀梁传》《家语》都有记载，内容大体相同。夹谷，旧说在今江苏赣榆西，一说在今山东莱芜南，一说在今山东淄博市淄川西南，皆见顾炎武《山东考古录》。定公十年，齐鲁两君会于夹谷，孔子当时"摄相事"，随从鲁定公参加会盟，相见礼毕，齐侯事先暗中安排莱人劫持定公，孔子奋勇向前保护定公后退，并大义凛然地对齐侯说："两君合好，而裔夷之俘以兵乱之，非齐君所以命诸侯也。裔不谋夏，夷不乱华，俘不干盟，兵不逼好。于神为不祥，于德为愆义，于人为失礼，君必不然。"孔子并没有当面揭穿齐侯的阴谋，而只是指责莱人不该扰乱两君之会，要求齐侯主持公道，这就既给了齐侯面子，又使他不得不终止这种阴谋。在盟会上，齐侯屡次想要羞辱鲁君，都被孔子以礼顶回；齐侯还以大国身份无理地要求鲁国在齐国外出征伐时必须以三百辆车跟随，而孔子则针锋相对地要求齐国归还所侵占的汶阳之田。会盟后,齐人为孔子的大义凛然所折服,归还了郓(在今山东郓城东)、讙(今山东宁阳北)、龟阴(龟山之阴,在今山东新汶东南境)等汶阳之田。

孔子在鲁国的从政,与季氏的支持有很大关系,其做中都宰,乃至司空、大司寇以及摄相事,都是在季氏的支持下才得以实现。孔子凭借其杰出的政治才能,把鲁国治理得井井有条,又通过夹谷之会维护了鲁国的利益,夹谷之会后,孔子在鲁国的政治声望提高很快,因此更加受到季氏的信任和支持。《公羊传·定公十二年》称"孔子行乎季孙,三月不违",可见季氏对孔子的信任。其"摄相事",实际上是代季氏处理鲁国国政,于是他就开始实行自己的政治抱负,实践以礼治国的理想,其中最重要的举措就是"堕三都",时在定公十二年。所谓"三都",是指季孙氏的费邑(今山东费县)、叔孙氏的郈邑(今山东东平)、孟孙氏的成邑(今山东宁阳)。三家城邑的城墙在规模形制上都超过了礼制的规定,孔子向鲁定公建议:"家不藏甲,邑无百雉之城,古之制也。今三家过制,请皆损之。"(《孔子家语·相鲁》)要求拆毁三家的城墙。孔子"堕三都"的目的,是抑私家、强公室。当时的叔孙氏、季孙氏由于其下属的邑宰和家臣的叛乱,也支持这一主张。孔子派其弟子子路为季氏宰,主持堕三都一事,叔孙氏的郈邑城墙被顺利地拆毁,堕费时,却遭到了公山不狃的顽强抵抗。公山不狃看到郈邑被拆,做了应战准备,当季桓子率领大军前来堕费时,公山不狃和叔孙辄带领费人避实就虚,直捣鲁国都城曲阜,鲁定公仓皇逃到季氏家中躲藏。公山不狃这次是真的"叛国"了。这时,身为大司寇的孔子,沉着冷静,率兵反击,击败费人,公山不狃逃到齐国,费邑终于被拆毁。但在堕孟孙的成邑时,孟孙氏的家臣公敛处父告诫孟孙,成是鲁国的北大门,又是孟孙氏的根据地,拆毁成的城墙,不但齐国会对鲁国形成威胁,而且孟孙也会失去根据地,希望不要堕成,假装不知道就可以了。鲁定公亲自率师包围成,也没有攻下,堕成之举,最终失败。(事详《左传·定公十二年》《史记·孔子世家》《家语》)后来,三桓渐渐通气,认为堕三都损害了三家的利益,便开始联手抵制孔子的这一行动,孔子与三桓的关系出现裂痕。《论语·宪问》记载:"公伯寮诉子路于季孙。子服景伯以告,曰:'夫子固有惑志于公伯寮,吾力犹能肆诸市朝。'子曰:'道之将行也与,命也;道之将废也与,命也。公伯寮其如命何?'"这段对话,很可能就发生在堕三都受阻时，即有人离间孔子与季氏的关系，在季氏面前说子路的坏话，而子路正是孔子所派的堕三都的主要负责人。以孔子当时的地位，确实可以将谗言小人除去，但孔子似乎看到这件事已经无法进行下去了，便慨叹说"道之将行也与，命也；道之将废也与，命也"。最终孔子不能为三家所容，而被迫放弃执政的地位离开鲁国，周游列国。

二十五、孔子诛少正卯

孔子诛少正卯，是其为政期间所作的一件重要的事。关于孔子诛少正卯一事，先秦和汉代多种资料都有记载，而以《荀子·宥坐》记载最早，《说苑·指武》与其略同而更为详细，今将两个版本一并抄录如下：

> 孔子为鲁摄相，朝七日而诛少正卯。门人进问曰："夫少正卯鲁之闻人也，夫子为政而始诛之，得无失乎？"孔子曰："居，吾语女其故。人有恶者五，而盗窃不与焉。一曰心达而险，二曰行辟而坚，三曰言伪而辩，四曰记丑而博，五曰顺非而泽。此五者有一于人，则不得免于君子之诛，而少正卯兼有之。故居处足以聚徒成群，言谈足以饰邪营众，强足以反是独立，此小人之杰雄也，不可不诛也。是以汤诛尹谐，文王诛潘止，周公诛管叔，太公诛华仕，管仲诛付里乙，子产诛邓析、史付，此七子者皆异世同心，不可不诛也。诗曰：'忧心悄悄，愠于群小。'小人成群，斯足忧矣。"（《荀子·宥坐》）
> 孔子为鲁司寇，七日而诛少正卯于东观之下，门人闻之，趋而进，至者不言，其意皆一也。子贡后至，趋而进，曰："夫少正卯者，鲁国之闻人矣！夫子始为政，何以先诛之？"孔子曰："赐也，非尔所及也。夫王者之诛有五，而盗窃不与焉。一曰心辩而险，二曰言伪而辩，三曰行辟而坚，四曰志愚而博，五曰顺非而泽。此五者皆有辨知聪达之名，而非其真也。苟行以伪，则其智足以移众，强足以独立，此奸人之雄也，不可不诛。夫有五者之一，则不免于诛，今少正卯兼之，是以先诛之也。昔者汤诛蠋沐，太公诛潘阯，管仲诛史附里，子产诛邓析，此五子未有不诛也。所谓诛之者，非为其昼则攻盗，暮则穿窬也，皆倾覆之徒也。此固君子之所疑，愚者之所惑也。诗云：'忧心悄悄，愠于

群小。'此之谓矣。"(《说苑·指武》,《家语·始诛》略同)

此外,《史记·孔子世家》载:"于是诛鲁大夫乱政者少正卯。"《尹文子·大道下》载:"孔丘摄鲁相,七日而诛少正卯。"综合上述资料可知,此事的大致经过是,孔子升任鲁国的大司寇(或摄相事)过了七天,就在鲁国的两观①之下诛杀了少正卯。两观是鲁城南门雉门外的高台式建筑,少正卯在当时是鲁国的"闻人",有一定的名望和关系网。而孔子新官上任,就先杀了少正卯,孔子弟子对于孔子的这一行为非常不解,孔子指出少正卯有五点过恶,即心达而险、行辟而坚、言伪而辩、记丑而博、顺非而泽。有这五种过恶,就足以饰邪营众,扰乱正常的政治生活。孔子将杀少正卯之事与历史上的汤诛尹谐、文王诛潘止、周公诛管叔、太公诛华仕、管仲诛付里乙、子产诛邓析史付等相提并论。从材料的叙述看,少正卯可能是一个名辩家,善于言谈,哗众取宠,能够煽惑大众,所以孔子诛之。

此事因为关涉到儒家思想中的仁与杀、德与法的问题,在后世引起了长久的争论,可以说,这件事无论真伪,它已经在学术和思想史上产生深远的影响。对此事的讨论和评价,也从一个侧面反映了一个时代的思想文化状况。大体来说,对于此事的评价可以分为两个方面,一是真伪问题,一是是非问题,不过这两个问题是相互关联的,因为承认其为真的,多是对其有肯定性评价,而认为其为伪的,则对其有否定性评价②。

从汉至唐,人们对这一故事的真实性和合理性似乎并未发生任何的疑问。这段时期,儒家与政治关系比较密切,儒家被作为先王之道的传承者,对政治提供理论指导,当时一般认为,诛杀少正卯之类的佞贱之人,不仅平常,而且是圣人之诛,是治国平天下的必要步骤。少正卯的这些罪行,甚至被写进了《礼记·王制》中,成为先王之制的重要内容:"析言破律,乱名改作,执左道以乱政,杀。作淫声、异服、奇技、奇器以疑众,杀。行伪而坚,言伪而辩,学非而博,顺非而泽,以疑众,杀。假于鬼神、时日、卜筮以疑众,杀。此四诛者,不以听。凡执禁以齐众,不赦过。"人们常以孔子诛少正卯一事来作为与朝廷奸邪作斗争的例证,汉儒刘向以西汉元

---

① 《说苑》称"东观",据向宗鲁《说苑校正》,"东"系"两"字之误,中华书局1987年版,第380页。
② 本篇参考了林存光、韩泳诗的文章《重思一个故事的历史与神话意义——"孔子诛少正卯"之故事含义的再诠释》,《衡水学院学报》2017年第3期。

帝朝宦官弘恭、石显为少正卯，而奏请"放远佞邪之党"，上封事曰："自古明圣，未有无诛而治者也。故舜有四放之罚，而孔子有两观之诛，然后圣化可得而行也。"（《汉书·楚元王传》）后汉末党人李膺任司隶校尉，宦官张让弟朔为野王令，贪残无道，乃至杀孕妇，李膺要为民除害，也引用此事："昔仲尼为鲁司寇，七日而诛少正卯。今臣到官已积一旬，私惧以稽留为愆，不意获速疾之罪。诚自知衅责，死不旋踵，特乞留五日，克殄元恶，退就鼎镬，始生之愿也。"最终逮系"付洛阳狱，受辞毕即杀之"（《后汉书·党锢列传》）。晋人范宁"崇儒抑俗"，以为时人"以浮虚相扇，儒雅日替"，"其源始于王弼、何晏"，故著文援引孔子诛卯故事以论"二人之罪深于桀纣"（《晋书·范汪列传》）。

然而，到了宋代，由于受理学的影响，人们对历史事件常以道德的视角进行评判，尤其是在理学的视域中，认为仁为天地之心，是最高的价值，杀人是理学家最忌讳的事。宋代大儒朱熹可能是第一个对此事的真实性质疑的人，他说："若少正卯之事，则予尝窃疑之，盖《论语》所不载，子思、孟子所不言，虽以《左氏春秋》内外传之诬且驳，而犹不道也，乃犹荀况言之，是必齐鲁陋儒愤圣人之失职，故为此说，以夸其权耳，吾又安敢信其言而遽稽以为决乎？"（《舜典象刑说》）认为可信的经书都没有记载此事，只有荀况这种陋儒记载，因此是不可信的。由于朱熹的影响力，此说一出，和者日众。南宋叶适指出，通过这一故事与另一父子相讼的故事进行比较，不难发现，所记孔子行事彼此相互矛盾，即"夫父子讼真大罪，而孔子尚欲化诲之，使复于善；少正卯为国闻人，其罪未彰，而孔子乃先事设诛，播扬其恶；由后为夫子本旨，则其前为非夫子本旨明矣"，认为孔子诛少正卯之说"殆书生之寓言，非圣贤之实录也"（《习学记言》卷十七）。明人陆瑞家作有《诛少正卯辨》，引证孔子答季康子问政而曰"子为政，焉用杀"之言曰："岂有己为政未满旬日，而即诛一大夫邪？卯既为闻人，亦非不可教诲者，何至绝其迁善之路，而使之身首异处邪？鲁季氏三家、阳货，奸雄之尤者，司寇正刑明弼，当自尤者始；尤者尚缓而不诛，诛者可疑而不缓，两观之鬼，不亦有辞于孔氏哉？不告而诛，不啻专杀大夫矣，圣人为之乎？凡此皆涉于无理，故不可信。"怀疑此事的真实性，认为圣人为政，当以仁爱之心为本，不可能随便杀人。法家极力倡导诛赏，因此这一故事常被认为是法家人物所伪造。因为法家也常常编造孔子的故事来为法家代言，如《韩非子》中的孔子其实亦常被塑造为乐以刑杀立威。清人崔述即认为"申韩之徒言刑名者诬圣人以自饰"(《洙泗考信录》卷二)。首先从道义上判定此事为伪之后,不少学者便继续从此事涉及的名物制度、史实等方面寻找此事不真的证据。如清人范家相考论春秋时期所谓"相"只是"会仪""辅佐"之义,故孔子所任职官即"摄相之相",亦"明是傧相"而非后来秦之专设"丞相"一官也;范氏又以《论语》证"少正卯一事"之"非"曰:"夫子对季康子患盗曰:子为政,焉用杀?岂身甫执政,先杀少正卯以立威哉?"(《家语证伪》)

清代孙星衍的《孔子诛少正卯论》从字义诠释的角度提出了一个影响深远的观点。他否定了训"诛"为"杀"的主流观点,而训"诛"为"责",以为"夫少正卯鲁之闻人,罪无死法,两观非行戮之地,孔子不能专杀"。从"诛"之训"责"的含义上讲,所谓孔子诛卯而"戮之于两观之下",只不过是说"责之于两观",即"两观者,宫阙悬像之所,于此申明法禁,在朝言朝义也",这种观点颇有折中的味道,既不否认此事,又对此事进行了新的解释,从而维护了孔子和儒家不嗜诛杀的形象,这一观点在后世颇有影响力。

近代以来,尤其是五四之"批孔"和反传统思潮的兴起,孔子诛少正卯被当成孔子"专制"的典型例证而进行批判。易白沙《孔子平议上》云:"少正卯以大夫讲学于鲁,孔子之门,三盈三虚,不去者唯颜回。昔日威严,几于扫地。故为大司寇仅七日,即诛少正卯,三日尸于朝示威。弟子子贡诸人为之皇恐不安。因争教而起杀机,是诚专制之尤者矣。"

2000多年来,关于这一故事的争论持续不断,甚至可以写一部孔子诛少正卯的争论史,而对于此事的真伪一直没有定论。不过,从荀子最早记载此事,且此故事与荀子的关系,我们似乎可以得到一点什么。荀子在《非相》等篇中对能言善辩、巧舌如簧的奸人进行过严厉批判,他说:"听其言则辞辩而无统,用其身则多诈而无功,上不足以顺明王,下不足以和齐百姓,然而口舌之均,应唯则节,足以为奇伟偃却之属,夫是之谓奸人之雄。圣王起,所以先诛也,然后盗贼次之。盗贼得变,此不得变也。"这些话的语气与故事中孔子之言的语气极为类似,如这里提到"奸人之雄",故事中也正提到"奸人之雄",这里还说要先诛这类人,然后"盗贼次之",意为盗贼还没有他们的危害大,而故事中也将少正卯之类的人与盗贼相比,认为"王者之诛有五,而盗窃不与焉"。可见,此故事所反映的思想意义与荀子思想极为接近,其产生也必然与荀子有密切关系。

不过,此事本身的真伪可能早已不那么重要,而其所产生的历史影响才是真正值得关注的。孔子诛少正卯一事曾经在历史上被人们利用来为各种各样的目的服务,无论他们认为孔子诛卯是真是假、是对是错,无论他们是出于尊孔或批孔的目的,究其实质,他们都是在借这个故事来表达其个人思想的、政治的种种现实需要和具体诉求而已。正因为如此,孔子诛卯一事才从"死的"故事演化变成了"活的"生命,这才是这个故事的"神话"价值和意义所在,也就是说,这个故事的价值和意义更主要的不在于它本身,而在于这个故事在不同时代被人利用而对不同的人和事所产生的实际影响,这一影响亦构成了我们历史的一部分而具有其历史的真实性。

二十六、孔子周游列国

孔子堕三都的举措触动了季氏和三桓的利益,因此与三桓关系出现裂痕,他们不再支持孔子的施政举措,孔子无奈只能离开鲁国,周游列国。关于这一事件的缘起,《论语·微子》记载:"齐人归女乐,季桓子受之,三日不朝,孔子行。"《史记·孔子世家》的记载更为详细:

> 齐人闻而惧,曰:"孔子为政必霸,霸则吾地近焉,我之为先并矣。盍致地焉?"黎鉏曰:"请先尝沮之,沮之而不可则致地,庸迟乎!"于是选齐国中女子好者八十人,皆衣文衣而舞康乐,文马三十驷,遗鲁君。陈女乐文马于鲁城南高门外,季桓子微服往观再三,将受,乃语鲁君为周道游,往观终日,怠于政事。子路曰:"夫子可以行矣。"孔子曰:"鲁今且郊,如致膰乎大夫,则吾犹可以止。"桓子卒受齐女乐,三日不听政。郊,又不致膰俎于大夫。孔子遂行,宿乎屯,而师己送,曰:"夫子则非罪。"孔子曰:"吾歌可夫?"歌曰:"彼妇之口,可以出走;彼妇之谒,可以死败。盖优哉游哉,维以卒岁!"师己反,桓子曰:"孔子亦何言?"师己以实告。桓子喟然叹曰:"夫子罪我以群婢故也夫!"

　　鲁定公十二年（前498）冬，齐国送来女乐，季孙氏沉湎逸乐，不理政事，意味着季氏已经不信任他了，所以子路劝孔子这时可以离开了。但孔子的政治理想还未实现，还想再观望观望，认为要等到春季鲁国举行郊祭，祭祀之后如果仍然按照规定的礼数将祭肉送给我，那我还可以继续做下去。但可惜的是，祭祀后没有按规矩把祭肉送给孔子，孔子此时才彻底失望。在鲁国既不能为季氏所容，再待下去也没有什么价值了，于是决定离开父母之邦，去其他诸侯国寻求行道的机会。孟子说孔子"不税冕而行"，又说："孔子之去鲁，曰：'迟迟吾行也。'"先是急匆匆要离开，但后来又迟迟吾行，可以想见孔子的矛盾心态，其中既包含了对季氏的失望和愤怒，希望赶紧离开这个地方，又包含了对父母之邦的依依不舍，对事业刚开始就不得不终止的不甘心。师己受季孙氏之命为孔子送行，并且劝慰孔子说："夫子则非罪。"孔子也不想争辩太多，便唱了一首去鲁歌："彼妇之口，可以出走；彼妇之谒，可以死败。盖优哉游哉，维以卒岁！"师己反，桓子问他孔子说了什么，师己以实告，桓子喟然叹曰："夫子罪我以群婢故也夫！"

　　孔子离开鲁国而周游列国，始于定公十三年（前497），时孔子55岁，到哀公十一年（前484）返回鲁国，孔子已经68了。孔子周游列国十四年，其中经历曲折复杂，《庄子·山木》提到孔子自言："吾再逐于鲁，伐树于宋，削迹于卫，穷于商周，围于陈蔡之间。"虽有寓言成分，但也可见其游历之艰辛。孔子之周游，并非一轻松之游历，而是对其理想和价值的追寻之旅，他早年也曾去过夏商周的故都游历，但当时是一种学习的状态，与后来的周游性质不同。

　　记载其周游经过最详细的是司马迁的《孔子世家》，该文是后人谈论这一事件的主要文献依据，但是其记载颇有凌乱和前后矛盾之处。另外，《孔子家语》《说苑》《墨子》《庄子》等书对相关事迹也有很多记载。后世的孔子传记、年谱类著作对孔子周游列国中的若干细节也进行过不少考辨，代表性的如胡仔《孔子编年》、江永《孔子年谱》、狄子奇《孔子编年》、钱穆《孔子传》及《先秦诸子系年》、匡亚明《孔子评传》、梁涛《孔子行年考》等，但其中许多细节至今尚无定论。今依据相关材料，大致按照时间先后顺序，将孔子周游列国的重要事迹归纳为十二项，并重点分析由相关事件所体现的孔子的行为和思想状态。

(一)去鲁适卫:约鲁定公十三年

鲁卫接壤,是兄弟之邦,故孔子去鲁首先来到卫国。孔子在卫国居住在子路妻兄颜浊邹家。《孟子·万章上》载:

> 万章问曰:"或谓孔子于卫主痈疽,于齐主侍人瘠环,有诸乎?"孟子曰:"否,不然也,好事者为之也。于卫主颜雠由。弥子之妻与子路之妻,兄弟也。弥子谓子路曰:'孔子主我,卫卿可得也。'子路以告。孔子曰:'有命。'孔子进以礼,退以义,得之不得曰'有命'。而主痈疽与侍人瘠环,是无义无命也。孔子悦于鲁卫,遭宋桓司马将要而杀之,微服而过宋。是时孔子当厄,主司城贞子,为陈侯周臣。吾闻观近臣,以其所为主;观远臣,以其所主。若孔子主痈疽与侍人瘠环,何以为孔子?"

孟子时,对于孔子在卫国住在谁家有不同的传言,甚至有人说孔子住在卫君的亲信痈疽家里,孟子驳斥了这种看法,认为孔子不可能去做这种钻营的事。当时,卫君的宠臣弥子瑕之妻与子路之妻是姐妹,于是想要让孔子住在他家,并许诺帮他获得卿的职位,孔子的回答很简单也很有力:"有命。"

孔子初到卫国,很想有一番作为,《论语》记载孔子与冉有的对话:"子适卫,冉有仆。子曰:'庶矣哉!'冉有曰:'既庶矣,又何加焉?'曰:'富之。'曰:'既富矣,又何加焉?'曰:'教之。'"在卫国,卫灵公表面上很尊重孔子,按照他在鲁国的待遇给予俸禄,但事实上并不想真正重用孔子。后卫灵公听信谗言,派人监视孔子,孔子在卫国住了仅10个月便去卫适陈。

(二)子畏于匡:约鲁定公十四年

孔子离开卫国,准备去陈国,途经匡地,发生了"畏于匡"的事件。匡邑原属卫地,后来被郑侵占。鲁定公六年,阳货帅师侵郑,攻下匡邑,为匡人所忌恨。因孔子貌似阳虎,孔子至此被匡人围困了五天,弟子走散了不少,颜渊后至,孔子说"吾以女为死矣",颜渊回答"子在,回何敢死",可见师徒二人之情深。在困难之中,孔子仍坚信自己的使命,《论语·子罕》

记载：

> 子畏于匡，曰："文王既没，文不在兹乎？天之将丧斯文也，后死者不得与于斯文也；天之未丧斯文也，匡人其如予何？"

《说苑·杂言》记载此事云：

> 孔子之宋，匡简子将杀阳虎，孔子似之，甲士以围孔子之舍。子路怒，奋戟将下斗。孔子止之曰："何仁义之不免俗也！夫诗书之不习，礼乐之不修也，是丘之过也。若似阳虎，则非丘之罪也。命也夫！由歌，予和汝。"子路歌，孔子和之，三终而甲罢。

《庄子·秋水》对此事进行了润色发挥，说"宋人围之数匝，而弦歌不辍"，子路不解，孔子说"知穷之有命，知通之有时，临大难而不惧者，圣人之勇也"，也体现了他对天命的坚信。

（三）过蒲：约鲁定公十四或十五年

孔子离开匡地之后路过蒲地，《史记》对此有两次记载，即"过蒲"与"蒲人止孔子"，据学者考证当为一事。当时卫国刚发生了公叔戌的叛乱，孔子一行又遇到麻烦，《史记》记载：

> 会公叔氏以蒲畔，蒲人止孔子。弟子有公良孺者，以私车五乘从孔子。其为人长贤，有勇力，谓曰："吾昔从夫子遇难于匡，今又遇难于此，命也已。吾与夫子再罹难，宁斗而死。"斗甚疾。蒲人惧，谓孔子曰："苟毋适卫，吾出子。"与之盟，出孔子东门。孔子遂适卫。子贡曰："盟可负邪？"孔子曰："要盟也，神不听。"

公叔氏叛乱了卫国，并希望孔子不要再去卫国，孔子答应后被放出，但孔子随后就直接去了卫国，子贡怀疑孔子背盟而不讲信用，孔子说，这是胁迫之下的盟誓，是没有效力的，神也不会听，这可见孔子行事的变通。

（四）返卫见南子:约鲁定公十五年

孔子周游列国,在卫国时间最长,曾多次往返卫国。过蒲回到卫国后,就住在了卫国的君子蘧伯玉家。孔子前去拜见卫灵公夫人南子。《论语·雍也》:"子见南子,子路不说。夫子矢之曰:'予所否者,天厌之! 天厌之!'"《史记》对此事记载颇详细:

> 灵公夫人有南子者,使人谓孔子曰:"四方之君子不辱欲与寡君为兄弟者,必见寡小君。寡小君愿见。"孔子辞谢,不得已而见之。夫人在絺帷中。孔子入门,北面稽首。夫人自帷中再拜,环珮玉声璆然。孔子曰:"吾乡为弗见,见之礼答焉。"子路不说。孔子矢之曰:"予所不者,天厌之! 天厌之!"居卫月余,灵公与夫人同车,宦者雍渠参乘,出,使孔子为次乘,招摇市过之。孔子曰:"吾未见好德如好色者也。"于是丑之,去卫,过曹。是岁,鲁定公卒。

孔子见南子,子路非常不高兴,认为不应该去见。但孔子并没有详细说明为什么要见南子,也没有反驳子路,只是说:"予所否者,天厌之! 天厌之!"但这句话本身也不好理解。所以,孔子之见南子,也便成了一桩公案。由于其中有许多敏感点,为后世的想象提供了很大空间。后人的争议主要集中于两点,其一,男女交往是否失礼,其二,孔子见南子是不是欲谋进取,这种进取方式是否恰当。《淮南子·泰族训》云:"孔子欲行王道,东西南北七十说而无所偶,故因卫夫人、弥子瑕而欲通其道。"直接认为孔子见南子是谋进取。《盐铁论·论儒》载御史之言曰:

> 《礼》"男女不授受,不交爵",孔子适卫,因嬖臣弥子瑕以见卫夫人,子路不说。子瑕,佞臣也,夫子因之,非正也。男女不交,孔子见南子,非礼也。礼义由孔氏,且贬道以求容,恶在其释事而退也?

御史认为孔子见南子是违背了男女不交的礼法,且通过卫君的佞臣去见,是"贬道以求容",不是进取的正当途径。因御史是代表反儒一派的,故有这种传言,而文学则从正面进行了回答,说这是孔子心忧天下而不得已的举动，"孔子周流，忧百姓之祸而欲安其危也。是以负鼎俎、囚拘、匍匐以救之"。见南子也是不得已的举动。东汉王充的《论衡·问孔》则说："南子，卫灵公夫人也，聘孔子，子路不说，谓孔子淫乱也。"给孔子定了"淫乱"这一极具贬义色彩的词语。其实脱去后世争论的思想文化背景，仅从最早和最可靠的史料《论语》和《史记》的记载看，这些解释无疑都有捕风捉影之嫌。孔子一生谨守礼法，《论语·乡党》可见，决不会做出明显非礼的举动，且以年近七十的老人，见一年轻的国君夫人，跟所谓的淫乱和男女不正当交往都扯不上关系。另外，孔子虽然急于求仕，但也不会急到通过巴结国君夫人这类不正当的途径为自己谋取官职，否则就不会颠沛流离十余年了。

其实，孔子之所以拜见南子，《史记》上已经说得非常清楚了，不是孔子主动要见南子，而是南子非要见孔子，孔子既然来到卫国，是客人，主人要见，自然不好驳人家的面子，所以只能去见。但在见的过程中，他非常注重礼节和分寸，"夫人在絺帷中。孔子入门，北面稽首。夫人自帷中再拜，环珮玉声璆然"。南子与孔子之间隔着帷帐，孔子在外面拜见。

南子这个人名声不好，这是孔子见南子一事产生争议的重要原因，其实她不像后人想象的那么不堪，她作为国君之妻，还是很聪明、很有眼光的，尤其是在知人善任方面。《列女传》记载了这样一个故事，南子与卫灵公晚上在家里饮酒，听到外面车马经过的声音，当车马走到宫阙门口时突然就没有声音了，等过了门口才又有声音了，南子便说，马车上坐的人肯定是蘧伯玉（卫国的贤者），因为他非常知礼，到君主宫门口就自觉地让车马尽量不发出声音，这是对君主的尊敬。卫灵公跑到外面去看，果然是蘧伯玉，但他回来故意对南子说，不是蘧伯玉。南子却高兴地向灵公道贺，并说，外面这个人不是蘧伯玉，但肯定是一个很知礼的贤人，那么现在您相当于又多了一位贤人，这不是可喜可贺的事吗？从这个故事看，南子还真有点贤内助的意思。所以，南子之所以非要见孔子，肯定是久闻孔子的大名，知道孔子是贤能的人，所以想见见他，或许想先替灵公考察一下，准备重用孔子。孔子知道不能不见，故虽然去见，也只是敬而远之。最终，由于卫灵公的昏庸，孔子没有在卫国获得任何官职。

但孔子为什么不对子路和周围的人说明，不是我要见她，是她非要见我？孔子作为一个有强烈尊卑观念的人，是不可能这样说的，这叫为尊者讳,即宁愿自己承担,也不能把一些不好的事归结到尊贵的人身上。所以当有人问鲁昭公是否知礼时,他回答说知礼,但那人立即反驳道,鲁昭公娶了同姓的吴国国君的女儿,怎么能算知礼呢?孔子回答说,我太幸运了,犯了错,马上就会有人给我指出来。所以,虽然孔子明知鲁昭公不知礼,但也只能回答他知礼,然后在别人指出的情况下,承认自己错了,把错误归到自己身上。所以,在南子的问题上,孔子宁愿别人误解他,也不愿多做解释,把错误归结到尊者头上。而只有对孔子人格、人品非常熟悉的人,才能真正理解孔子的苦衷,而不会产生各种不恰当的怀疑。

孔子在卫国,并不受卫灵公的重视,《论语·卫灵公》:"卫灵公问陈于孔子。孔子对曰:'俎豆之事,则尝闻之矣;军旅之事,未之学也。'明日遂行。"卫灵公只关注军队和战争的事,故孔子不对。卫灵公与夫人出行,竟然让孔子坐次乘,孔子以德自居,便言"未见好德如好色者"。《史记》又称:"灵公老,怠于政,不用孔子。孔子喟然叹曰:'苟有用我者,期月而已,三年有成。'孔子行。"都说明卫灵公并不想真正用孔子,孔子无奈,只得离开卫国。

(五)赴晋临河而止:约鲁哀公元年

关于孔子周游时与晋国的关系,《史记》记载了两件事,一件是欲赴晋见赵简子,临河而止:

> 孔子既不得用于卫,将西见赵简子。至于河而闻窦鸣犊、舜华之死也,临河而叹曰:"美哉水,洋洋乎!丘之不济此,命也夫!"子贡趋而进曰:"敢问何谓也?"孔子曰:"窦鸣犊、舜华,晋国之贤大夫也。赵简子未得志之时,须此两人而后从政;及其已得志,杀之乃从政。丘闻之也,刳胎杀夭则麒麟不至郊,竭泽涸渔则蛟龙不合阴阳,覆巢毁卵则凤皇不翔。何则?君子讳伤其类也。夫鸟兽之于不义也尚知辟之,而况乎丘哉!"乃还息乎陬乡,作为《陬操》以哀之。

孔子在卫国失意,想去晋国寻找实现抱负的机会。当得知窦鸣犊、舜华被赵简子杀死之后,便对赵简子彻底失去信心,于是半途而返。此事《说苑·权谋》也有记载,而更为离奇,称赵简子云:"晋有泽鸣、犊犫,鲁有孔丘。吾杀此三人,则天下可图也。"孔子预知其谋而不往。其实孔子不去晋国,根本原因是他与赵简子的为政理念不同,孔子主张严守礼法,落实君君臣臣父父子子的正名制度,而赵简子则更加崇尚法治精神,对旧的礼制并不完全认同,早在鲁昭公二十九年,赵简子铸刑鼎,孔子就对其进行过批评。阳虎从鲁国叛逃之后,先到齐国,后来又到了晋国,为赵简子所收留,孔子听说后说:"赵氏其世有乱乎!"(《左传·定公九年》)

另一件事是晋国的佛肸召孔子:

> 佛肸为中牟宰。赵简子攻范、中行,伐中牟。佛肸畔,使人召孔子。孔子欲往。子路曰:"由闻诸夫子,其身亲为不善者,君子不入也。今佛肸亲以中牟畔,子欲往,如之何?"孔子曰:"有是言也。不曰坚乎,磨而不磷;不曰白乎,涅而不淄。我岂匏瓜也哉,焉能系而不食?"(《论语·阳货》略同)

佛肸召孔子,与公山不狃之召有类似之处,孔子皆有意赴之而终于不赴。因此,孔子终其一生而与晋国无缘。

(六)伐树于宋:约鲁哀公三年

宋国是孔子祖先的故乡,孔子早年就曾到宋国学习殷商文化。据《宋微子世家》及《孔子世家》载,宋景公二十五年(即鲁哀公三年,前492),孔子来到宋国,与弟子在大树下演习礼仪,宋司马桓魋想杀孔子,把树砍掉,弟子曰:"可以速矣。"孔子曰:"天生德于予,桓魋其如予何!"孔子变换衣服才得以逃走。《孟子·万章上》亦云:"孔子不悦于鲁卫,遭宋桓司马将要而杀之,微服而过宋。"桓魋本是宋景公之嬖臣,在宋国权力很大,生活奢侈,孔子曾对他多有批评。《孔子家语·曲礼子贡问》载:"孔子在宋,见桓魋自为石椁,三年而不成,工匠皆病。夫子愀然曰:'若是其靡也,死不如速朽之愈。'"桓魋亲自为自己设计制作石质的棺椁,三年都没有完成。孔子批评他如此奢靡,死了以后还不如快点腐朽呢。不过,在宋国,孔子与宋国的国君也进行了一些交流,《孔子家语·贤君》载:

> 孔子见宋君,君问孔子曰:"吾欲使长有国,而列都得之,吾欲使

民无惑,吾欲使士竭力,吾欲使日月当时,吾欲使圣人自来,吾欲使官府治理,为之奈何?"孔子对曰:"千乘之君问丘者多矣,而未有若主君之问之悉也。然主君所欲者,尽可得也。丘闻之,邻国相亲,则长有国;君惠臣忠,则列都得之;不杀无辜,无释罪人,则民不惑;士益之禄,则皆竭力;尊天敬鬼,则日月当时;崇道贵德,则圣人自来;任能黜否,则官府治理。"宋君曰:"善哉! 岂不然乎! 寡人不佞,不足以致之也。"孔子曰:"此事非难,唯欲行之云耳。"

宋君向他请教治国、治民、聚才的方法,孔子告诉他邻国相亲、君惠臣忠、无释罪人、尊天敬鬼、崇道贵德、任能黜否等道理,并勉励说这些事并不难,关键在实行。

(七)适郑与丧家狗:约鲁哀公三年

孔子离开宋国准备去郑国时,与弟子们走散了,当他来到郑国东门的时候,子贡已经在城里多时了,郑人问子贡:"东门有人,其颡似尧,其项类皋陶,其肩类子产,然自要以下不及禹三寸,累累若丧家之狗。"子贡如实告诉孔子。孔子欣然笑着说:"形状,末也。而谓似丧家之狗,然哉! 然哉!"(《孔子世家》,《家语·困誓》略同)丧家狗,是孔子的一种自我解嘲,而绝不是一种贬义。他为了实现自己的理想和抱负,背井离乡,奔波劳碌,颠沛流离,确实像条无家可归的流浪狗。孔子在郑国的事迹不多,他非常仰慕子产,并曾称子产"古之遗爱也",但当时子产已经去世多年,他可能在郑国考察和寻访了子产的遗迹和事迹。不过当时郑国局势并不稳定,没有他发挥的空间,于是只能离开郑国,前往陈国。

(八)居陈:约哀公三年至六年

孔子离开郑国来到陈国,当时大约仍在鲁哀公三年。在陈国住在了司城贞子家。孟子说:"吾闻观近臣,以其所为主;观远臣,以其所主。若孔子主痈疽与侍人瘠环,何以为孔子?"(《孟子·万章上》)可见司城贞子是一位比较正直的人,所以孔子与之结交。在陈国,陈湣公向孔子咨询了关于"肃慎之矢"的问题,《史记》记载:

有隼集于陈廷而死，楛矢贯之，石砮，矢长尺有咫。陈湣公使使问仲尼。仲尼曰："隼来远矣，此肃慎之矢也。昔武王克商，通道九夷百蛮，使各以其方贿来贡，使无忘职业。于是肃慎贡楛矢石砮，长尺有咫。先王欲昭其令德，以肃慎矢分大姬，配虞胡公而封诸陈。分同姓以珍玉，展亲；分异姓以远方职，使无忘服。故分陈以肃慎矢。"试求之故府，果得之。

肃慎是东北地区的少数民族，今满族的祖先，大隼带着肃慎人所射的箭落在陈国，孔子一眼便辨认出是肃慎之矢，并讲出周武王时，肃慎人入贡"楛矢石砮"的故事，由此可见孔子知识之渊博。

《孔丛子·嘉言》载：

陈惠公大城，因起凌阳之台。未终，而坐法死者数十人。又执三监吏，夫子适陈，闻之，见陈侯，与俱登台而观焉。夫子曰："美哉斯台！自古圣王之为城台，未有不戮一人而能致功若此者也。"陈侯默而退。遂窃赦所执吏。既而见夫子，问曰："昔周作灵台亦戮人乎？"答曰："文王之兴，附者六州。六州之众，各以子道来，故区区之台，未及期而已成矣。何戮之有乎？夫以少少之众，能立大大之功，唯君尔。"

这里孔子实际上是告诫陈侯不要为了筑高台而滥用民力、滥杀无辜，要以德服众，并举文王因受大家拥护，都争着帮助筑台，没到期限就完成了的故事为例。这个故事与孟子跟梁惠王的对话颇有类似，或据之附会而成。据《左传·哀公三年》记载，当年夏五月鲁国发生火灾，烧及桓公、僖公之庙，当时孔子在陈，听说火灾后，便说："其桓、僖乎！"后来消息传来，果然不出所料。桓公、僖公都是哀公五世以上祖先，按礼制，诸侯只保留五庙，桓、僖亲尽，其庙本应毁弃，杜预说："桓、僖亲尽而庙不毁，宜为天所灾。"所以孔子从礼制的角度有此推测。

（九）厄于陈蔡之间：约哀公六年

孔子大概在陈国住了三年，当时晋、楚、吴争强，陈国处于中间地带，常受战争之苦，孔子觉得在陈国也没什么施展才能的机会，便说："归与归与！吾党之小子狂简，进取不忘其初。"（《孔子世家》）于是离开了陈国，准备到楚国去，哀公六年，正遇到吴国攻打陈国，孔子被困在陈蔡之间，途中乏粮。孔子厄于陈蔡之间，成为孔子周游列国中最困难的遭遇，记载此事的资料非常多，如《论语》《墨子》《孟子》《庄子》《吕氏春秋》《孔子家语》《韩诗外传》《说苑》《新语》《礼记》《荀子》《孔子世家》等，而以《孔子世家》的记载较为完善：

> 孔子迁于蔡三岁，吴伐陈。楚救陈，军于城父。闻孔子在陈蔡之间，楚使人聘孔子。孔子将往拜礼，陈蔡大夫谋曰："孔子贤者，所刺讥皆中诸侯之疾。今者久留陈蔡之间，诸大夫所设行皆非仲尼之意。今楚，大国也，来聘孔子。孔子用于楚，则陈蔡用事大夫危矣。"于是乃相与发徒役围孔子于野。不得行，绝粮。从者病，莫能兴。孔子讲诵弦歌不衰。……于是使子贡至楚。楚昭王兴师迎孔子，然后得免。

孔子要去楚国，陈国与蔡国的大夫们认为孔子是贤人，若为楚国所用，则可能会对陈蔡两国造成威胁，于是共同发兵围住孔子，孔子一行无法前行，粮食也没有了，"从者病，莫能兴"，境况非常危急。但孔子仍泰然自若，"讲诵弦歌不衰"，子路对此不解，提出疑问，《论语》记载："子路愠见曰：'君子亦有穷乎？'子曰：'君子固穷，小人穷斯滥矣。'"君子安于穷困，而不会因为穷困就做出无度的举动。类似的记载又见《家语·困誓》：

> 孔子遭厄于陈、蔡之间，绝粮七日，弟子馁病，孔子弦歌。子路入见曰："夫子之歌，礼乎？"孔子弗应，曲终而曰："由，来，吾语汝。君子好乐，为无骄也；小人好乐，为无慑也。其谁之子，不我知而从我者乎？"子路悦，援戚而舞，三终而出。

子路听了孔子的教诲，与孔子一起起舞。《荀子·宥座》则这样记载师徒二人的对话：

> 子路进而问之曰："由闻之，为善者天报之以福，为不善者天报之

以祸。今夫子累德、积义、怀美,行之日久矣,奚居之隐也?"孔子曰:"由不识,吾语女。女以知者为必用邪?王子比干不见剖心乎!女以忠者为必用邪?关龙逢不见刑乎!女以谏者为必用邪?吴子胥不碟姑苏东门外乎!夫遇不遇者时也,贤不肖者材也,君子博学深谋不遇时者多矣。由是观之,不遇世者众矣,何独丘也哉!"

上述各书虽然记载不同,但要旨都是一样的,即孔子安贫乐道,不为困境所动,仍然坚持理想。

(十)孔子在楚:约哀公六年至九年

据《孔子世家》记载,孔子困于陈蔡,久不得解围,便派子贡到楚国去,然后楚昭王派兵迎接孔子,才得以解围。《孔子世家》云:

> 昭王将以书社地七百里封孔子。楚令尹子西曰:"王之使使诸侯有如子贡者乎?"曰:"无有。""王之辅相有如颜回者乎?"曰:"无有。""王之将率有如子路者乎?"曰:"无有。""王之官尹有如宰予者乎?"曰:"无有。""且楚之祖封於周,号为子男五十里。今孔丘述三五之法,明周召之业,王若用之,则楚安得世世堂堂方数千里乎?夫文王在丰,武王在镐,百里之君卒王天下。今孔丘得据土壤,贤弟子为佐,非楚之福也。"昭王乃止。

《孔丛子·记问》载楚王使使奉金币聘夫子。但对于楚昭王是否迎孔子,后世颇多怀疑。《左传·哀公六年》曾记载孔子对楚昭王的称赞:

> 初,昭王有疾,卜曰:"河为祟。"王弗祭。大夫请祭诸郊。王曰:"三代命祀,祭不越望。江、汉、睢、漳,楚之望也。祸福之至,不是过也。不谷虽不德,河非所获罪也。"遂弗祭。孔子曰:"楚昭王知大道矣。其不失国也,宜哉!《夏书》曰:'惟彼陶唐,帅彼天常,有此冀方。今失其行,乱其纪纲,乃灭而亡。'又曰:'允出兹在兹。'由己率常,可矣。"

由此可见孔子与楚昭王的良好关系。孔子曾在楚国北部的叶、负函之蔡活动。《论语》记载了多条孔子与叶公子高的对话。如《论语·子路》载叶公问政，子曰："近者悦，远者来。"又载："叶公语孔子曰：'吾党有直躬者，其父攘羊，而子证之。'孔子曰：'吾党之直者异于是，父为子隐，子为父隐。直在其中矣。'"《论语·述而》载："叶公问孔子于子路，子路不对。子曰：'女奚不曰，其为人也，发愤忘食，乐以忘忧，不知老之将至云尔。'"孔子与叶公的对话还见于《墨子·耕柱》《庄子·人间世》《韩非子·难三》及《孔子世家》等文献，可见二人应该有不少交往。除了叶公之外，《论语·微子》还记载孔子在楚地遇到楚狂接舆、荷蓧丈人、长沮、桀溺等楚国隐者并与之交流的故事，当时孔子周游列国已有近十个年头，身心疲惫，可能此时萌生了归隐的念头，这从其与楚国人的交流中能够感受到。

（十一）孔子返卫论"正名"：约哀公十年

孔子在楚地住了约三年，便经由陈而回到卫国。不过对于归卫的时间，《史记》的记载自相矛盾。《孔子世家》云："于是孔子自楚返乎卫，是岁也，孔子年六十三，而鲁哀公六年也。其明年，吴与鲁会缯，征百牢。太宰嚭召季康子，康子使子贡往，然后得已。"《卫康叔世家》则称："卫出公八年孔子自陈入卫。九年，孔文子问兵于仲尼，仲尼不对。"前者认为是哀公六年，后者则认为是卫出公八年，即哀公十年。考《韩诗外传》卷一载：

> 荆伐陈，陈西门坏，因其降民使修之，孔子过而不式。子贡执辔而问曰："礼，过三人则下，二人则式。今陈之修门者众矣，夫子不为式，何也？"孔子曰："国亡而弗知，不智也。知而不争，非忠也。亡而不死，非勇也。修门者虽众，不能行一于此，吾故弗式也。"《诗》曰："忧心悄悄，愠于群小。"小人成群，何足礼哉！

此则材料又见《说苑·立节》及定县出土《儒家者言》中。孔子周游列国十四年间，据《左传》记载楚有两次伐陈，一为哀公九年，"夏，楚人伐陈，陈即吴故也"。一为哀公十年，"冬，楚子期伐陈。吴延州来季子救陈，谓子期曰：'二君不务德，而力争诸侯，民何罪焉？我请退，以为子名，务德而安民。'乃还"。第二次伐陈由于吴季子的调解而没进行下去，因此陈西门坏一事当是第一次伐陈时所致，即哀公九年，可见，哀公九年时，孔子在陈，尚未返卫。次年，即哀公十年，即返回卫国①。当时孔子的弟子有不少在卫国从政，孔子此次回到卫国，应该说有很大机会从政，但政治形势又不允许。此时卫国国君是卫出公，卫出公名辄，是卫灵公姬元之孙、蒯聩之子，蒯聩原为卫灵公太子，后被逐出卫国，卫灵公死后，蒯聩之子辄即位，即卫出公。卫出公即位后，首先遇到的挑战是自己的父亲蒯聩想回来争夺君位。孔子到卫国之后，卫出公很想任用孔子，孔子看到这种政治情势，认为卫国的首要任务就是正名。《论语·子路》载：

> 子路曰："卫君待子而为政，子将奚先？"子曰："必也正名乎！"子路曰："有是哉，子之迂也！奚其正？"子曰："野哉，由也！君子于其所不知，盖阙如也。名不正，则言不顺；言不顺，则事不成；事不成，则礼乐不兴；礼乐不兴，则刑罚不中；刑罚不中，则民无所措手足。故君子名之必可言，言之必可行也。君子于其言，无所苟而已矣。"

孔子认为卫出公的父亲蒯聩是名正言顺的太子，却淹留在外不得立，各诸侯国多有非议，而卫出公虽为卫君，实际上"名不正言不顺"。他有这种主张，自然不可能受到卫出公的重用，所以没有在卫国出仕。

（十二）自卫反鲁：哀公十一年

孔子周游列国十四年，其中有一次可以回去的机会，即哀公三年季桓子去世时。据《史记》记载，季桓子去世前，非常后悔在孔子执政的时候没能支持孔子到底，从而"获罪于孔子"，使鲁国失去发展的好时机。于是告诫他的儿子季康子，在他死后一定要把孔子召回来，加以重用。但当康子即位后想要召孔子时，公之鱼却进行了阻止，《史记》记载：

> 公之鱼曰："昔吾先君用之不终，终为诸侯笑。今又用之，不能终，是再为诸侯笑。"康子曰："则谁召而可？"曰："必召冉求。"于是使使召冉求。冉求将行，孔子曰："鲁人召求，非小用之，将大用之也。"

---

① 此处考证略据杨国成《孔子周游列国事迹及系年考》，曲阜师范大学 2011 年硕士论文。

是日,孔子曰:"归乎归乎! 吾党之小子狂简,斐然成章,吾不知所以裁之。"子贡知孔子思归,送冉求,因诫曰"即用,以孔子为招"云。

这次因为小人的一句话,而没有召孔子回国,只把比较有政治才能的冉求召了回去。子贡猜到孔子很想回去,于是告诫冉求,被任用后一定要想办法召孔子回去。冉求后来在鲁国从政,也一直在寻找机会召回孔子。

哀公十年,孔子回到卫国。第二年,卫国的孔文子将攻打大叔,向孔子请教,孔子对于这种没有任何正义性的内乱从不支持,便说:"胡簋之事,则尝学之矣。甲兵之事,未之闻也。"(《左传·哀公十一年》)他开始厌倦了卫国混乱的政治,准备离开,恰好在当时,他归鲁出现了契机。

哀公十一年春,齐伐鲁,冉有为季氏宰,将左师战胜了齐国,季康子对他的军功非常欣赏,《孔子世家》载:"季康子曰:'子之于军旅,学之乎? 性之乎?'冉有曰:'学之于孔子。'"季康子便问孔子是什么样的人,冉求回答:"用之有名播之百姓,质诸鬼神而无憾。求之至于此道,虽累千社,夫子不利也。"季康子听了之后便派人"以币迎孔子",孔子离开鲁国十四年,终于在哀公十一年回到了父母之邦鲁国。

孔子周游列国,以天命的承载者自任,抱着知其不可而为之的信念,经历了卫、郑、陈、蔡、楚、宋、曹等国,《史记》称"干七十余君",随行弟子有颜回、子路、子贡、冉有等十数人。成为孔子人生旅程中最为引人注目,也最具有传奇色彩的一段经历。周游的结果虽然并不令人满意,但其本身的意义却是巨大的,在这一过程中师生同甘共苦,患难见真情,老师遇到困难,弟子总是冲在最前面,孔子也对弟子倍加关心,使孔子及其弟子成为一个稳固的"学派",当时称为"孔氏者"。十余年周游的磨难使孔子对社会、对文化、对思想有了更为成熟的认识,为其晚年整理文化典籍、传续中华文化奠定了坚实的基础。周游列国中的许多故事在后世脍炙人口,家喻户晓,成为后人守节励志的典范。

二十七、孔子晚年为鲁国老

孔子晚年回到鲁国后,鲁国国君哀公和执政季康子对他非常尊重,称其为"国老"(见下引《左传·哀公十一年》),孔子去世后,鲁哀公吊祭孔子的诔文中也称："旻天不吊，不慭遗一老。"何谓国老？《礼记·王制》专门有一段讲述上古如何养国老：

> 有虞氏养国老于上庠，养庶老于下庠。夏后氏养国老于东序，养庶老于西序。殷人养国老于右学，养庶老于左学。周人养国老于东胶，养庶老于虞庠，虞庠在国之西郊。有虞氏皇而祭，深衣而养老。夏后氏收而祭，燕衣而养老。殷人冔而祭，缟衣而养老。周人冕而祭，玄衣而养老。凡三王养老，皆引年。

孔颖达疏云："国老者，国之卿大夫之致仕者。"认为国老是国家的卿大夫等贵族高官退休后的称呼。但"国老"一称未必如此局限，似乎也可以对阅历丰富、智慧高深、知识渊博而又德高望重的年长者称为国老，孔子正是这样一位长者。虽然孔子晚年在鲁国不再为官，但他毕竟曾做过大司寇，还曾摄相事，因此，鲁国称之为"国老"是合情合理的，也体现了鲁国上下发自内心对孔子的尊敬。

晚年的孔子已无意于参与政治，但哀公和季康子常常主动与他讨论治国理政的许多重要问题，还会就一些施政措施咨询孔子的意见，这也是其"国老"地位的体现。今存的先秦和秦汉时代的文献中有许多孔子与鲁哀公、季康子的问答，尤其是与哀公的问答，如《论语》《荀子》《孔子家语》《礼记》《大戴礼记》《说苑》等，甚至在《庄子》的寓言中，哀公与孔子也常常被设定为对话的两个主角。据统计，孔子与哀公问答的文献在先秦和秦汉典籍中有近70则，其中很多内容互见。其中单纯以"哀公问"为篇名的文献就有很多，如《礼记》有《哀公问》，《大戴礼记》有《哀公问于孔子》《哀公问五义》，《孔子家语》有《哀公问政》，其他如《孔子三朝记》等，更是全部记录孔子与哀公的问答。不但是传世文献，在出土文献中，哀公与孔子的问答也有很多，如上博简《鲁邦大旱》、八角廊汉简《哀公问五义》等。孔子刚回到鲁国，便与哀公进行了一次非常重要的对话，这就是《礼记》中的《儒行》篇[①]，《孔子家语·儒行解》对此次对话的背景作了详细介绍：

---

① 篇末言："孔子至舍，哀公馆之。"故知此对话为孔子初见哀公的对话。另外，《论语》载哀公问孔子弟子孰为好学一章，亦可能是初次见面的对话，详参本书下篇《颜回安贫乐道》篇。

> 孔子在卫，冉求言于季孙曰："国有圣人而不能用，欲以求治，是犹却步而欲求及前人，不可得已。今孔子在卫，卫将用之。己有才而以资邻国，难以言智也，请以重币迎之。"季孙以告哀公，公从之。孔子既至，舍哀公馆焉。

孔子归鲁后，哀公便做好了迎接的准备，将孔子安置在他专门用来接待宾客的馆驿，并彬彬有礼地在此接见了孔子，这是孔子第一次见哀公，哀公没有问高深的问题，先从孔子的服装入手：

> 鲁哀公问于孔子曰："夫子之服，其儒服与？"孔子对曰："丘少居鲁，衣逢掖之衣，长居宋，冠章甫之冠。丘闻之也：君子之学也博，其服也乡；丘不知儒服。"哀公曰："敢问儒行。"孔子对曰："遽数之不能终其物，悉数之乃留更仆未可终也。"哀公命席。

由儒服，进而问到儒行。儒行，即作为一个儒者，其人格和行为的主要特征，孔子共总结了十七个方面，向哀公全面描述了怎么样才是一个真正的儒者，从而纠正了世俗对儒者的错误认识，也改变了哀公对儒者的看法，"终没吾世，不敢以儒为戏"。

孔子与鲁哀公的问答内容相当丰富，涉及孔子对王道政治、礼乐治国、君主修养、选人用人、军事外交等方面的主张，可以说代表了孔子晚年比较成熟的思想。例如，《大戴礼记·哀公问五义》(《家语·五仪解》略同)，记载了哀公向孔子请教如何选拔人才，孔子将人分作庸人、士人、君子、贤人、圣人五等，作为哀公选贤任能的依据和推行教化的参考。再比如，《礼记·哀公问》《大戴礼记·哀公问于孔子》《家语·问礼》三篇中，孔子向哀公讲述了以礼治国的重要性。《家语·哀公问政》(《中庸》同)强调国君加强自身修养的重要性，认为崇高的人格是国君为政的基石，并提出治理天下的五达道、三达德以及九经等理论。这些都可见晚年的孔子，虽然已明知在其有生之年王道政治无法实现，但仍以极其认真的态度向鲁哀公讲述王道政治的理想。哀公没有实权，也无意推行孔子的理想，但面对这样一位德高望重、忧国忧民的长者，也不会无动于衷。《庄子·德充符》载哀公对二人关系的评价说："吾与孔丘，非君臣也，德友而已矣。"反映了哀公与孔子关系之密切,也说明哀公对孔子的器重与信任。

孔子归鲁时,季康子是鲁国实际的主政者,且正是在季康子的主导下才将孔子迎回鲁国,因此晚年的孔子与季康子也多有接触,《论语》中就有多处二人的对话,上海博物馆藏战国楚竹书《季庚子问于孔子》也是一篇记录两人对话的文献。季康子一方面尊敬孔子,常常以晚辈的身份向他请教问题,在推出一些施政措施的时候会寻求孔子的支持,但又对其心存芥蒂,因为孔子是反对权力下移和大夫秉政的。对于季康子,孔子与对待哀公的尊敬态度不同,常用教导甚至批评的口吻,如说:“子帅以正,孰敢不正”“苟子之不欲,虽赏之不窃”“子为政,焉用杀”等等。

鲁哀公十一年,季康子想实行新税制,以田亩收税,实际上是在丘赋之外的额外税收。他派冉有咨询孔子的意见,想获得孔子的支持,来减少推行这一政策的阻力。孔子当时刚回到鲁国,不便于直接严词反对,只是说“丘不识也”,三问皆如此回答。最后季康子有些着急,说:“子为国老,待子而行,若之何子之不言也?”孔子仍然没有正面回答,而私下里对冉有说:“君子之行也,度于礼:施取其厚,事举其中,敛从其薄。如是,则以丘亦足矣。若不度于礼,而贪冒无厌,则虽以田赋,将又不足。且子季孙若欲行而法,则周公之典在;若欲苟而行,又何访焉?”(《左传·哀十一年》,《国语·鲁语下》《家语·正论解》略异)可见孔子并不赞同季康子增加赋税的做法,认为应当“敛从其薄”,且要符合礼法的规定,如果季康子想要依礼而行,那么周公之礼明明白白地在那里规定着,照着做就行了,如果想要违背它,再来问我又有什么意义呢?后来季康子一意孤行,于哀公十二年推行这一政策,而冉有作为季氏的家宰非但没有反对,而且帮着他推行这一政策,孔子对此非常生气,《论语·先进》记载他说:“非吾徒也!小子鸣鼓而攻之可也!”可能就是因此而发。孟子在引用此事后说:“君不行仁政而富之,皆弃于孔子者也。”(《孟子·离娄上》)

哀公十四年,陈成子弑齐简公,孔子沐浴而朝,请求哀公讨伐,哀公认为鲁弱齐强,不可讨伐,并让他去请示三桓,三桓不同意,孔子无奈地说:“以吾从大夫之后,不敢不告也。”(《左传·哀公十四年》《论语·宪问》)这件事凸显了孔子强烈的社会责任感和他内心的王道信念,也说明哀公和季氏并没有真正接受孔子的政治理念,正如司马迁在《孔子世家》中所说:“然鲁终不能用孔子,孔子亦不求仕。”《孔丛子·记问》也说:“哀公使以币如卫迎夫子，而卒不能赏用也。"

晚年的孔子作为国老，积极关心鲁国政治和国计民生，深入总结为政治国的思想和理念，并努力用最后的余热去影响鲁哀公、季康子。虽然不被重用，但从孔子所留下的丰富文化遗产来看，他应该也没有遗憾了。

二十八、孔子晚年整理诗、书、礼、乐

诗、书、礼、乐是周代的王官之学，代表了西周文化的精华。诗是一种用于贵族之间交往的艺术形式，书代表了历史及其所产生的教诫作用，礼是周代文化的核心，代表了社会的秩序和制度，乐作为礼的补充，则代表了社会的和谐与融洽。《礼记·王制》云："乐正崇四术，立四教。顺先王诗书礼乐以造士。春秋教以礼乐，冬夏教以诗书。王大子、王子、群后之大子，卿大夫、元士之适子，国之俊选，皆造焉。"《国语·楚语上》申叔时回答楚庄王如何辅导太子时说："教之《春秋》，而为之耸善而抑恶焉，以戒劝其心；教之《世》，而为之昭明德而废幽昏焉，以休惧其动；教之《诗》，而为之导广显德，以耀明其志；教之礼，使知上下之则；教之乐，以疏其秽，而镇其浮；教之《令》，使访物官；教之《语》，使明其德，而知先王之务用明德于民也；教之《故志》，使知废兴者而戒惧焉；教之《训典》，使知族类，行比义焉。"这段话记载了九种教学内容，但归纳起来其实只有诗、书、礼、乐四种，其中诗、礼、乐已经明确指出，其余所谓令、语、故志、训典、春秋、世等六种，其实都是书这一科目的内容。

孔子之时，诗、书、礼、乐的雅文化渐渐衰败，许多人不再学习它，而孔子则从小就对诗、书、礼、乐有浓厚的兴趣，终其一生都在不断地学习、讲授以致最后整理修订，重新振兴诗书礼乐文化体系，是孔子的重要使命。晚年回到鲁国之后，孔子意识到自己的生命已经接近尾声，他复兴诗、书、礼、乐文化的理想可能在现实中无法实现了，便开始对诗、书、礼、乐进行整理，以使之在其身后得到继续传承和弘扬。《史记·儒林列传》云："夫周室衰而《关雎》作，幽、厉微而礼乐坏，诸侯恣行，政由强国，故孔子闵王道废而邪道兴，于是论次《诗》《书》，修起《礼》《乐》。"

关于诗。《史记·孔子世家》云："古者诗三千余篇，及至孔子，去其重，取可施于礼义，上采契后稷，中述殷周之盛，至幽厉之缺，始于衽席，故曰'关雎之乱以为风始,鹿鸣为小雅始,文王为大雅始,清庙为颂始'。三百五篇孔子皆弦歌之,以求合韶武雅颂之音。礼乐自此可得而述,以备王道,成六艺。"这就是后来所谓的孔子删诗之说。汉人大都认同此说,如《汉书·艺文志》称:"孔子纯取周诗,上采殷,下取鲁,凡三百五篇。"王充说:"《诗经》旧时亦数千篇,孔子删去重复,正而存三百篇。"(《论衡·正说》)但是孔子是否真有删诗的事,把三千多篇古诗删至三百零五篇,后代一直有人怀疑。如唐孔颖达说:"如《史记》之言,则孔子之前诗篇多矣。按书传所引之诗,现在者多,亡逸者少,则孔子所录,不容十分去九,马迁言古诗三千余篇,未可信也。"(《毛诗正义·诗谱序》)后来朱熹等也怀疑这种看法。在《论语》中孔子自己就说:"《诗》三百。"(《为政》)又说:"诵《诗》三百。"(《子路》)墨子也说:"诵诗三百,弦诗三百,歌诗三百,舞诗三百。"(《墨子·公孟》)儒墨读的诗都是三百,可见三百是《诗》原有的篇数,并非孔子删减的结果。《左传·襄公二十九年》载吴公子季札聘于鲁,"观于周乐",为他演奏的诗篇包括国风、小雅、大雅、颂,与今天《诗经》的编次相同,当时孔子还是七八岁的小孩,可见《诗经》的编次在孔子以前大体上就是如此,孔子并未删减。孔子对诗的整理,可能不是体现在删减方面,而是在文本的整理和阐释方面。或许孔子之时《诗经》有很多不同的版本,各种版本的篇数和内容并不完全相同,而孔子对各种版本进行了重新整理修订,并编成一个较为可靠的定本。另外,孔子一直要求弟子们学诗,他对诗也进行了很多的阐发,这些阐发成为后世《诗经》学的重要源头。后世的《诗经》文本有大序和小序,关于其作者众说纷纭,但即使它们不是孔子所作,也应该保留了一定的孔子教诗的遗义。

关于书。《世家》称孔子"序书传,上纪唐虞之际,下至秦缪,编次其事"。《汉书·艺文志》云:"《书》之所起远矣,至孔子纂焉,上断于尧,下讫于秦,凡百篇,而为之序,言其作意。"《史记》说"编次",《汉书》说"纂",都说明孔子对《尚书》做过编辑整理工作。书在孔子之前是一个比较笼统的概念,其内容很宽泛,主要指一些具有典范性和教育意义的历史资料,如《左传·文公七年》晋郤缺引《夏书》曰:"戒之用休,董之用威,劝之以九歌,勿使坏。"《左传·隐公六年》陈公子佗进谏陈侯引《商书》曰:"恶之易也,如火之燎于原,不可乡迩,其犹可扑灭!"《左传·宣公六年》中行桓子引《周书》曰:"殪戎殷。"但这些资料在孔子之前可能并未形成一个固定的统一文本。孔子鉴于学习和传承的需要，对这些文献进行编辑整理，将其划分为《虞书》《夏书》《商书》《周书》四部分，共百篇，并为每一篇作序，言其大意，从而形成了最早的《尚书》定本。秦始皇焚书坑儒，《尚书》破坏严重，伏生所传仅29篇，《古文尚书》仅58篇，与百篇的总数相比，亡佚数十篇。

关于礼。礼具有很强的实践操作性，孔子传授礼也主要采取演习的方式。不过，由于当时礼崩乐坏，许多礼已经被废弃甚至失传，《儒林列传》称"礼固自孔子时而其经不具"。孔子非常用心地学习和搜集整理关于礼的各种知识、见闻，并对礼的意义进行阐发。《史记·孔子世家》称："追迹三代之礼，序书传，上纪唐虞之际，下至秦缪，编次其事。曰：'夏礼吾能言之，杞不足徵也。殷礼吾能言之，宋不足徵也。足，则吾能徵之矣。'观殷夏所损益，曰：'后虽百世可知也，以一文一质。周监二代，郁郁乎文哉。吾从周。'故书传、礼记自孔氏。"《汉书·艺文志》云："《礼古经》者，出于鲁淹中及孔氏。"后世流传的《仪礼》一书，虽未必出自孔子手笔，但肯定与孔子及其弟子有关。《礼记·杂记下》说："恤由之丧，哀公使孺悲之孔子学《士丧礼》，《士丧礼》于是乎书。"沈文倬先生推测，《仪礼》撰写的上限是"哀公使孺悲之孔子学士丧礼"时，即鲁哀公末年至鲁悼公初年，下限是鲁共公十年前后，"它是在公元前五世纪中期到四世纪中期这一百多年中，由孔子的弟子、后学陆续撰作的"[①]。

关于乐。孔子之时，雅乐逐渐失传，乐与诗的配合出现混乱，孔子对乐进行了一番整理工作。孔子经过多年对乐的学习，早已有精深的造诣，其对雅乐的整理也在情理之中。《孔子世家》云："吾自卫反鲁，然后乐正，雅颂各得其所。"又云："三百五篇孔子皆弦歌之，以求合韶武雅颂之音。"这是为诗三百篇配上雅乐，使诗与乐得到它原有的配合、统一。《论语·八佾》："子语鲁大师乐，曰：乐其可知也，始作，翕如也；从之，纯如也，皦如也，绎如也，以成。"可能是在整理乐的时候与鲁太师的讨论。

总之，诗、书、礼、乐作为中国上古文化的典范和代表，经过孔子整理，得以流传到后世，并成为后世六经的重要组成部分，深刻影响了中国传统文化的发展。

---

① 沈文倬：《略论礼典的实行和〈仪礼〉书本的撰作》，载《宗周礼乐文明考论》，浙江大学出版社1999年版，第54页。

二十九、孔子作《春秋》

孔子晚年回到鲁国后，除了整理诗、书、礼、乐等文化典籍外，还在鲁国国史的基础上著作了《春秋》。《春秋》是儒家六经中非常重要的一部经典，两千多年来，《春秋》之学一直是经学中的显学。汉代出现了《公羊传》《穀梁传》《左氏传》《邹氏传》《夹氏传》五部《春秋传》，其中邹氏无师，夹氏无书，故失传较早，后世流行的只有《春秋》三传。汉代以《公羊传》为主，魏、晋、隋、唐、宋流行《左传》，宋代胡安国又作《胡氏传》，成为元、明以来《春秋经》的标准注解。由于年代久远，资料不足，孔子作《春秋》一事非常复杂，现分五个问题进行叙述。

（一）孔子是否作《春秋》?

孔子作《春秋》，在近代之前基本上是公认的命题，即使一些疑经学者，也不曾怀疑孔子作《春秋》一事。然而近代以来，随着新文化运动和"打倒孔家店"的兴起，不少人对此事的真实性提出怀疑，认为孔子并没有作《春秋》，世传的《春秋》一书并非孔子所作，而只是鲁国史之旧文。例如杨伯峻先生认为春秋是鲁国国史，孔子一字都没有改动，只是拿它来作教本传授弟子。（《春秋左传注》前言）但是，孔子作《春秋》一事，从多个方面看均有证据可考。

首先，孔子作《春秋》在古代众口一词，毫无异议。尤其是在先秦文献中，就有不少关于孔子作《春秋》的记载。三传之外，最早提到孔子作《春秋》的是孟子，他说："世衰道微，邪说暴行有作，臣弑其君者有之，子弑其父者有之。孔子惧，作《春秋》。《春秋》天子之事也；是故孔子曰：'知我者其唯《春秋》乎？罪我者其唯《春秋》乎？'……昔者禹抑洪水而天下平，周公兼夷狄、驱猛兽而百姓宁，孔子成《春秋》而乱臣贼子惧。"又云："王者之迹息而《诗》亡，《诗》亡然后《春秋》作。晋之《乘》、楚之《梼杌》、鲁之《春秋》，一也。其事则齐桓、晋文，其文则史。孔子曰：'其义则丘窃取之矣。'"孟子明确指出孔子作《春秋》，目前学界一般认为孟子约生于公元前372年，三十而立为前342年，此时距孔子之卒不过140年左右，孟子在孔子卒后一百多年谈到孔子作《春秋》，应该来自父老相传，或者当时社会的一般认识。以后世作比方，就如同刘向谈论汉高祖，今日谈论李鸿章，许多事实和资料尚存，其可信度应该是很高的。除此之外，《艺文类聚》卷八十引《庄子》佚文："仲尼读书，老聃倚灶觚而听之，曰是何书也？曰《春秋》也。"将孔子与《春秋》联系起来。先秦的《韩非子》一书中也多次提到孔子与《春秋》的关系，如《韩非子·内储说上》记载："鲁哀公问于仲尼曰：'《春秋》之记曰：冬十二月陨霜不杀菽。何为记此？'仲尼对曰：'此言可以杀而不杀也，夫宜杀而不杀，桃李冬实；天失道，草木犹犯干之，而况于人君乎！'"即使此对话系假托，也足以说明，韩非子认为孔子作《春秋》是一个事实。西汉初年，《春秋》学大盛，董仲舒、司马迁等关于孔子作《春秋》的论述就更多了。从这些早期资料看孔子作《春秋》应该是一个不争的事实。

其次，从《春秋》的文本看，它首完整（始隐公元年）而尾不完整（终哀公十四年，哀公共在位二十七年），只是鲁国国史的一段，这说明《春秋》是有人特意选取了隐公元年作为起点，而且编者并没有完全经历整个哀公时代，而在哀公十四年之后不久就去世了，所以十四年以后的事不再记录。而孔子卒于鲁哀公十六年，与《春秋》的截止时间仅差二年，这是孔子晚年作《春秋》的强有力的证据。《左传》的编者把《春秋》的经文延续到哀公十六年孔子卒这一事件，杜预说："弟子欲存孔子卒，故并录以续孔子所修之经。"此下又续记到哀公之后，正是对孔子作为《春秋》编者的最好宣示。

（二）孔子何时作《春秋》？

一般认为，孔子晚年自卫返鲁后作《春秋》，但具体在何时，根据对西狩获麟一事的不同认识，大致有两种观点。第一种认为，孔子自卫反鲁后，在整理礼乐等文化典籍的同时，也开始作《春秋》，到西狩获麟的时候便停止了。汉代学者多认同这一看法，杜预《集解序》云："先儒以为制作三年，文成致麟。"孔颖达疏哀公十四年云："贾逵、服虔、颍容等皆以为孔子自卫反鲁，考正礼乐，修《春秋》，约以周礼，三年文成致麟。"范宁《穀梁序》云："先王之道既弘，麟感而来应，因事备而终篇，故绝笔于斯年。"这种观点将孔子看做素王，在晚年制礼作乐，为后世之王作准备，而《春秋》作为经世大法，更是其制作的重中之重，获麟这一事件是应孔子作《春秋》而出现的祥瑞事件,这意味着孔子的制法工作已经完备了,于是孔子便在这一事件之后停止了著作《春秋》的工作。

但另一种观点则与此相反,将获麟作为一种悲伤的事件,认为孔子在听说获麟一事之后深有感触,于是开始作《春秋》,并且以获麟这一事件作为《春秋》的结尾,而不是其完成《春秋》一书的时间。最早主张这一说法的是司马迁,《史记·孔子世家》在鲁哀公十四年西狩获麟之后记载:"子曰:'弗乎弗乎,君子病没世而名不称焉。吾道不行矣,吾何以自见于后世哉?'乃因史记作《春秋》。"杜预《春秋序》云:"麟凤五灵,王者之嘉瑞也。今麟出非其时,虚其应而失其归,此圣人所以为感也。绝笔于获麟之一句者,所感而起,固所以为终也。"又云:"故余以为感麟而作,作起获麟,则文止于所起,为得其实。"杜预的"所感而起,固所以为终",比较形象地说明了这一观点,简单说,就是"始于获麟,终于获麟"。按这种观点,获麟意味着天下无道,麟出现的不是时候,孔子因此感到自己的道在生前无法实现了,于是怀着悲伤的心情去著作《春秋》,并把获麟这一事件作为《春秋》一书的结束。

对比两种看法,第一种显然具有明显的汉人因素,汉人一般将孔子作为为汉制法的圣王。而第二种说法似乎也有困难,因为获麟时孔子已71岁,距其去世不过两年,这两年内孔子还有没有心力去完成这样一部微言大义的著作呢?因此,我们只能笼统地认为,孔子是在晚年回到鲁国后制作《春秋》的。

孔子修《春秋》虽然是在晚年,但可能在周游列国时就已萌生此想法。《太史公自序》中,司马迁称孔子作《春秋》是在厄于陈蔡时:"孔子厄于陈蔡,作《春秋》。"这里司马迁并没有严格考据史实,而只是用来说明历史上的伟大作品,都是圣贤在遇到危难的情况下发愤写出来的。且孔子困厄之时,尚未回到鲁国,根本无条件阅读鲁国史,没有作《春秋》的条件。而如果认为孔子厄于陈蔡时便有了作《春秋》的想法,便可以解释得通,《公羊疏》即持此观点:"孔子厄陈蔡之时,始有作《春秋》之意,未正作,其正作犹在获麟之后也。故《家语》云:'晋文之有霸心,起于曹卫,越王句践之有霸心,起于会稽。夫陈蔡之间,丘之幸也,庸知非激愤厉志,始于是乎者?'是其有意矣。"认为孔子在厄于陈蔡之时便开始萌生作《春秋》的想法,但真正动笔则在获麟之后,这种说法有一定道理。孔子此时处于人生的低谷，对周游求仕失去信心，于是可能想要通过著书立说来实现理想。

（三）孔子为何作《春秋》？

孔子晚年为何要殚精竭虑撰作《春秋》呢？《公羊传·哀公十四年》云：

> 君子曷为为春秋？拨乱世，反诸正，莫近诸春秋。则未知其为是与？其诸君子乐道尧舜之道与？末不亦乐乎尧舜之知君子也？制春秋之义以俟后圣，以君子之为，亦有乐乎此也。

在《史记·太史公自序》中上大夫壶遂问司马迁："孔子何为而作《春秋》？"司马迁引用董仲舒的话回答说：

> 周道衰废，孔子为鲁司寇，诸侯害之，大夫壅之。孔子知言之不用，道之不行也，是非二百四十二年之中，以为天下仪表，贬天子，退诸侯，讨大夫，以达王事而已矣。子曰："我欲载之空言，不如见之于行事之深切著明也。"夫《春秋》，上明三王之道，下辨人事之纪，别嫌疑，明是非，定犹豫，善善恶恶，贤贤贱不肖，存亡国，继绝世，补敝起废，王道之大者也。

《孔子世家》载：

> 子曰："弗乎弗乎，君子病没世而名不称焉。吾道不行矣，吾何以自见于后世哉？"乃因史记作《春秋》。

可见，孔子是在他周游列国不被任用而无法实现其王道理想之后，想通过《春秋》这部著作，来寄托其思想和理想，以期待后人的采纳。他说"我欲载之空言，不如见之于行事之深切著明也"，意思是，如果直接把自己的思想写成著作，那只是空言，而如果寄托在鲜明的史事中，通过对史事的褒贬来表达自己的想法，便显得"深切著明"。《春秋》中所记录的事很多是不正的，把这些事记录下来，本身就是一种意见的表达，例如其中多载"某人弑君",很明显,《春秋》记载这句话本身就是对此人的批判。孔子正是想通过这种对史实的褒贬,来树立一种正确与错误的标准,即他心目中王道的标准,所以,孔子作《春秋》实际上是为后世立法。这正是孔子作《春秋》的主旨所在。

(四)孔子如何作《春秋》?

孔子作《春秋》是以鲁国史为依据的。孔子晚年回到鲁国,德高望重,被尊为国老,因此他是有机会阅读鲁国史的。《史记·十二诸侯年表序》云:"孔子明王道,干七十余君,莫能用,故西观周室,论史记旧闻,兴于鲁而次《春秋》。"《公羊疏》引闵因叙云:"昔孔子受端门之命,制《春秋》之义,使子夏等十四人求周史记,得百二十国宝书,九月经立。"似乎是说孔子是在周室史记或诸国史书的基础上作《春秋》的,其实这种说法未必靠得住。《春秋》显然是以鲁国旧史为基础的,虽然其中记载了不少其他诸侯国的史事,但这也是因为鲁国与这些诸侯国有交往而顺带记录。《春秋》所依据的鲁国史,《公羊传》中又称"不修春秋",以与孔子所修之《春秋》相区别。孔子作《春秋》不同于今天的创作,他不是进行简单的文本写作,而是对现存文本的一种意义赋予。《春秋》的文本并非孔子的创作,而《春秋》的意义则是孔子的赋予,即借用国史旧文来寄托他个人的思想和理想。孔子作《春秋》的方法,简单说就是"属辞比事",属辞,就是遣词造句,比事,就是排比史事。具体来说,有以下几种做法。

第一,确定《春秋》的起讫。《春秋》经文不过是鲁国国史的一段,其截取之起讫,都是孔子的决断。顾炎武《日知录》卷四"鲁之《春秋》"条云:"《春秋》不始于隐公。晋韩宣子聘鲁,观书于太史氏,见《易象》与《鲁春秋》,曰:'周礼尽在鲁矣,吾乃今知周公之德与周之所以王也。'(原注:左传昭公二年)盖其起自伯禽之封,以洎于中世,当周之盛,朝觐、会同、征伐之事皆在焉。故曰'周礼',而成之者,古之良史也。自隐公以下,世道衰微,史失其官,于是孔子惧而修之。"说明了孔子断隐公为《春秋》之始的原因。而终于获麟,则具有另一种象征意义,因为麟本身就是一种具有象征意义的兽。

第二,直接抄录鲁国史。孔子对于大部分史实一般不做改动,要改也是在需要发挥微言大义的地方。《春秋》"十有二年春,齐高偃帅师纳北燕伯于阳"，《公羊传》云："伯于阳者何？公子阳生也。子曰：'我乃知之矣。'在侧者曰：'子苟知之，何以不革？'曰：'如尔所不知何？春秋之信史也，其序则齐桓晋文，其会则主会者为之也，其词则丘有罪焉耳！'"这段资料显得非常原始，似乎是《春秋》经师所传下来的孔子在修《春秋》时与弟子们讨论的内容。虽然孔子以自己的阅历见闻，知道鲁国史中的"伯于阳"三个字，其实应该是"公子阳生"之误，却仍然不改，认为《春秋》是信史，不能随便改动。刘知幾《史通·惑经》云："按古者国有史官，具列时事。观汲冢所记，皆与鲁史符同，至如周之东迁，其说稍备，隐桓已上，难得而详，此之烦省，皆与《春秋》不别，又获君曰止，诛臣曰刺，杀其大夫曰执我行人，郑弃其师，陨石于宋五。（其事并出《竹书纪年》，唯郑弃师出《琐语·晋春秋》也。）"也可见《春秋》的大部分内容都未曾改动，而是照实抄录。

第三，删削。《春秋》一年所记的事不过三五条，而作为国史的《春秋》不可能如此简略。《史记·十二诸侯年表序》称孔子"约其辞文，去其烦重"，可见《鲁春秋》原文应是相当烦琐的，而其中大部分并没什么意义，这些内容都被孔子删去了。《左传·隐公元年》载："夏四月，费伯帅师城郎。不书，非公命也。"可见，夏四月，费伯帅师城郎这一事件在鲁国史中是存在的，而在今本《春秋》中被孔子删去。这类例子还有很多。《公羊传·哀公三年》云："春秋见者不复见。"即某一事只出现一次，若再次出现则予以删削，这可能是孔子作《春秋》时的一个原则。《春秋经》襄公三十一年："夏六月辛巳，公薨于楚宫。"楚宫是鲁襄公访问楚国时看到楚国宫殿相当华美而回国仿造的。建造这样一座宫殿应是鲁国的一件大事，国史中肯定要记载，在《春秋》中却没有记录，应该是孔子把它删削了，因为在襄公三十一年出现楚宫这一次就够了。删削除了考虑到当时书写不易，能简则简外，还有两个方面的深层意义，第一，删削的内容有寓意在其中。如在隐公、庄、闵、僖四公元年无"公即位"三字，这作为重大事件在鲁国的国史中是不可能没有的，很可能是被孔子删去的，以表达孔子的某种寓意。第二，保留的内容也有寓意在其中。孔子修《春秋》，可能会删除大量没有什么意义的史事，而保留能够寄托微言大义的内容。后人常说孔子作《春秋》而乱臣贼子惧，就是因为《春秋》保留了大量的乱臣贼子的恶劣事迹，如桓公三年春正月，公会齐侯于嬴。这看似很普通的话，其实包含了对桓公的贬义，因为这是鲁桓公去嬴地娶齐女，而这是非常失礼的。《春秋》记录这件事,言外之意就是,鲁桓公在没有经过媒妁等一系列婚礼程序的情况下单独去迎娶夫人。

第四,修改。通改国史的部分字词,赋予其微言大义。《公羊传》称孔子修改前的鲁国史的原文为"不修春秋",例如《公羊传·庄公七年》云:"不修春秋曰:雨星不及地尺而复。君子修之曰星陨如雨。"《孔子世家》载:"孔子曰:'吴楚之君自称王,而《春秋》贬之曰子;践土之会实召周天子,而《春秋》讳之曰天王狩于河阳,推此类以绳当世。'""天王狩于河阳"这样的语句,就是孔子加工鲁国史原文的结果,通过这样的修改,既表达了对周王的尊崇,也隐含了对晋文公以诸侯召天子的非礼行为的批评。王充《论衡·超奇》云:"孔子得史记以作《春秋》,及其立义创意,褒贬赏诛,不复因史记者,眇思自出于胸中也。"也说明孔子作《春秋》是源于鲁史而高于鲁史的,其中蕴含了他自己的立义创意。

第五,口授要义。孔子作《春秋》,除了制作《春秋》文本外,还向弟子们口授其要义。《春秋》所蕴含的微言大义,所寄托的孔子思想,一般人通过《春秋》经文很难体察。孔子通过口授,使弟子们得以了解和传习。司马迁说:"七十子之徒口受其传指,为有所刺讥褒讳挹损之文辞不可以书见也。鲁君子左丘明惧弟子人人异端,各安其意,失其真,故因孔子史记具论其语,成《左氏春秋》。"(《史记·十二诸侯年表序》)《春秋》蕴含很多的褒贬,不方便直接写出来,只能通过口传其旨意。后世的《公羊传》《榖梁传》,可能就是孔子弟子口传《春秋》旨意的产物,虽系二百年后的传人所记录,但其中当保留了一定的孔子遗说。又《春秋繁露》等早期典籍记载多处子夏对《春秋》的论说,子夏是孔子晚年最重要的弟子之一,又以文学著名,他很可能就接受了孔子口传的《春秋》旨意。

《春秋》的属词比事虽有一定的规律可循,但也并非每一个字都蕴含深意。后世有些春秋学家,尤其是公羊家,总结了非常复杂的《春秋》义例,使《春秋》学高度烦琐化,这也背离了春秋的本旨。如果每一个字包括日期的书写都蕴含有深意,则恐怕孔子就无从下笔了。

(五)孔子作《春秋》的意义何在?

汉人常说,孔子志在《春秋》,行在孝经。《春秋》在六经中具有非常重要的地位,"《春秋》以道名分",《春秋》在后世往往被尊为王道之大法,是严格名分、严肃礼制的一部著作，后世解《春秋》的著作汗牛充栋，解释模式五花八门。

从中国史学发展的角度看，《春秋》在孔子之前一般是指记载某国历史的史书，如墨子说百国《春秋》，韩宣子说见易象与《春秋》，楚国教胄子的九科中也有《春秋》。但这些《春秋》与孔子所作的《春秋》意义完全不同。孔子之前的《春秋》特指一种编年的国史流水账，它没有后世《春秋》的微言大义，没有道名分，甚至它并没有独立的意义和价值，在诗、书、礼、乐的体系中，它应属于"书"的范畴。孔子通过晚年作《春秋》这一事件，改造了《春秋》这一概念，意味着儒家经学视域中的《春秋》概念的诞生。

三十、孔子晚年学《易》

《易经》是中国最古老的典籍，相传最初仅有八卦，由伏羲所画，后来由文王演为六十四卦，再后来孔子又作了进一步完善。《易经》在后世纳入儒家的经学体系，成为六经之首。孔子与《易》的关系是儒学史上的一桩公案，扑朔迷离，众说纷纭。相关文献主要见于《论语》《史记·孔子世家》《帛书周易》等，以下据这些材料略作阐述。

关于孔子学易最早的记载来自《论语》。《论语·述而》载子曰："加我数年，五十以学《易》，可以无大过矣。"对于这句话，解释非常多。首先，是"易"还是"亦"？唐陆德明《经典释文》记载，汉代的《鲁论》读"易"为"亦"，这就变成"五十以学，亦可以无大过矣"，与《易》完全无关了，许多学者据此来否认孔子曾经学《易》。但是一则读"易"是《古文论语》读法，而《古论》显然早于《鲁论》，更为可靠。《经典释文》所记载的"鲁读"大多都是因为传抄而导致的字词错误，如《公冶长》"崔子弑其君"，鲁读"崔"为"高"，但据《左传》和其他材料，弑君者为崔杼而非高子。又《阳货》"天何言哉"，鲁读"天"为"大"，也系文字错误。二则读"亦"之后文义理解有问题，孔子明明是十有五而至于学，怎么会"五十以学"呢？又《史记·孔子世家》的相应记载是："孔子晚而喜《易》，序彖、系、象、说卦、文言。读《易》，韦编三绝。曰：假我数年，若是，我于《易》则彬彬矣。"故鲁读"亦"是错误的。另外，关于孔子学《易》、论《易》的记录还有很多。《论语·子路》载孔子对南人之言"人而无恒，不可以作巫医"评论说："不恒其德，或承之羞。"这句话来自《周易·恒卦》九三的爻辞。《孔子家语·六本》记载孔子读《易》之损益二卦而明白损益的道理,又见于《淮南子·人间训》《说苑·敬慎》。《说苑·反质》记载孔子对《贲》卦的看法。马王堆出土帛书也可证明孔子学《易》之事。种种资料都表明,孔子肯定是学过《易》的。

其次,孔子到底何时学《易》? 关于这个问题大致有两种看法,第一种认为五十之前,如郑玄云:"加我数年,年至五十以学此《易》,其义理可无大过。孔子时年四十五六,好《易》,玩读不敢懈倦,汲汲然,自恐不能究竟其意,故云然也。"这种理解于文理似有不通,孔子既然已经意识到学《易》的重要性,为何不立即去学,而要等到五十才学? 第二种认为是晚年,以廖名春先生为代表,他认为《史记》将此章定于孔子自卫返鲁后是正确的,"五十"只是一种假设,将此章贞定为孔子晚年深入学《易》之后的追悔之言,其意思是:再多给我几年时间,只要我从五十岁时就像现在这样学《易》,就可以不犯大的错误了。① 结合《史记·孔子世家》"孔子晚而喜《易》",《史记·田敬仲完世家》"盖孔子晚而喜《易》"以及帛书《要》篇"夫子老而好《易》,居则在席,行则在囊"的记载,显然廖先生的观点更为合情合理。《孔子家语》《说苑》等所载相关资料都是孔子与晚年弟子子张、子夏的讨论,也可以旁证孔子学《易》是在晚年。

孔子一生都在四处求学,还曾去夏商周三代的都城考察古代文化遗存,在当时算是首屈一指的博学者,对于诗、书、礼、乐早就学到炉火纯青,为何到晚年才学《易》? 这只能说明在当时一般人很难接触到《易》,它作为一种非常专业的技术,只是被官府相关人员掌管。在西周和春秋时代,《易》是一种纯粹的占卜书,《管子·山权数》也说:"易者,所以守吉凶成败也。卜者,卜吉凶利害也。"《易》由国家专门的官员太卜掌管,据《周官》,太卜"掌三《易》之法"。当时国之大事,在祀与戎,君主在实施任何重大行动之前,都要进行占卜,因此太卜的职责非常重要。《左传》全书言及《易》者凡 19 条,其中 16 条讲占筮;《国语》有 3 条,全属占筮。可见,在春秋时期及之前,《易》的作用就是占卜,而不具有教化的意义。《礼记》说"先王以诗、书、礼、乐造士",可见诗、书、礼、乐是当时的普通教学科目,而《易》则掌在官府,由专人掌管和传习,一般人是接触不到的。以孔子的博学,

① 廖名春:《〈论语〉"五十以学易"章新证》,《中国文化研究》1996 年第 1 期。

他早年应该有机会接触到《易》，只是并没有予以太多的关注，直到晚年，随着其思想的纯熟和阅历的丰富，对生命、对世界、对国家社会的理解更加透彻，当他再重读《易》的时候，就从《易》中读出了思想和哲学的味道，因此对《易》产生了浓厚的兴趣，而后悔没有早几年学习。《史记》称孔子晚年读《易》"韦编三绝"，帛书《要》篇称其"居则在席，行则在囊"，可见孔子晚年学《易》的热情。

孔子对《易》的新认识，就是将《易》当作与诗、书、礼、乐同样具有思想教化意义的书来看待。孔子从《易》的卦辞、爻辞中体悟出可以与仁爱、修身、处世、礼乐这些价值相结合的地方。《论语·子路》载：

> 子曰："南人有言曰：'人而无恒，不可以作巫医。'善夫！""不恒其德，或承之羞。"子曰："不占而已矣。"

今本《礼记·缁衣》中有此章的另一版本：

> 子曰："南人有言曰：'人而无恒，不可以为卜筮。'古之遗言与？龟筮犹不能知也，而况于人乎？《诗》云：'我龟既厌，不我告犹。'《兑命》曰：'爵无及恶德，民立而正事，纯而祭祀，是为不敬；事烦则乱，事神则难。'《易》曰：'不恒其德，或承之羞。恒其德侦，妇人吉，夫子凶。'"

郭店楚简《缁衣》篇中也有此章：

> 子曰："宋人有言曰：'人而亡恒，不可为卜筮也。'其古之遗言与？龟筮犹弗知，而况于人乎？《诗》云：'我龟既厌，不告我犹。'"

以上三则材料应有同一来源，其中郭店简省去了引用《易经》的话。从这里可以看出孔子引用《周易·恒卦》九三"不恒其德，或承之羞"爻辞，认为《易》可以使人"无大过"，将《易》作为修身的教训看待。帛书《要》篇载孔子云："《周易》有古遗言焉，予非安其用，而乐其辞。"又云："《易》，我后其祝卜矣，我观其德义耳也。""不安其用"，"后其祝卜"，说明孔子不再

将《易》单纯作为卜筮之书,"乐其辞""观其德义"即从《易》中体悟出了大道理。帛书《要》篇又云:

> 孔子籀易至于损益一卦,未尝不废书而叹,戒门弟子曰:……故易有天道焉,而不可以日月星辰尽称也,故为之以阴阳。有地道焉,不可以水火金土木尽称也,故律之柔刚。有人道焉,不可以父子君臣夫妇先后尽称也,故要之以上下。有四时之变焉,不可以万物尽称也,故为之以八卦。故易之为书也,一类不足以极称之,变以备其情者也,故谓之易。有君道焉,五官六府不足尽称之,五正之事不足以阐之,而诗书礼乐不止百篇,难以致之。不问于古法,不可顺以辞令,不可求以志善。能者由一求之,所谓得一而群毕者,此之谓也。①

这里孔子把《易》的价值提得很高,认为《易》中有天道、地道、人道、君道等最高的道理,而传统的诗、书、礼、乐内容烦琐,很难从中找到这些道理。这也可见孔子在学习了《易》之后,就不再满足于传统的诗、书、礼、乐,而认为《易》有更深的道理和更高的价值。今存的《易大传》号称"十翼",是儒家解释《易》的根本典籍,也可以说是《易》脱离卜筮功能而产生思想价值的经典之作。传统经学认为孔子是"十翼"的作者,近代以来不少学者对此提出怀疑。但从"十翼"中大量引用孔子的话来看,其内容不会与孔子完全无关。帛书《要》篇包含了一些不见于"十翼"的内容,这提示我们,孔子晚年在学《易》的过程中对《易》的义理有很多探讨,并与弟子们往复讨论。这些关于《易》的论说片段被弟子们记录下来,一开始比较零散,后来渐渐整合在一起,最终形成十篇《易传》。

也有人认为《易》成为讲思想的书并不始于孔子,而是迟至秦汉时。他们从秦焚书而《易》为卜筮之书得以不焚这一事实出发,认为在秦代《易》还仍然只是卜筮之书,而不具有思想意义。如日本学者近藤浩之说秦焚书时"《易》还未被认为是一部思想性的书,这是无疑的"②。王葆玹

---

① 刘彬:《帛书〈要〉篇校释》,光明日报出版社 2009 年版,第 47—65 页,原文异体、古体字已改为通行字。

② [日]近藤浩之:《从出土资料看〈周易〉的形成》,韩国周易学会编《21 世纪与周易——'98 国际周易学术会议》,第 368 页。

解释道："原来在秦代焚书令与挟书律令的限制下，《诗》《书》《礼》和《春秋》都成为禁书，《周易》及其占筮学却未遭到禁止，儒者遂利用这一缝隙，改而采用解《易》的方式来阐扬儒学。"①廖名春先生从郭店楚简对《周易》的记载进行了反驳②。实际上这种观点是一种线性思维，而忽略了思想史的复杂性，因为《易》成为思想性的书只是孔门的独特发明，孔门弟子一代代地传承和发挥孔子这一思路，但这一思路未必为官方承认，秦和其他诸侯国可能仍旧把《易》作为卜筮书来看待，而且秦汉之后，即使孔子之易学已经成为官方的经学，《易》在民间仍被当作占卜之书。而且，从秦焚书到汉代，仅仅几十年，便有人创造出以"十翼"为核心的完整的哲学系统，这是不可想象的，思想的产生和发展总有一个过程，不可能是横空出世的。汉初的《易》学，由田何所传，田何所传的《易》是孔子传下来的被儒者改造过的义理系统，而不是作为卜筮的《易》。

三十一、孔子去世与弟子庐墓

孔子晚年，充满了英雄末路的悲凉之感，命运似乎对这位风烛残年的老人非常残酷，一连串的打击接踵而至。鲁哀公十四年春，西狩于大野，叔孙氏之车士名子鉏商的人捕获了一只怪兽，前脚被折断，叔孙氏认为是不祥之物，孔子看了之后，认为这是麒麟。麒麟本是祥瑞之兽，是四灵之首，而他却感叹说："胡为来哉？胡为来哉？"反袂拭面，涕泣沾衿。子贡问为何悲伤，孔子说："麟之至，为明王也，出非其时而害，吾是以伤焉。"(《孔子家语·辨物》，另《公羊传》《左传》《史记》均有类似记载)麒麟是有道明君出现的象征，但现在天下大乱，本不该在这时出现，而出现了又被害了，这预示着孔子之道无法实现了。《世家》则载孔子叹道："吾道穷矣！"道穷，对这一伟大的哲人来说是多么悲伤的事啊！哀公十五年，孔子最得意的弟子，也是常常随侍孔子左右、与孔子感情最深的弟子子路，在卫国之乱中遇害。孔子深知子路刚勇的性格，当他听说卫国发生变乱的时候，便伤心地说："柴也其来，由也死矣。"(《左传》)预测同在卫国的高柴会平安

---

① 王葆玹：《儒家学院派〈易〉学的起源和演变——兼论中国文化传统的问题》，《哲学研究》1996年第3期。
② 廖名春：《论六经并称的时代兼及疑古说的方法论问题》，《孔子研究》2000年第1期。

归来，而子路则会死于这次变乱。果然，没多久子路的死讯就传来了，孔子听了这个消息，虽然有心理准备，但还是在中庭痛哭。哭完之后，问报信者当时的情况，报信者说，是被剁成肉酱了，孔子听了，赶忙让人把要吃的酱倒掉，从此再也不吃酱了。

《礼记·檀弓上》《孔子家语·终记解》记载了孔子去世前的一个充满暮年悲壮之感的故事。鲁哀公十六年春季的一天，孔子去世前七日，早上起来，背着手，拖着手杖，在家门口漫步，口里唱道："泰山其颓乎？梁木其坏乎？哲人其萎乎？"唱完回到家里，对着门坐下休息。当时只有弟子子贡随侍在孔子身边，他听到夫子唱的歌，便说："泰山其颓，则吾将安仰；梁木其坏，吾将安杖；哲人其萎，吾将安放。夫子殆将病也。"从歌声中听出孔子可能要生病了，于是快步过去见孔子。孔子看到子贡，既有抱怨又有期盼地说："赐！尔来何迟也！"随后向子贡讲了昨晚自己做过的一个梦，梦见自己坐在两楹之间接受祭奠。孔子知道，夏人治丧的习惯是把灵柩停放在东边的台阶上，那是主的位置；殷人则把灵柩停在两楹之间，那是在宾主之间；周人则把灵柩停在西边的台阶上，那就是宾位了。孔子本是殷人的后裔，所以梦见自己在两楹之间接受祭奠。他不由得感叹，这大概是自己生命快要结束的征兆了吧，现在圣帝明王不出现，天下谁还能尊崇我的学说呢？随后，孔子一病不起，七天之后就去世了。

孔子生于鲁襄公二十一年十月庚子日，卒于鲁哀公十六年四月己丑日，享年七十四岁。孔子的卒日，《左传》本《春秋》经文有记载，杜预认为，《春秋》经文到哀公十四年西狩获麟就结束了，"弟子欲记圣师之卒，故采《鲁史记》以续夫子之经，而终于此。丘明因随而作传，终于哀公。从此已下，无复经矣"。弟子们把《春秋》经文延续到孔子卒日，是为了记录下这一令人悲伤的日子。但杜预说："四月十八日乙丑，无己丑。己丑，五月十二日，日月必有误。"认为是年四月无己丑日，十八日为乙丑，己丑为五月十二日。因此后人多怀疑己丑当是乙丑之误。但江永在《乡党图考》中说：

> 四月己丑当为十一日也，时鲁历与卫历不同，蒯聩入卫事《传》依卫历在前年闰十二月，而经书此年正月己卯，是鲁历前年不置闰，故此年正月有己卯。正月既有己卯，故四月己卯朔，十一日为己丑。杜云四月十八日乙丑，无己丑，己丑五月十二日，日月必有误，非也。

认为去年无闰月，四月己丑为四月十一日，经今人考证，这一推断较为科学，己丑日无误，《史记》所载也是己丑日。此日按公历儒略历推算为3月9日，农历为二月十一日。

孔子去世后，鲁哀公非常伤心，他亲自吊祭孔子，并作诔文云："旻天不吊，不愁遗一老，俾屏余一人以在位，茕茕余在疚。呜呼哀哉尼父！无自律。"（《左传·哀公十六年》）哀公与晚年的孔子有很多交流，两人虽是君臣，却建立了非常深厚的感情，孔子尊君卑臣的观念，对鲁哀公来说是有利的，哀公受制于季氏，所以他对孔子可能有某种程度的依赖心理。孔子去世，他也失去了依靠，所以他说"茕茕余在疚"。但是子贡听了他的诔词，认为哀公是失礼的。首先，孔子活着的时候不任用他，死了又来哀悼，这不符合礼法；其次，"一人"是天子的称呼，哀公用于称自己是非礼的。子贡由此推断，哀公并没有从孔子那里学到多少真精神，他可能不会在鲁国有好下场。后来，哀公因与季氏作对，逃奔越国，并死在那里。

孔子去世后，只留下幼孙子思，丧事由弟子们主持进行，《家语·终记解》对此有详细记述。当时的丧制中并没有规定为老师如何服丧。子贡说："昔夫子之丧颜回也，若丧其子而无服，丧子路亦然，今请丧夫子如丧父而无服。"于是弟子们都将孔子之丧当作父丧看待，只是不穿相应的丧服，而是"吊服而加麻"这种简单的丧服。孔子丧礼，公西华负责殡葬事宜，葬礼非常考究，全部依据古礼，所谓"兼用三王礼，所以尊师且备古也"。弟子们将孔子葬在鲁城北泗水之上，封土呈偃斧之形，高四尺，周围种上松柏作为标志。孔子安葬完毕后，有从燕国前来观看的人，住在子夏家中。子贡说："吾亦人之葬圣人，非圣人之葬人，子奚观焉？昔夫子言曰：'见吾封若夏屋者，见若斧矣，从若斧者也，马鬣封之谓也。'今徒一日三斩板而以封，尚行夫子之志而已，何观乎哉？"（《家语·终记解》，《礼记·檀弓上》略同）安葬孔子完毕，弟子们都留下来住在坟墓旁边，行三年心丧之礼，三年之后散去，只有子贡庐于墓六年。子贡与孔子感情深厚，孔子临终前尚陪在身边，比父子还要亲，因此为孔子守丧六年。此后，住在孔子墓周边的人家越来越多，后人因此把这个居住点称为孔里。

孔子坟墓最初很小，自汉代之后，随着统治者对孔子的尊崇，孔子墓规模越来越大。《史记·孔子世家》称："孔子冢大一顷。"到南朝宋文帝时,才植树 600 株。宋代宣和年间,又在孔子墓前修造石仪。相传孔子的弟子各以其故乡的树木种植于孔林之内,因而树种极多。今天所见的孔林,神道长达 1000 米,苍桧翠柏,夹道侍立,龙干虬枝,多为宋元时所植。林道尽头为"至圣林"木构牌坊,这是孔林的大门。由此往北是二林门,为一座城堡式的建筑,亦称"观楼"。四周筑墙,墙高 4 米,周长达 7000 余米。墙内有一河,即著名的圣水——洙水河,上有洙水桥。桥北不远处为享殿,是祭孔时摆香坛的地方,殿前有翁仲、望柱、文豹和角端等石兽。享殿之后,正中大墓为孔子坟地,墓前有明人黄养正巨碑篆刻"大成至圣文宣王墓"。东边为其子"泗水侯"孔鲤墓,前为其孙"沂国述圣公"孔伋墓。据传此种特殊墓穴布局为"携子抱孙"。孔子墓前东侧有三亭,是宋真宗、清圣祖和清高宗来此祭孔时停留之处,叫作"驻跸亭"。墓南二百米处的享殿后,有子贡亲手栽植的楷树遗迹。除孔子、孔鲤、孔伋这祖孙三代墓葬和建筑外,还有孔令贻、孔毓圻、孔闻韶、孔尚任墓等。孔林历经 2000 余年,发展成现在占地 3000 余亩的大型家族墓地,是举世闻名的世界文化遗产。

下篇:孔子后学与儒学的传承发展

三十二、六艺与经学的产生

诗、书、礼、乐、易、春秋被称为六艺,又称六经,去掉乐,又称五经,是儒家的核心经典。六艺与经学的产生和发展有一个漫长的过程,这一过程以孔子为分界可以大致分为两个阶段,第一个阶段是诗、书、礼、乐四术的阶段,第二个阶段是易、春秋加入诗、书、礼、乐成为六艺,进而成为六经或五经的阶段。

从现存的文献资料来看,诗、书、礼、乐、易、春秋六者并称,或六经、六艺这些词在孔子生前并未出现,而是最早见于战国时代《庄子》一书中。孔子时代及孔子之前主要是诗、书、礼、乐四者并称,并作为具有一定权威性的文化体系而存在。《左传·僖公二十七年》载:"悦礼乐而敦诗书。"《礼记·王制》云:"乐正崇四术,立四教。顺先王诗书礼乐以造士。春秋教以礼乐,冬夏教以诗书。王大子、王子、群后之大子,卿大夫、元士之适子,国之俊选,皆造焉。"《史记·秦本纪》记载秦穆公之言曰:"中国以诗、书、礼、乐法度为政。"司马迁所记秦国历史有《秦纪》为依据,当属实录。鲁僖公、秦穆公时代为春秋早期,可见,诗、书、礼、乐四者合称并作为一个固定话语出现甚早,它们还被简称为"四术""四教",代表了四门需要贵族子弟学习和掌握的知识、修养和技术,使之成为贵族身份和地位的表征。所以,诗、书、礼、乐比后世加了书名号的《诗》《书》《礼》《乐》的含义更为宽泛。《国语·楚语上》申叔时回答楚庄王如何辅导太子时说:

> 教之《春秋》,而为之耸善而抑恶焉,以戒劝其心;教之《世》,而为之昭明德而废幽昏焉,以休惧其动;教之《诗》,而为之导广显德,以耀

明其志；教之《礼》，使知上下之则；教之《乐》，以疏其秽，而镇其浮；教之《令》，使访物官；教之《语》，使明其德，而知先王之务用明德于民也；教之《故志》，使知废兴者而戒惧焉；教之《训典》，使知族类，行比义焉。

这段话记载了九种教学内容，但归纳起来其实只有诗、书、礼、乐四种，其中诗、礼、乐已经明确指出，其余所谓令、语、故志、训典、春秋、世等六种，都与历史典故有关，都具有以史为教的训示意义，所以它们其实都是书这一科目的内容。

春秋时期，礼崩乐坏，诗、书、礼、乐的文化体系渐趋解体，而孔子试图恢复和重建这一体系，所以他把诗、书、礼、乐作为教育弟子的重要内容。司马迁说"孔子以诗、书、礼、乐教"，而不说以"以诗、书、礼、乐、易、春秋教"，足见孔子的教学主要是沿袭了诗、书、礼、乐的传统教学科目。晚于孔子不久的墨子，在其书中就曾以诗、书、礼、乐来指代孔子的遗说："公孟子谓子墨子曰：'昔者圣王之列也，上圣立为天子，其次立为卿大夫。今孔子博于诗书，察于礼乐，详于万物。'"（《墨子·公孟》）即使在孔子身后的战国时代，虽然六经或六艺的称呼已经开始酝酿和形成，但诗、书、礼、乐作为一种传统的固定话语仍被广泛使用，如《庄子·徐无鬼》云："横说之则有诗、书、礼、乐。"郭店楚简《性自命出》："诗、书、礼、乐，其始出皆生于人。诗，有为为之也。书，有为言之也。礼乐，有为举之也。圣人比其类而论会之，观其先后而逆顺之，体其义而节文之，理其情而出入之，然后复以教。"对于孔子生前只有诗、书、礼、乐四者并称这一观点，已经得到许多学者的认同。关于《礼记》中记载的诗、书、礼、乐四术，沈文倬先生说："这一反映春秋以前官学教育贵族子弟只有诗、书、礼、乐四个科目的记载，尽管出于后人的传说，还是可以据为实录的。再证以《史记·孔子世家》所云'孔子以诗、书、礼、乐教'，孔子在官学所受和以后在私学所教，还只四个科目，可信前说决非诬妄。"①

孔子不仅继承了诗、书、礼、乐的文化传统，还有所创新和创造。孔子

---

① 沈文倬：《略论礼典的实行和〈仪礼〉书本的撰作》，载《宗周礼乐文明考论》，浙江大学出版社1999 年版，第 3 页。

通过晚年作《春秋》这一事件,改造了"春秋"的概念,将其从原属于书的类别中解放出来,意味着作为思想和哲学的"春秋"概念的诞生。孔子晚年习《易》,使《易》开始脱离占卜,而具有思想和教育价值,使后世《易》被纳入五经六艺成为可能①。因此,"诗、书、礼、乐"与"易、春秋",二者属于两个时代、两种体系。一个是孔子继承的旧文化,一个是孔子独创的新文化。但这并不意味着六艺或六经的概念在孔子时已经成立。孔子对《易》有心得和作《春秋》都在晚年,其时他一生的教学活动已基本结束。对于《易》,孔子本人也处于边学习边思索的阶段,可能与一些弟子谈论、切磋过,但直接拿来讲授则不太可能。至于《春秋》,直到获麟时(孔子卒前两年)才完成,司马迁说:"七十子之徒口受其传指,为有所刺讥褒讳挹损之文辞不可以书见也。"所谓七十子,也只是晚年在身边的几个弟子,孔子可能以《春秋》的微言大义口授给他们,但这与孔子一般的教学和传授是不同的。因此可以肯定,孔子生前将诗、书、礼、乐与《易》《春秋》六者并称,作为教学科目是不可能的。比较合理的推测是,孔子去世后,随着七十子及其弟子对孔子的圣人化和对孔门学说的传习,渐渐地将孔子晚年也比较重视的《易》《春秋》与诗、书、礼、乐并列,并合称为六艺,以代表孔子的遗教,其中当有一个漫长的过程。元代马端临《文献通考》引金华应氏对《礼记·经解》的解说云:"乐正崇四术以训士,则先王之诗、书、礼、乐,其设教固已久。《易》虽用于卜筮,而精微之理非初学所可语。《春秋》虽公其纪载,而策书亦非民庶所得尽窥。故《易象》《春秋》韩宣子适鲁始得见之,则诸国之教未必尽备六者。盖自夫子删定赞系笔削之余,而后传习滋广,经术流行。"这段话清楚地说明了诗、书、礼、乐四术是孔子之前早已固定的教学科目,而《易》与《春秋》经孔子的发明才慢慢"传习滋广、经术流行"。这里值得注意的是"传习滋广"一语,《易》与《春秋》从"传习滋广"到最后成为"经术",肯定需要经历一个漫长的过程。根据相关资料,战国时代已经有六者并称的说法,传世文献中,最早将诗、书、礼、乐、易、春秋合称的是庄子,其《天运》篇称:"孔子谓老聃曰:丘治诗、书、礼、乐、易、春秋六经,自以为久矣,孰知其故矣。"郭店楚简《六德》也将诗、书、礼、乐、易、春秋并称:"观诸诗书,则亦在矣,观诸礼乐,则亦在矣,观诸易春秋,则亦

---

① 这只是一种可能而不是现实,孔子生前甚至去世后的很长时期,《易》并没有被纳入六艺。

在矣。"①在《语丛一》也有诗、书、礼、乐、易、春秋并称之语②。廖名春先生根据这些材料认为:"六经的形成,源于孔子。早在先秦时期,《周易》就已与《诗》《书》《礼》《乐》《春秋》并列,进入儒家群经之中。"③他也只是认为六经渊源于孔子,六经并称在先秦已出现,但没有断定一定出于孔子本人,这是非常谨慎、中肯的说法。但先秦时期六者并称似乎还没有成为一个普遍的观念,对六者不完全并称,或漏掉一二的情况都很常见。如《商君书》和《荀子》都仅称诗、书、礼、乐、春秋,甚至仍单独用诗、书、礼、乐。在孟子、荀子那里,都没有发现六者正式合称的用法,孟子提到过诗、书、礼乐、春秋等,但没有提到易。荀子也很少提到易。六者成为一个比较稳固的组合,大概是战国末期或秦汉之际的事。秦汉之际,"五经六艺"已经成为社会普遍认同的具有一定权威和神圣性的话语,这从有过战国和秦朝经历的陆贾的《新语》中可以得到证明:"礼义不行,纲纪不立,后世衰废,于是后圣乃定五经,明六艺。"从这句话可以看出五经六艺及其神圣性已经成立。汉文帝时代贾谊的《新书》也已明确使用六艺一词:"是故内本六法,外体六行,以与《诗》《书》《易》《春秋》《礼》《乐》六者之术以为大义,谓之六艺。"在汉武帝建立五经博士之前,帝王多崇尚黄老,而并没有推出任何实质性的要建立五经神圣经典体系的举措,那么陆贾和贾谊的五经、六艺的观念,只能来自对战国思想的继承。

易、春秋能够加入诗、书、礼、乐四术中,从而成为六艺,这与他们的含义相通有一定关系。"术"与"艺"两个概念的含义本身就是相通的,术即是方法、道路,而艺是方法、技艺,《说文》释"艺"为"种",战国时代,孟、荀之书提到"艺"字各有一次,都是指种植。由"种植"的意思引申为"技艺""习一技"。汉初的贾谊《新书·六术》篇就将诗、书、易、春秋、礼、乐称为"六术"。因此,四术即是四艺,六艺即是六术,四术所承载的是先王治国之道,故称术,而易、春秋也是孔子对国家、社会进行深入思考的结果,是对诗、书、礼、乐的继承和发展,由四扩展到六,是很自然的过程,自然就演变成六艺所承载的先王之道。无论是术还是艺,都是指先王的治国之艺、治国之术。《商君书》说:"今世儒者,不言今之所以为治,而皆道上古之

---

① 李零:《郭店楚简校读记》,中国人民大学 2007 年版,第 171 页。

② 李零:《郭店楚简校读记》,第 209 页。

③ 廖名春:《论六经并称的时代兼及疑古说的方法论问题》,《孔子研究》2000 年第 1 期。

传,誉先王之成功。"这是当时的一个旁观者对儒者的一般印象,从这里可以看出当时儒者是如何对先王之治、先王之道抱着一种强烈的崇拜心理。《庄子外篇》记载老子曰:"夫六经,先王之陈迹也。"对于这句话一般人多关注"陈迹"一词,其实"先王"一词更值得关注,这句话意味着,在当时诗、书、礼、乐、易、春秋不但被称为六经,而且已经与先王、与先王之道有密切关系。

艺的产生在前,经的产生在后,五经或六经都是六艺内容固定化和文本化的结果。当六艺渐渐神圣化之后,鉴于六艺内容的宽泛性,人们很自然地就会希望获得一个有固定内容的实体性的东西,这就需要通过文本将其记录下来,如同佛陀去世后,佛弟子多次召开会议,结集佛的说法,以将某种神圣的东西固定化和实体化。而当六艺同样被固定化和实体化而写成具体的文本时,经就正式诞生了。因此,借用一位学者的术语,经实际上产生于一种"文献自觉"①,即认为有必要将重要的、神圣的东西通过文本固定下来。六艺的文本化是一个漫长的过程,而且有先后之不同,不是在某一天突然出现的。而五经的概念取代六艺的概念,更是一个漫长的历史过程,在经学发生的早期如战国、秦汉,五经与六艺的名称常常是并行的,甚至六艺要比五经更流行,不过随着经学的发展,五经之称渐渐成为主流而压过六艺。东汉之后,经的观念完全稳固,六艺的称呼才渐渐为五经或六经取代,六艺则基本退出了历史舞台。

在五经、六艺之外,还有六经之称。其实六艺中的乐根本就没有经,所谓六经不过是一种虚称,其所指的是六艺。邵懿辰说:"周秦间六经、六艺之云,特自四术加以易、春秋而名之耳。"(《礼经通论·论乐本无经》)说明六经只是对诗、书、礼、乐、易、春秋六者的笼统称呼。六经之称出自《庄子》。汉人在使用五经、六艺的同时,偶尔也使用六经,如《史记·封禅书》:"汉文帝使博士诸生刺六经中作王制。"司马相如《封禅文》:"五三六经载籍之传。"不过,六经的称呼在先秦秦汉时代非常少见,人们要么称五经,要么称六艺。由于经只有五,于是常有好事者补写乐经。

关于六艺,还有一种礼、乐、射、御、书、数合称六艺的说法,此说来自

---

① 聂麟枭:《"乐本无经"——从经学史与"六艺"教学活动解读"乐经"疑案》,《人民音乐》2011年第8期。不过该文认为文献自觉产生于秦朝焚书坑儒的刺激,笔者则认为经本的产生早于焚书坑儒。

《周官·大司徒》:"以乡三物教万民而宾兴之:一曰六德,知、仁、圣、义、忠、和;二曰六行,孝、友、睦、姻、任、恤;三曰六艺,礼、乐、射、御、书、数。"又见《周礼·保氏》:"养国子以道,乃教之六艺:一曰五礼,二曰六乐,三曰五射,四曰五驭,五曰六书,六曰九数。"其实,《周官》之六艺与经学上的六艺完全是名称偶合,是一种称呼撞车现象,二者没有任何关系。如同在丧礼上有五服的概念,在统治区域上也有五服的概念,但此五服非彼五服,而只是名称偶合而已。《周官》在西汉之末才开始被人重视,后经郑玄注解,遂跻身经典,与《仪礼》《礼记》并驾齐驱,从此其中的这一六艺观念始为人重视。大体说来,《周官》之六艺与诗、书、礼、乐一样,可能也是上古时期的一些学习科目,但其地位和价值似不如诗、书、礼、乐为高,《周官》之六艺其内容较为初级,如书、数都是蒙学内容,射、御等都是具体的技能,没有教化的意义。

三十三、孔子后裔传承家学

孔子一生为其理想奔忙劳碌,不营家产,他的后人在先秦时代大多是普通人,生活很艰难,远远没有后世衍圣公的煊赫声势。然而,在这样的艰难中,他们却能够以崇高的责任感和使命感,坚守祖先孔子所奠定的学问和家风,将儒学和诗、书、礼、乐文化代代传承,渐渐形成以孔氏后人为中心,以礼乐演习为主要活动内容,以孔子坟冢、旧居、庙堂为主要活动场所的儒者团体。司马迁在《史记·孔子世家》中说:"适鲁,观仲尼庙堂车服礼器,诸生以时习礼其家,余祗回留之不能去云。天下君王至于贤人众矣,当时则荣,没则已焉。孔子布衣,传十余世,学者宗之。"由此可见,在鲁国有"诸生"这样一个团体,他们根据不同的时令,在孔子的故宅演习礼乐,这种习惯是从孔子一直延续下来,到汉初未曾间断。这种与政治权力无关的、自由自在演习礼乐的场景,是儒家世外桃源般的存在,连司马迁看了也为之赞叹不已,在《儒林列传》中他再次满怀景仰地描述道:"及高皇帝诛项籍,举兵围鲁,鲁中诸儒尚讲诵习礼乐,弦歌之音不绝,岂非圣人之遗化,好礼乐之国哉?"

鲁国的诸生团体作为一个组织,可以说是先秦时代儒家存在的重要载体,这一载体是以孔子的后人为灵魂和骨干的。孔子后人虽然无权无势，却长久地拥有一定的威望，《孔丛子·执节》载赵王评价孔子七世孙子顺时说："孔氏之世自正考父以来儒林相继，仲尼重之以大圣，自兹以降，世业不替，天下诸侯咸资礼焉，先生承其绪，作二国师，从古及今，载德流声。"关于先秦时期孔子后裔的资料非常少，记载最集中的是《史记·孔子世家》：

> 孔子生鲤，字伯鱼。伯鱼生伋，字子思，年六十二，尝困于宋，子思作《中庸》。子思生白，字子上，年四十七。子上生求，字子家，年四十五。子家生箕，字子京，年四十六。子京生穿，字子高，年五十一。子高生子慎，年五十七，尝为魏相。子慎生鲋，年五十七，为陈王涉博士，死于陈下。

后世多传言的孔子之后七世单传，如《世本》说孔子之后"数世皆一子"（《檀弓正义》引），《孔丛子》后附《连丛子》更说："家之族胤，一世相承以至九世，相魏居大梁，始有三子焉。"但对于是否单传并没有确切证据，因为在一个没有计划生育的年代，很难想象连续七代都只生一个儿子，且《礼记·檀弓上》称子思哭嫂，可见子思是有兄弟的。盖先秦谱牒只记录传承家业的嫡系一支而不记别支，宋代孔子第四十六世孙孔宗翰说："家谱之法，世次承袭一人而已。"①每一代只记作为继承人的那个人，可见孔氏此种记谱方法至宋代犹然，《史记》此处据孔氏谱系抄录，故从表面看是七世单传，其实是后人的误解。以下根据相关史料略述他们的事迹。

孔子的儿子名鲤，字伯鱼，《论语·季氏》记载：

> 陈亢问于伯鱼曰："子亦有异闻乎？"对曰："未也。尝独立，鲤趋而过庭，曰：'学诗乎？'对曰：'未也。''不学诗，无以言。'鲤退而学诗。他日又独立，鲤趋而过庭，曰：'学礼乎？'对曰：'未也。''不学礼，无以立。'鲤退而学礼。闻斯二者。"陈亢退而喜曰："问一得三，闻诗、闻礼，又闻君子之远其子也。"

---

① 见孔元措：《孔氏祖庭广记》卷首《家谱旧引》，1918 年《续古逸丛书》影印蒙古本。

《论语·阳货》记载:"子谓伯鱼曰:女为《周南》《召南》矣乎?人而不为《周南》《召南》,其犹正墙面而立也与!"从这两章内容可以看出,孔子非常注重以诗、礼教育子弟,认为不学诗就不能优雅正确地使用语言,不学礼就不能自立于社会。而孔鲤闻则认真受教,"退而学诗""退而学礼"。生长于礼乐文化的熏陶之下,想必他也有志于成为父亲那样的儒者。但可惜的是,他还没来得及弘扬孔子的学说,便先孔子而死,他的儿子子思则承担起了这个重任,终于成为一代大儒,被后世称为"述圣"。关于子思的事迹详见本书"子思传承儒家之道"。

子思以下,关于第四代孔白、第五代孔求、第六代孔箕,几乎没有任何资料记述他们的事迹,即使专门记载孔氏先世嘉言懿行的《孔丛子》,也跳过这三代,而直接讲到第七代孔穿。孔穿生活的时代已经是战国后期,政治上诸侯征战不已,文化上诸子百家异说纷起,儒家处于弱势地位。作为孔子的直系后人,他仍然坚守祖先留下来的文化遗产。据《孔丛子》记载,孔穿曾游历赵、魏、齐等诸侯国,与名家学者公孙龙、赵国平原君、魏安僖王、信陵君等多有交往,其中与公孙龙辩论一事,可与《吕氏春秋·淫词》相印证:

> 孔穿、公孙龙相与论于平原君所,深而辩,至于藏三牙,公孙龙言藏之三牙甚辩。孔穿不应,少选,辞而出。明日,孔穿朝,平原君谓孔穿曰:"昔者公孙龙之言甚辩。"孔穿曰:"然。几能令藏三牙矣。虽然,难。愿得有问于君:谓藏三牙甚难而实非也,谓藏两牙甚易而实是也。不知君将从易而是者乎,将从难而非者乎?"平原君不应。明日,谓公孙龙曰:"公无与孔穿辩。"(《孔丛子·公孙龙》略同)

公孙龙以能言善辩著称,其论点如"白马非马"等往往违背常识常理,这自然与儒家的正名思想格格不入,因此孔穿站在儒家的立场与之辩论。关于"藏三牙"的具体含义有不同说法,一般的解释是,藏是人名,牙本应作"耳"(《孔丛子》作"耳"),意思是人有三耳。虽然公孙龙强词夺理证明了这个论点,但是孔穿认为,"藏三牙甚难而实非也,谓藏两牙甚易而实是也",意为,你公孙龙用很大力气证明了藏三耳,但事实上这是错误的;而藏两耳是大家都能轻而易举看得见的事实,因此,还有什么辩论的必要呢？在《孔丛子·公孙龙》中记载了更多的孔穿与公孙龙的辩论。其中提到有人认为公孙龙的名学是"此人小辨而毁大道"，劝孔穿去与公孙龙辩论，以维护正道。但公孙龙善于诡辩，其至于证明孔子也同意"白马非马"之说，孔穿看透了他的诡辩本质，直接回避而不与之正面交锋，因为一旦辩论就会进入公孙龙的语言陷阱中。孔穿认为言论要"取之经传，不敢以意"，并且要"名实当"，他举例说："诗有素丝，不曰丝素。礼有缁布，不曰布缁。牺牛玄武。此类甚众。先举其色，后名其质，万物之所同，圣贤之所常也。君子之论，贵当物理，不贵繁辞。"连在旁边观战的平原君也对公孙龙说："公无复与孔子高辨事也。其人理胜于辞，公辞胜于理。辞胜于理，终必受诎。"孔穿坚守理的阵地，不与公孙龙辩论，与孔子"不语怪力乱神"的精神是一脉相通的。《孔子家语·后序》称孔穿"著儒家语十二篇，名曰《谰言》"①。《汉书·艺文志》儒家类有"谰言"十篇，云"陈人君法度"。二者是否一书难以确定，但《家语后序》的记载当非无凭无据，孔穿曾有著作传世应是事实。《孔丛子》中有三篇记载了孔穿的言行，有学者就认为这三篇材料来自《谰言》②。

孔穿之子子慎（《孔丛子》作子顺），《史记》仅说曾为魏相，无具体事迹，《孔丛子》有三篇详细记载了子顺的事迹，多为其为魏相的事迹。魏王向他询问治国理政何者为先，子顺说："今所急，在修仁、尚义、崇德、敦礼以接邻国而已。"可见他在纷乱的战国之世仍坚守孔子所传下来的儒家理念。

子慎之子孔鲋，字子鱼，生当秦汉之际，身处乱世更能看出他对儒家礼乐文化的坚守。《史记·儒林列传》载：

> 陈涉之王也，而鲁诸儒持孔氏之礼器往归陈王。于是孔甲为陈涉博士，卒与涉俱死。陈涉起匹夫，驱瓦合适戍，旬月以王楚，不满半岁竟灭亡，其事至微浅，然而缙绅先生之徒负孔子礼器往委质为臣者，何也？以秦焚其业，积怨而发愤于陈王也。

---

① 杨朝明、宋立林主编:《孔子家语通解》，齐鲁书社 2009 年版，第 580 页。
② 如马国翰《玉函山房辑佚书》即将关于孔穿的三篇录为《谰言》佚文，参见孙少华《孔丛子的成书时代与作者及其材料来源》，曲阜师范大学 2006 年硕士论文，第 25 页。

前引《史记》云："子慎生鲋,年五十七,为陈王涉博士,死于陈下。"又《家语后序》称："子鱼后名甲。"①可知孔甲即是孔鲋。秦始皇焚书坑儒,对儒家是一个沉重的打击,以孔鲋为代表的鲁诸生群体自然对其恨之入骨,所以,当陈胜起来反秦称王的时候,孔鲋似乎看到了儒家复兴的曙光,于是满怀希望地带着家传的礼器,与诸儒一起投奔陈胜,孔鲋被陈胜封为博士。从这里一方面我们可以看到,鲁国的诸儒或诸生是以孔氏后人为核心和精神领袖的,所以是孔鲋率领他们去投奔陈胜。另一方面,作为孔子的嫡系后代,孔鲋与他的前辈一样也有着强烈的儒家使命感。《孔丛子》对孔鲋的事迹有详细记载,该书《独治篇》开头即云:

> 子鱼生于战国之世,长于兵戎之间,然独乐先王之道,讲习不倦。季则谓子鱼曰:"丈夫不生则已,生则有云为于世者也。今先生淡泊世务,修无用之业,当身不蒙其荣,百姓不获其利,窃为先生不取也。"子鱼曰:"不如子之言也。武者可以进取,文者可以守成,今天下将扰扰焉,终必有所定。子修武以助之取,吾修文以助之守,不亦可乎?且吾不才,无军旅之任,徒能保其祖业,优游以卒岁者也。"

《孔丛子》虽被列为伪书,但其生动的语言很能够打动人。"独乐先王之道,讲习不倦""优游以卒岁",一个坚定、优雅、心宽体胖的儒者形象跃然纸上。"徒能保其祖业",其所谓祖业,不正是孔子以来传承不绝的诗、书、礼、乐文化吗?其言"天下终必有所定",又说"修文以守之",这与上引《史记》所载的孔鲋投奔陈胜的形象何其相似!

孔鲋作为秦汉之际最杰出的孔子后裔,为传承儒家文化所做的一件最大的、足以影响千古的事,是壁藏古书。关于孔壁藏书的人到底是谁,古往今来一直争论不休。《孔子家语·后序》认为藏书者是孔鲋的弟弟子襄:

> 子鱼后名甲。子襄以好经书,博学,畏秦法峻急,乃壁藏其家语《孝经》《尚书》及《论语》于夫子之旧堂壁中。子鱼为陈王涉博士、太

---

① 杨朝明、宋立林主编:《孔子家语通解》,第 580 页。

师，卒陈下。[1]

《经典释文·序录》又记载藏书者叫孔惠。据笔者考证，《家语·后序》"子鱼后名甲"之后的"子襄"二字为衍文，藏书者实为孔鲋，这样这段话关于子鱼的事迹才能前后连贯，而不至于中间插入子襄[2]。又《孔丛子·独治》载："陈余谓子鱼曰：'秦将灭先王之籍，而子为书籍之主，其危矣。'子鱼曰：'顾有可惧者。必或求天下之书焚之，书不出则有祸。吾将先藏之以待其求，求至无患矣。'"此处明白交代孔鲋曾藏书，可为旁证。单承彬先生通过考证，也认为藏书者当为孔鲋[3]。而《经典释文》所说的孔惠，极可能是后来得书者，而非藏书者。隋刘炫《孝经述议》有云："近世儒生不见孔序，乃云壁内《孝经》是孔子世孙惠所藏，子惠是得书者也，非藏书者也。良由传闻不审，故妄说耳。"[4]

孔鲋是汉代之前最后一位孔氏家族的传承者。从汉代开始，孔氏后人渐渐为人尊崇而显贵，相继进入权力机构为官，孔鲋侄子孔襄作为汉高祖的大将，被封为蓼侯，传承好几代；孔安国、孔霸、孔光等接连在朝廷任职，而孔氏后人也一次次被加封，褒成君、褒成侯、文宣公、衍圣公等等。不过，先秦时期，处于艰难状态下的孔子后人，能够对祖先所创立的文化有所坚守，是难能可贵的。

三十四、孔子被尊为圣人

在中国文化中，尤其是对儒家来说，圣人是一个崇高的称呼，《说文解字》曰："圣者，通也。"圣人一般是指在道德修养、功业、学识等方面达到最高境界的人。孔子在后世就被尊为圣人、至圣先师。孔子成为圣人是儒学史和中国文化史上的一件大事。孔子由于博学多能，在其生前很多人就以圣人称之。《论语·子罕》记载：

---

[1] 杨朝明、宋立林主编：《孔子家语通解》，第580页。
[2] 说详拙文《孔子家语后序所载孔子后裔事迹新证》，载《孔子学刊》第六辑，青岛出版社2015年版，第249页。
[3] 单承彬：《论语源流考述》，吉林人民出版社2002年版，第100页。
[4] 可参日本学者林秀一《孝经述议复原研究》，2016年崇文书局有中译本。

太宰问于子贡曰:"夫子圣者与? 何其多能也?"子贡曰:"固天纵之将圣,又多能也。"子闻之,曰:"太宰知我乎? 吾少也贱,故多能鄙事。君子多乎哉? 不多也。"牢曰:"子云:'吾不试,故艺。'"

鲁国的太宰认为孔子是圣人,因为孔子"多能",即知识丰富,精通多种技能。而孔子则认为自己是因为家境贫寒所以学的多、会的多,但这只是小道,即所谓的"鄙事",不能算是圣。在孔子眼中,圣是一种至高的人格境界,像尧舜这样的圣君"其犹病诸",更不要说其他人了。所以孔子自己始终不敢当圣人之名,《论语·述而》载孔子曰:"若圣与仁,则吾岂敢? 抑为之不厌,诲人不倦,则可谓云尔已矣。"孟子也说:"夫圣,孔子不居。"

不过孔子的弟子们对孔子非常崇敬,甚至出现某种崇拜心理。《论语·子张》记载以下三则:

叔孙武叔语大夫于朝,曰:"子贡贤于仲尼。"子服景伯以告子贡。子贡曰:"譬之宫墙:赐之墙也及肩,窥见室家之好;夫子之墙数仞,不得其门而入,不见宗庙之美、百官之富。得其门者或寡矣! 夫子之云,不亦宜乎?"

叔孙武叔毁仲尼。子贡曰:"无以为也! 仲尼不可毁也。他人之贤者,丘陵也,犹可逾也;仲尼,日月也,无得而逾焉。人虽欲自绝,其何伤于日月乎? 多见其不知量也!"

陈子禽谓子贡曰:"子为恭也,仲尼岂贤于子乎?"子贡曰:"君子一言以为知,一言以为不知,言不可不慎也! 夫子之不可及也,犹天之不可阶而升也。夫子之得邦家者,所谓'立之斯立,道之斯行,绥之斯来,动之斯和,其生也荣,其死也哀。'如之何其可及也?"

叔孙武叔和陈子禽都认为"子贡贤于仲尼"。确实,子贡为人聪明,能说会道,善于变通,通过经商积累了很多财富,从人生成就看,似乎子贡比孔子要高明,但子贡作为弟子深知孔子的伟大之处,认为自己跟孔子根本不在一个层次上,他用了多个比喻来说明孔子的伟大。首先以宫墙作比喻,认为自己的宫墙不过肩膀那么高,里面有什么一目了然,而孔子的宫墙则有"数仞",如果不能找到门径而登堂入室,根本不可能了解宫墙之内的富裕和华美,而许多人正是因为不得入孔子之门,只是站在门墙之外,所以看不到里面之好,也认识不到孔子真正的价值。子贡又把一般贤能的人比喻为丘陵,是有可能在高度上超过它的,但孔子犹如日月,没有办法超越。他又以天来比孔子,认为孔子的境界就像天一样难以企及。从这些对话我们可以看出,对于当时出现的一些贬低孔子的言论,子贡责无旁贷地维护了孔子的形象,在子贡的心目中,孔子就是圣人。

《孟子》也记载了不少孔子弟子对孔子的尊崇之词,如提到:

> 宰我、子贡、有若,智足以知圣人,污不至阿其所好。宰我曰:"以予观于夫子,贤于尧舜远矣。"子贡曰:"见其礼而知其政,闻其乐而知其德。由百世之后,等百世之王,莫之能违也。自生民以来,未有夫子也。"有若曰:"岂惟民哉! 麒麟之于走兽,凤凰之于飞鸟,泰山之于丘垤,河海之于行潦,类也。圣人之于民,亦类也。出于其类,拔乎其萃。自生民以来,未有盛于孔子也!"(《孟子·公孙丑上》)

宰我认为孔子比尧舜还要贤能,子贡认为孔子之道百世莫违,有子则认为孔子就像走兽中的麒麟、飞鸟中的凤凰一样,在人类中是出类拔萃的人,且是生民以来从来都没有过的。后世孔庙中常有"生民未有"的牌匾,就是来自于此。

不单是孔子弟子推尊孔子,在整个先秦时期,孔子几乎是公认的圣人。孔子的后人常被称为是圣人之后,如《礼记·檀弓上》云:"子思之母死于卫,柳若谓子思曰:'子圣人之后也,四方于子乎观礼,子盖慎诸。'"孟子也说:"伯夷,圣之清者也;伊尹,圣之任者也;柳下惠,圣之和者也;孔子,圣之时者也,孔子之谓集大成。"(《孟子·万章下》)孟子认为古代圣人有很多,但都只是偏于某一方面,而孔子则是集其大成的圣人,他不偏于某个方面,而是无可无不可,能够根据不同情况有不同应对的"圣之时"的圣人。就连法家代表人物韩非也说:"仲尼,天下圣人也。修行明道以游海内。"(《韩非子·五蠹》)虽然是从批判的角度来说的,但也可见称孔子为圣人已是当时的共识。到汉代,司马迁称:"孔子布衣,传十余世,学者宗之。自天子王侯,中国言六艺者折中于夫子,可谓至圣矣。"至圣,即圣人中的圣人,后世称孔子为至圣,即来自于此。

孔子何以能够成为举世公认的圣人呢？可能有以下几种因素。

其一，孔子既仁且智，有巨大的人格魅力，凡是亲近过他的人，无不对其心生景仰之情，而称其为圣人。从智方面说，孔子勤奋好学，博学多才，所谓学而不厌海人不倦，这使他掌握了非常广博的知识，成为著名的闻人、通人，《论语》载达巷党人说："大哉孔子，博学而无所成名。"可见孔子的博学。孔子还精通各种具体的技能，即所谓的小道，虽然他并不认为这有什么特别价值，但在外人看来，孔子简直无所不能，称其为圣人是再恰当不过了。从仁方面看，孔子不但提倡仁，而且他本人就非常具有仁爱之心，他具有救世的责任感，虽然无权无位，但仍挂念天下苍生。孔子在日常行为中，对待一人一物、一草一木也充满仁爱之心，《论语》记载孔子"钓而不纲，弋不射宿"，当宾客到来无处安身的时候，他说："生于我乎馆，死于我乎殡。"（《礼记·檀弓上》）当季康子问孔子杀无道就有道怎么样时，孔子坚决反对以杀治国，他说："子为政，焉用杀？子欲善而民善矣。君子之德，风，小人之德，草，草上之风，必偃。"（《论语·为政》）孔子以其博大的仁爱之心，赢得了周围人们的尊重。

其二，孔子海人不倦，循循善诱，弟子遍天下。由于孔子的博学多能，许多人向孔子请教问题，其中有各国国君，如鲁定公、哀公、齐景公、卫灵公等，有士大夫，如季氏、叶公、蘧伯玉等，也有普通庶民。对于他们的提问，孔子总是有针对性地一一解答，使之深受教益，由此使他们对孔子产生由衷的钦佩。除了这些问学的人之外，更重要的是孔子还培养了一大批学有专长的入室弟子，后人称弟子三千，虽然未必有那么多，但孔子桃李满天下，在当时是首屈一指的。《史记·儒林列传》称："自孔子卒后，七十子之徒散游诸侯，大者为师傅卿相，小者友教士大夫，或隐而不见。故子路居卫，子张居陈，澹台子羽居楚，子夏居西河，子贡终于齐。如田子方、段干木、吴起、禽滑厘之属，皆受业于子夏之伦，为王者师。"在战国初期和中期，孔子后学渐渐散布于全国各地，影响很大，他们都宗仰一个共同的老师——孔子，他们爱其师，信其道，真心崇拜孔子，热爱孔子；他们把孔子当成自己的精神之父和思想泰山来礼待，传承其思想和文化精神，尊其为圣人，这种尊崇是一种爱戴情感的自然流露。可以说，受过孔子教诲的人特别是孔子的弟子和门人，是成全孔子圣人之名的重要力量。

其三，从客观原因看，孔子的家世对他也有一定的影响。从远了说，孔子祖先是殷商王族，是"圣王"之后，从近了说，孔子是宋国公族之后，有着高贵的血统。而春秋时代正是一个宗法森严和注重血统的年代，到孔子时虽然家族败落，但他"圣王"后裔的身份是不容改变的。《左传·昭公七年》记载，孟僖子在临终前对他的家臣说："吾闻将有达者曰孔丘，圣人之后也，而灭于宋。其祖弗父何以有宋而授厉公。及正考父，佐戴、武、宣，三命兹益恭，故其鼎铭云：'一命而偻，再命而伛，三命而俯，循墙而走，亦莫余敢侮。饘于是，鬻于是，以糊余口。'其恭也如是。臧孙纥有言曰：'圣人有明德者，若不当世，其后必有达人。'今其将在孔丘乎！我若获没，必属说与何忌于夫子，使事之，而学礼焉，以定其位。"认为孔子是圣人之后，遗命他的两个儿子拜孔子为师。孔子乃贵族出身，有着高贵的血统，这在当时是被人看重、受人尊敬的。

不过，在亲炙于孔子的弟子那里，孔子虽被尊为圣人，但并不迷信，也不神秘，孔子没有像耶稣那样具有使水变油，用手一触摸病人就能除病的神力，也没有释迦牟尼佛那样具有各种神通。孔子之为圣人，毋宁说孔子是一个具有伟大人格的人，而不是具有神奇力量的神。不过随着时代的演进，孔子身上渐渐被赋予一些神奇的能力，到汉代，孔子变成了神人，产生了种种神异的传说。《史记·仲尼弟子列传》记载了一则孔子的传说："商瞿年长无子，其母为取室。孔子使之齐，瞿母请之。孔子曰：'无忧，瞿年四十后当有五丈夫子。'已而果然。"孔子似乎变成了能够预测未来的算命先生，这很可能是后人的附会。随着孔子政治地位的提升以及纬书的产生，关于孔子的神异事件就更多了，孔子由圣人变成了神。

三十五、有若与儒家学派的整合

有若，孔子弟子，虽然他不在后世所谓的孔门十哲之列，但在孔子去世之后的若干年中，有若却在孔子弟子中享有很高的威望，并曾经主持孔门事务。

关于有若的名字，《孔子家语·七十二弟子解》云："有若，鲁人，字子有。"关于有若的年龄，《史记·仲尼弟子列传》有的版本作"少孔子四十三岁"，有的作"少孔子十三岁"，《史记索隐》释此句时则说"今此传云四十二岁"，《孔子家语》又称"少孔子三十三岁"，盖唐代之前，三十写作卅、四十写作冊,二字容易混淆。不过从孔子去世后有若在弟子们中的威望来看,他的年龄应该比曾子、子夏(均少孔子四十余岁)等年长,故似以少孔子三十三岁为当,那么他可能生于公元前518年。

关于有若在孔子去世后主持孔门事务,最早的记载来自《孟子》,孟子云:

> 昔者孔子没,三年之外门人治任将归,入揖于子贡,相向而哭,皆失声,然后归。子贡反,筑室于场,独居三年,然后归。他日,子夏、子张、子游以有若似圣人,欲以所事孔子事之,强曾子。曾子曰:"不可。江汉以濯之,秋阳以暴之,皓皓乎不可尚已。"(《孟子·滕文公上》)

《史记·仲尼弟子列传》记载更为详细:

> 孔子既没,弟子思慕,有若状似孔子,弟子相与共立为师,师之如夫子时也。他日,弟子进问曰:"昔夫子当行,使弟子持雨具,已而果雨。弟子问曰:'夫子何以知之?'夫子曰:'诗不云乎?月离于毕,俾滂沱矣。'昨暮月不宿毕乎?"他日,月宿毕,竟不雨。商瞿年长无子,其母为取室。孔子使之齐,瞿母请之。孔子曰:"无忧,瞿年四十后当有五丈夫子。"已而果然。问:"夫子何以知此?"有若默然无以应。弟子起曰:"有子避之,此非子之座也!"

从以上二则材料可以看到,孔子去世后,弟子们非常思慕老师,都自愿为孔子守丧三年,由于有若从外貌上长得很像孔子,大家一致推尊他为"师",讲学授业,并像侍奉孔子那样侍奉他。这个所谓的"师",实际上就是孔门学派的主持者。这一事件表面上看是弟子因思慕孔子而起,实际上是孔子去世后,孔门弟子试图继续维持孔子学派的团结和整体性的表现,当时的孔子学派也确实需要有一个领袖和核心人物进行整合。有若为师的事常常被后世提及,如东汉王充的《论衡·乱龙》说:"共坐有若孔子之座。"《弘明集》卷八所载《释三破论》云:"以有若之貌,最似夫子,坐之讲堂之上,令其说法,门徒咨仰。"在后人眼中,有若显然是以孔门主持者的身份坐讲堂上说法的。

有若在孔子弟子中名气并不大,与子贡、颜回、子路、宰我等有一定差距,也不见孔子对他有什么称述,他何以能在孔子去世后被推举为孔门主持者呢?外貌酷似孔子这一点很重要,见有若如见孔子,这也是很多人愿意推尊他的原因所在,仅这一点,孔子其他弟子都是不具备的。除此之外还可能有另外两方面的原因。其一,有若本身学行较高。《孔子家语》评价他说:“为人强识,好古道也。”有若非常知礼,《礼记·檀弓下》记载:“悼公之母死,哀公为之齐衰。有若曰:‘为妾齐衰,礼与?’公曰:‘吾得已乎哉?鲁人以妻我。’”在其他地方还有很多有若与曾子、子游关于礼的讨论。《檀弓下》又载“孺子䵎之丧,哀公欲设拨,问于有若”,有若精通礼学,连国君都要向他请教。有若重视孝悌,与孔子一脉相承,《论语·学而》载有若之语:“其为人也孝弟,而好犯上者,鲜矣;不好犯上,而好作乱者,未之有也。君子务本,本立而道生。孝弟也者,其为仁之本与!”有若强调孝的根本性、普遍性。有若继承了孔子的富民思想,反对横征暴敛,如《论语》载:“哀公问于有若曰:‘年饥,用不足,如之何?’有若对曰:‘盍彻乎?’曰:‘二,吾犹不足,如之何其彻也?’对曰:‘百姓足,君孰与不足?百姓不足,君孰与足?’”(《论语·颜渊》)有若关于和的思想集中在《论语·学而》:“礼之用,和为贵。先王之道,斯为美;小大由之。有所不行,知之而和,不以礼节之,亦不可行也。”可见,有若思想比较丰富,且符合孔子思想的本旨,这大概是他能被推举的原因之一吧。

第二,有若可能长期随侍孔子身边,对孔子的言传身教非常熟悉,而且往往能够超越孔子言论的字面意思,而探究孔子的本意,避免对孔子遗言的片面理解。《礼记·檀弓上》记载了这样一个故事:

> 有子问于曾子曰:“问丧于夫子乎?”曰:“闻之矣:丧欲速贫,死欲速朽。”有子曰:“是非君子之言也。”曾子曰:“参也闻诸夫子也。”有子又曰:“是非君子之言也。”曾子曰:“参也与子游闻之。”有子曰:“然,然则夫子有为言之也。”曾子以斯言告于子游。子游曰:“甚哉,有子之言似夫子也。昔者夫子居于宋,见桓司马自为石椁,三年而不成。夫子曰:‘若是其靡也,死不如速朽之愈也。’死之欲速朽,为桓司马言之也。南宫敬叔反,必载宝而朝。夫子曰:‘若是其货也,丧不如速贫之愈也。’丧之欲速贫,为敬叔言之也。”曾子以子游之言告于有子,有

子曰："然,吾固曰,非夫子之言也。"曾子曰:"子何以知之?"有子曰:"夫子制于中都,四寸之棺,五寸之椁,以斯知不欲速朽也。昔者夫子失鲁司寇,将之荆,盖先之以子夏,又申之以冉有,以斯知不欲速贫也。"

"丧欲速贫,死欲速朽",孔子确实说过这句话,但曾子可能只是听孔子后来复述过,并不知道孔子所讲这句话的背景。而有若却认为这句话"非君子之言",即使是孔子所说,但也是"有为言之"。子游向曾子解释了孔子这句话的言说背景,与有若的推断正相符合。有若在不知道这句话的言说背景的情况下,能够认定它只是孔子在特定条件下的言论,不能适用于一切,这与他对孔子思想的深刻理解分不开,无怪乎子游也称赞他说"甚哉,有子之言似夫子也"。

但有若显然没有孔子的威望,他并不能使所有的孔子弟子都认同他的地位,如曾子就拒绝承认有若的孔门主持人身份,不少弟子与有若在观点上也有分歧,并与之公开争论,这也是对有若地位的削弱。如关于曾子与有若的争论:

曾子曰:"晏子可谓知礼也已,恭敬之有焉。"有若曰:"晏子一狐裘三十年,遣车一乘,及墓而反;国君七个,遣车七乘;大夫五个,遣车五乘,晏子焉知礼?"曾子曰:"国无道,君子耻盈礼焉。国奢,则示之以俭;国俭,则示之以礼。"(《礼记·檀弓下》)

有若认为晏子太过节俭,不知礼,曾子则认为晏子根据当时的情况进行了变通,他想通过节俭来纠正当时齐国的奢靡之风,不能说不知礼。

再比如子游与有若也有不同观点:

有子与子游立,见孺子慕者,有子谓子游曰:"予壹不知夫丧之踊也,予欲去之久矣。情在于斯,其是也夫?"子游曰:"礼有微情者,有以故兴物者,有直情而径行者,戎狄之道也。礼道则不然,人喜则斯陶,陶斯咏,咏斯犹,犹斯舞,舞斯愠,愠斯戚,戚斯叹,叹斯辟,辟斯踊矣。品节斯,斯之谓礼。人死,斯恶之矣,无能也,斯倍之矣。是故制

绞衾、设蒌翣,为使人勿恶也。始死,脯醢之奠;将行,遣而行之;既葬
而食之,未有见其飨之者也。自上世以来,未之有舍也,为使人勿倍
也。故子之所刺于礼者,亦非礼之訾也。"(《礼记·檀弓下》)

有若认为丧礼中的哭踊不需要有规定的节奏,只要是真情的流露就
行了。子游则认为为礼必须有一定的限制,既不能不足也不能过分,这才
是礼。

有若与颜柳也有不同意见:

> 孺子䧊之丧,哀公欲设拨,问于有若,有若曰:"其可也,君之三臣
> 犹设之。"颜柳曰:"天子龙辁而椁帱,诸侯辁而设帱,为榆沈故设拨;
> 三臣者废辁而设拨,窃礼之不中者也,而君何学焉?"(《礼记·檀弓
> 下》)

颜柳,孔子弟子,名幸,字子柳,少孔子四十六岁(《史记·仲尼弟子列
传》),年龄与曾子、子张等相当。他也对有若的观点提出了批评。

可见,曾子、子游、颜柳等孔子晚年弟子都与有若有不同观点。《史
记》为了说明有若的"不称职",还特意增补了两个故事,一个是有若预测
下雨不如孔子准确,另一个是有若不知道孔子是如何知道商瞿四十后有
五子的。这类故事显然是后人的杜撰,但从中也可以看出,有若并没有足
够的威信统一孔门内部不同的意见,他可能没有真正成为孔门事务的主
持者,或者仅做过短暂的主持者。但即使如此,有若在孔门和鲁国的威望
和影响力还是很大的,为孔门的发展和团结肯定做过不少工作,今本《论
语》中有若与曾子是仅有的两个被称为子的孔门弟子,而且第一篇《学而》
的第二则就是有若的话,可见其在孔门的地位,他或其门人可能在《论语》
的编订工作中发挥了重要作用。《檀弓下》记载"有若之丧,悼公吊焉,子
游摈,由左",有若去世后,连鲁国君主都来吊丧,子游为其主持丧礼,可见
有若在鲁国和孔门的影响力之大。

三十六、儒家学派的分裂

有若整合孔子后学的努力最终以失败告终,这显示孔子后学之间存

在诸多分歧,并因这些分歧而导致儒家学派的分裂。

孔门后学之间的关系比较复杂,他们以孔子为共同的老师,有同门之谊,相互之间保持着密切的联系,如子游为有若主持丧礼,子张死,曾子往哭;子夏因丧子而失明,曾子去吊唁。他们之间可能还有姻亲关系,如子张之子申祥娶子游之女为妻①,等等。但他们之间的分歧也是很明显的,并且常常相互批评甚至攻讦。尤其是孔子的晚年弟子如曾子、子夏、子张、子游等,得晚年孔子之真传,思想活跃,年轻有为,但往往过于自信,观点偏激,致使他们在思想观点上产生一定的矛盾和冲突。《论语·子张》就记载了不少他们之间相互争论的话语。如子夏与子张的矛盾:

> 子夏之门人问交于子张。子张曰:"子夏云何?"对曰:"子夏曰:'可者与之,其不可者拒之。'"子张曰:"异乎吾所闻:君子尊贤而容众,嘉善而矜不能。我之大贤与,于人何所不容? 我之不贤与,人将拒我,如之何其拒人也?"

这体现了子夏与子张在交友标准方面的矛盾。再如子夏与子游的矛盾:

> 子游曰:"子夏之门人小子,当洒扫、应对、进退,则可矣,抑末也,本之则无。如之何?"子夏闻之曰:"噫! 言游过矣! 君子之道,孰先传焉? 孰后倦焉? 譬诸草木,区以别矣。君子之道,焉可诬也? 有始有卒者,其惟圣人乎!"

子游认为子夏的门人只从事于洒扫、进退等末节之事,而子夏则认为这正是有本有末之学。子游曾批评子张说:"吾友张也,为难能也。然而未仁。"曾子也批评子张云:"堂堂乎张也,难与并为仁矣。"《礼记·檀弓》也记载了不少孔门弟子的争论,如子思与曾子关于丧礼的争论:

---

① 《礼记·檀弓上》:"子张病,召申祥而语之曰:君子曰终,小人曰死。"知申祥为子张之子。又云:"申祥之哭言思也亦然。"郑注:"言思,子游之子,申祥妻之昆弟。"知申祥娶子游之女。

> 曾子谓子思曰："伋,吾执亲之丧也,水浆不入于口者七日。"子思
> 曰："先王之制礼也,过之者俯而就之,不至焉者跂而及之。故君子之
> 执亲之丧也,水浆不入于口者三日,杖而后能起。"

曾子在父母丧礼时七日不吃不喝,子思认为这不符合先王之制,三日就可以了。曾子对子夏晚年离群索居进行了批评:

> 子夏丧其子而丧其明。曾子吊之曰："吾闻之也,朋友丧明则哭
> 之。"曾子哭,子夏亦哭,曰："天乎! 予之无罪也。"曾子怒曰："商,女
> 何无罪也? 吾与汝事夫子于洙泗之间,退而老于西河之上,使西河之
> 民疑女于夫子,尔罪一也;丧尔亲,使民未有闻焉,尔罪二也;丧尔子,
> 丧尔明,尔罪三也。而曰女何无罪与!"子夏投其杖而拜曰："吾过矣!
> 吾过矣! 吾离群而索居,亦已久矣。"

曾子与子游关于丧礼若干细节有很多分歧:

> 曾子吊于负夏,主人既祖,填池,推柩而反之,降妇人而后行礼。
> 从者曰："礼与?"曾子曰："夫祖者,且也,且,胡为其不可以反宿也?"
> 从者又问诸子游曰："礼与?"子游曰："饭于牖下,小敛于户内,大敛于
> 阼,殡于客位,祖于庭,葬于墓,所以即远也。故丧事有进而无退。"曾
> 子闻之曰："多矣乎,子出祖者。"曾子袭裘而吊,子游裼裘而吊。曾子
> 指子游而示人曰："夫夫也,为习于礼者,如之何其裼裘而吊也?"主人
> 既小敛、袒、括发,子游趋而出,袭裘带绖而入。曾子曰："我过矣,我
> 过矣,夫夫是也。"
> 小敛之奠,子游曰："于东方。"曾子曰："于西方,敛斯席矣。"小敛
> 之奠在西方,鲁礼之末失也。

曾子称子游为"夫夫",显然有一种轻蔑的意味。子游与子夏关于丧礼细节也有很多不同看法:

> 公叔木有同母异父之昆弟死,问于子游。子游曰："其大功乎?"

狄仪有同母异父之昆弟死,问于子夏,子夏曰:"我未之前闻也;鲁人则为之齐衰。"狄仪行齐衰。今之齐衰,狄仪之问也。

卫司徒敬子死,子夏吊焉,主人未小敛,绖而往。子游吊焉,主人既小敛,子游出,绖反哭,子夏曰:"闻之也与?"曰:"闻诸夫子,主人未改服,则不绖。"

以上材料皆出自儒门经典文献,尚有如此多的分歧和争辩,可以想见孔门后学在孔子之后异说纷起,很难再成为一个统一的学派,其分裂是一个必然的趋势。

关于孔门后学的分裂,最为人熟知的材料是《韩非子·显学》中的"儒分为八":"自孔子之死也,有子张之儒,有子思之儒,有颜氏之儒,有孟氏之儒,有漆雕氏之儒,有仲良氏之儒,有孙氏之儒,有乐正氏之儒。"但关于这八个派别各指何人,学界有很多研究①,但由于受资料限制,很多问题难有定论。

子张之儒,一般无异议,指孔子弟子颛孙师,字子张,陈人(《吕氏春秋·尊师》以为是鲁人),少孔子四十八岁,孔子晚年的得意弟子,孔子评价子张说"师也辟"(《论语·先进》),《孔子家语·七十二弟子解》称他"为人有容貌资质,宽冲博接,从容自务,居不务立于仁义之行,孔子门人友之而弗敬",孔子卒后"子张居陈"(《史记·儒林列传》),在陈国弘扬孔子学说。子张之儒为儒家八派之首,可见其在当时应有很大影响力。荀子评价子张"弟陀其冠,神襌其辞,禹行而舜趋:是子张氏之贱儒也"(《非十二子》)。可见此派至战国末期尚有传承。

子思之儒,有两种说法,主流观点认为指的是孔子之孙子思,因子思影响较大,孟子多次提到子思,荀子则将子思与孟子并称。但也有人认为可能是孔子弟子原宪,因为原宪的字也是子思,最早提出此说的是马宗霍。他在《中国经学史》中说:"若子思,则《群辅录》谓其居环堵之室,草门圭窦,瓮牖绳枢,并日而食,以道自居,是盖指原宪也。宪亦字子思。司马迁以原宪、季次并称,谓死而已四百年而弟子志之不倦,则八儒之子思,其

---

① 可参宋立林:《儒家八派的再批判——早期儒学多元嬗变的学术史考察》,台湾花木兰文化出版社 2012 年版。本篇撰写对此书有所参考。

为原宪无疑。伋乃孔子之孙,行辈不相接。"①但由于原宪本身生活贫困,且未见有学术成就,其影响远不及孔子之孙子思,故子思之儒为原宪的可能性还是很小的。

关于颜氏之儒,一般认为是指颜回,由于颜回死得早,不太可能创立学派,所以颜氏之儒并非颜回所亲创,而是秉承颜回安贫乐道的思想和作风而形成的学派。也有学者提出异议,如李零先生认为:"孔门弟子以'颜'为氏者有九,未必即颜回。又据上博楚简,言游之'言'与颜回之'颜'无别,它也可能是言游的学派。"②其实上博简《子道饿》篇言偃之"言"写作上"文"下"言",是言的异体字,与颜字无关③。但颜氏习见于典籍,如"颜氏之子"便见于《易传·系辞》和《家语·在厄》等,而"言氏"却不常见,因此颜氏之儒仍以指颜回为当。今天所见的颜氏之儒的材料非常少,《孔子家语》中有《颜回》篇,专记颜子事迹、言语,《庄子》一书也有不少颜回的资料,全书凡十见,《人间世》《天运》《至乐》《达生》《田子方》《知北游》诸篇各一,《大宗师》《让王》二篇各二,这些文献材料虽然可能多数是寓言,但或许也从某种程度上反映了颜氏之儒的思想概况。

对于孟氏之儒,学界多认为是指孟轲,少数学者认为可能指孟懿子,孟懿子是鲁国贵族孟孙氏之后,其父孟僖子临终前曾嘱托他从学于孔子,《论语》中记载有孟懿子向孔子问孝,因此孟懿子也算得上是孔子弟子。但孟懿子更重要的身份是鲁国三桓之孟孙氏的家主,未必会在学问上自成一派,且孔子为鲁司寇堕三都时,因为孟懿子出于自身利益考虑而从中作梗,使孔子的计划功败垂成,可见他并不完全服膺孔子的教诲,孟氏之儒指孟懿子的可能性很小。

关于漆雕氏之儒,根据《史记》《孔子家语》所载孔门弟子资料,孔门共有漆雕氏三人,一是漆雕开,一是漆雕徒父(《家语》作漆雕从),一是漆雕哆(《家语》作漆雕侈)。不过在这三人中,漆雕徒父、漆雕哆史书皆仅存姓名而无事迹,成就较大且能建立学派的,恐怕非漆雕开莫属。《论语·公冶长》载:"子使漆雕开仕。对曰:'吾斯之未能信。'子说。"《孔子家语·七十二弟子解》载:"漆雕开,蔡人,字子若,少孔子十一岁。习《尚书》,不乐

---

① 马宗霍:《中国经学史》,上海书店 1984 年版,第 16 页。

② 李零:《重见七十子》,《读书》2002 年第 4 期。

③ 《上海博物馆藏战国楚竹书(八)》,上海古籍出版社 2011 年版,第 123 页。

仕。孔子曰：'子之齿可以仕矣，时将过。'子若报其书曰：'吾斯之未能信。'孔子悦焉。"较之《论语》稍详。关于其姓名，《史记》称"漆彫开字子开"，名、字相同，显然是属于避讳，当为漆雕启字子开，古人称字表示尊重，故文献多称漆雕开。漆雕开少孔子十一岁，在孔门弟子中属于年纪较大的，当为孔子早年弟子。漆雕氏之儒的文献，《汉志》载《漆雕子》十三篇，注云"孔子弟子漆雕启后"[①]，惜亡佚较早，《隋书·经籍志》已不见著录。《韩非子·显学》有一段十分珍贵的资料，使我们得以略窥漆雕氏之儒的一些思想特征，其文曰："漆雕之议，不色挠，不目逃，行曲则违于臧获，行直则怒于诸侯，世主以为廉而礼之。宋荣子之议，设不斗争，取不随仇，不羞囹圄，见侮不辱，世主以为宽而礼之。夫是漆雕之廉，将非宋荣之恕也；是宋荣之宽，将非漆雕之暴也。"可见漆雕氏之儒比较廉直，故不为世俗所容。

所谓孙氏之儒，学界的主流看法是指战国晚期的荀子一派。不过《玉海》卷一百三十四引《韩非子》作"公孙氏之儒"，据传为陶渊明所作的《圣贤群辅录》中有"公孙氏"，是传习易者，又据《晋书·束皙传》，太康二年，汲郡人不准发魏王冢，得竹书《易》五篇，中有公孙段与邵陟论《易》二篇。朱彝尊《经义考》卷二百八十二《孔子门人》谓公孙段即八儒传《易》者。可见孔子后学可能有公孙氏一派，以传习易学为中心。还有人认为公孙氏应指公孙尼子，关于公孙尼子的文献很少，《史记·仲尼弟子列传》和《家语·七十二弟子解》均无公孙尼子其人。《汉志》载"《公孙尼子》二十八篇"，注云"七十子之弟子"。《隋志》载《公孙尼子》一卷，注云"尼似孔子弟子"。孔门弟子中有名公孙龙者，《史记·仲尼弟子列传》云："公孙龙，字子石，少孔子五十三岁"。《家语》作"公孙宠，卫人，字子石，少孔子五十三岁。"宠，另本作"龙"。于是又有学者认为公孙尼子即公孙龙，但这大都属于揣测，并无实据。《隋书·音乐志》引南朝梁沈约云："《乐记》取《公孙尼子》。"则今本《礼记》中的《乐记》当出于《公孙尼子》二十八篇之中。然而，对于孙氏或公孙氏之儒到底为谁，因资料不足仍无法论定。

关于乐正氏之儒，在先秦儒家中，有两个乐正氏，一位是曾子弟子乐

[①] 郭沫若认为"后字乃衍文，盖啟原作启，抄书者旁注啟字，嗣被录入正文，而启误为后，乃转讹为后也"。见郭沫若《十批判书》，《郭沫若全集·历史编》第2册，人民文学出版社1982年版，第148页。

正子春,一位是孟子弟子乐正克。关于乐正克的事迹,《孟子》记载了多次他与孟子的对话,孟子称其为"善人""信人"(《尽心下》),又称他好善,听说鲁国将要用他从政,则"喜而不寐"(《告子下》),但又评价他为"二之中,四之下"(《尽心下》),称他"学古之道而以餔啜也"(《离娄上》),即通习古代的礼乐文化却以之为混世的工具,可见乐正子有好善之心,却没有高远的志向,是一个"中人"。郭沫若推断乐正克即乐正氏之儒,且《大学》《学记》为乐正克所作①,但并无确据。乐正子春则是曾子门下首屈一指的大弟子,文献多有记载。《礼记·檀弓上》记载:"曾子寝疾,病,乐正子春坐于床下,曾元、曾申坐于足,童子隅坐而执烛。"曾子患病,乐正子春亲自侍候,如同其子,可见在曾子门下的特殊地位。乐正子春继承了曾子的孝道,《大戴礼记·曾子大孝》载:

> 乐正子春下堂而伤其足,伤瘳,数月不出,犹有忧色。门弟子问曰:"夫子伤足,瘳矣,数月不出,犹有忧色,何也?"乐正子春曰:"善!如尔之问也。吾闻之曾子,曾子闻诸夫子曰:'天之所生,地之所养,人为大矣。父母全而生之,子全而归之,可谓孝矣;不亏其体,可谓全矣。故君子顷步之不敢忘也。'今予忘夫孝之道矣,予是以有忧色。故君子一举足不敢忘父母,一出言不敢忘父母。一举足不敢忘父母,故道而不径,舟而不游,不敢以先父母之遗体行殆也。一出言不敢忘父母,是故恶言不出于口,忿言不及于己,然后不辱其身,不忧其亲,则可谓孝矣。草木以时伐焉,禽兽以时杀焉。夫子曰:'伐一木,杀一兽,不以其时,非孝也。'"(《礼记·祭义》略同)

他明确指出"吾闻之曾子,曾子闻诸夫子",可见他是以孔子和曾子的正宗传人自居的,有学者即推测包括《曾子大孝》篇在内的曾子十篇当是乐正子春所编纂,或为乐正子春学派的著作②。《韩非子·说林下》载有乐正子春的事迹:

---

① 郭沫若:《十批判书》,《郭沫若全集·历史编》第 2 册,第 141 页。
② 详参刘光胜《大戴礼记·曾子研究》,清华大学博士学位论文,2010 年,第 101—106 页。

> 齐伐鲁，索谗鼎，鲁以其雁往，齐人曰："雁也。"鲁人曰："真也。"齐曰："使乐正子春来，吾将听子。"鲁君请乐正子春，乐正子春曰："胡不以其真往也？君曰：'我爱之。'答曰：'臣亦爱臣之信。'"

齐鲁发生战争，齐国点名要乐正子春来，可见他在当时确实有一定的影响力。又这一故事与《显学》篇之乐正氏之儒同出自《韩非子》，则《显学》篇所说的乐正氏之儒，当非乐正子春莫属，而乐正克或许是乐正子春的后人或同宗。

关于仲良氏之儒，有学者认为是《孟子》中的陈良，陈奇猷先生则认为当指仲梁子，仲良之"良"，在一些版本中作"梁"，仲良即是仲梁。《汉书·古今人表》中上有仲梁子，与齐襄王同时，可见是战国后期人[1]。《礼记·檀弓上》载："曾子曰：'尸未设饰，故帷堂小敛而彻帷。'仲梁子曰：'夫妇方乱，故帷堂小敛而彻帷。'"所引仲梁子曰，当是对曾子之言的注解。《诗·定之方中》毛传引仲梁子语"初立楚宫也"，孔颖达疏引《郑志》：

> 张逸问："楚宫今何地？仲梁子何时人？"答曰："楚丘在济河间，疑在今东郡界中。仲梁子，先师，鲁人，当六国时，在毛公前。"

孔颖达又称，郑玄之所以知道仲梁子是鲁人，是"盖承师说而然"，是渊源有自的。《左传·定公五年》有仲梁怀，或许是仲梁氏的先人。另外，《圣贤群辅录》云："仲良氏传《乐》，为移风易俗之儒。"则仲梁氏之儒，或许又是传乐之儒。关于仲梁氏之儒，目前只能知道这么多。

孔子之后儒学学派的分化是一个长期而复杂的历史过程，涉及孔子卒后至战国末期数百年的学术思想演变史，由于资料残缺，我们仅能略知其大概，韩非子所谓的"儒分为八"，也不过是他的一家之言，并不能概括孔门学派分化的全貌，例如荀子所提到的子夏之儒、子游之儒，都没有包括在八派中。儒家学派的分裂，每一学派各守一端，使儒家学说不再统一，但也促进了儒家思想的广泛传播和深入开展，每一学派都沿着各自的思想理路发展和传播，如曾子对孝道的弘扬，子夏对经学的传承，子思、孟

---

[1]　陈奇猷：《韩非子新校注》，上海古籍出版社2000年版，第1126—1127页。

子的内向理路，荀子的隆礼重法等等，从而使儒学更为丰富多彩，为汉代以后儒家学派的重新整合提供了丰富的思想资源。

三十七、颜回安贫乐道

颜回，字子渊，鲁国人，是孔子最为欣赏的弟子，孔门四科德行科之首。关于颜回的年龄，文献记载颇为混乱，《史记·仲尼弟子列传》云："少孔子三十岁。"又称："回年二十九，发尽白蚤死。"至于"早死"在何岁，则未有详说。《家语·七十二弟子解》称："年二十九而发白，三十一早死。"则颜回死时孔子六十一，而《史记·孔子世家》称孔子之子孔鲤年五十先孔子死，《家语·本姓解》称孔子十九娶妻，一岁而生孔鲤，则孔鲤少孔子20岁，死于孔子七十岁时，若按此计算，则颜回死于孔鲤之先。而《论语·先进》记载颜回死，颜路请子之车，孔子曰："鲤也死，有棺而无椁。"则是孔鲤先死。由于二者的记载矛盾，遂对颜回的生卒年确定产生了很大障碍，今人对此众说纷纭，难以定论。由于《论语》记载的是孔子与弟子们的对话，是较为原始的一手资料，因此当以《论语》记载为主进行考证。《论语·雍也》载：

> 哀公问："弟子孰为好学？"孔子对曰："有颜回者好学，不迁怒，不贰过，不幸短命死矣。今也则亡，未闻好学者也。"

又《论语·先进》载：

> 季康子问："弟子孰为好学？"孔子对曰："有颜回者好学，不幸短命死矣！今也则亡。"

从语气看，这两次问答很可能发生于孔子自卫返鲁后与哀公和季氏初次见面时，他们问孔子哪个弟子好学，如同问孔子家里有几口人，各有什么特点之类的寒暄之语。另外，询问弟子情况，也有择优选用的意向在其中。若认为这两次对话发生于孔子归鲁很长时间之后，则显然不太合适，因为归国既久，则哀公与季康子势必对孔子及其弟子已经非常熟悉，就不会再问"弟子孰为好学"这类问题,也不会不知道颜回已经死了的事实。由此可见,孔子晚年归鲁时,颜渊已经去世。又考《礼记·檀弓上》载:

> 孔子之卫,遇旧馆人之丧,入而哭之哀。出,使子贡说骖而赙之。子贡曰:"于门人之丧,未有所说骖,说骖于旧馆,无乃已重乎?"夫子曰:"予乡者入而哭之,遇于一哀而出涕。予恶夫涕之无从也。小子行之。"

子贡所说的"于门人之丧,未有所说骖",指的应该就是颜回去世时孔子不愿意拿自己乘坐的车来为颜回做棺椁一事,而此时孔子在卫,尚未归鲁,可见当时颜回已经去世,此亦可为旁证。因此,可以确定,颜回应死于孔子归鲁之前,《史记》的记载还是可信的。再结合《先进》所载,孔鲤当死于颜回之前。至于《史记》称孔鲤年五十而死,属于孤证,而《史记》所载孔氏后人之年岁中有四人寿命均为五十七,不应如此之巧,可见其所载年岁或有误,不可完全相信。

颜回的父亲颜路也师从孔子,是孔子的早期弟子,仅比孔子小六岁。孔子的母亲也姓颜,或许与颜回家族有一定的亲族关系。颜回住在鲁国城内一个破败的巷子里,后人称之为"陋巷"。他生活贫困,但仍能安贫乐道,《论语·雍也》载孔子曰:"贤哉,回也! 一箪食,一瓢饮,在陋巷,人不堪其忧,回也不改其乐。贤哉,回也!"《庄子·让王》载:

> 孔子谓颜回曰:"回,来! 家贫居卑,胡不仕乎?"颜回对曰:"不愿仕。回有郭外之田五十亩,足以给饘粥;郭内之田十亩,足以为丝麻;鼓琴足以自娱;所学夫子之道者足以自乐也。回不愿仕。"

孔子称颜回"家贫居卑",而颜回自称"回有郭外之田五十亩,足以给饘粥;郭内之田十亩,足以为丝麻",似乎并不贫穷。然而在当时拥有数十亩地并不算富裕,由于生产力低下,土地产量较低,井田制下一夫百亩,尚且仅供一家之温饱。虽然如此贫困,他仍以"所学夫子之道"自乐。后汉的王符称赞颜回:"颜、原、公析,困馑于郊野,守志笃固,秉节不亏。宠禄

不能固，威势不能移，虽有南面之尊，公侯之位，德义有殆，礼义不班，挠志如芷，负心若芬，固弗为也。"（《潜夫论·遏利》）

颜回何以能够安贫乐道？其所乐为何？这恐怕与他"信道之笃"有关。颜回之父是孔子弟子，所以颜回从小受父亲熏陶，应该很小就拜孔子为师，受其教导，清熊赐履《学统》说："颜子生而明睿潜纯，有圣人之资。十三岁从学于孔子。"颜回一生最为服膺孔子教导，《论语·子罕》载颜渊喟然叹曰："仰之弥高，钻之弥坚，瞻之在前，忽焉在后。夫子循循然善诱人，博我以文，约我以礼，欲罢不能，既竭吾才。如有所立卓尔。虽欲从之，末由也已。"颜回被孔子的思想和学问所吸引，以至于穷尽毕生精力去学习，并将其视之为最大的快乐。《论衡·讲瑞》云："少正卯在鲁，与孔子并。孔子之门，三盈三虚，唯颜渊不去，颜渊独知孔子圣也。"这一记载虽未必属实，但也足以反映出颜回对孔子之教的笃敬。孔子周游列国，颜回一直跟在孔子身边，风雨同舟，患难与共。孔子因貌似阳虎而被匡人围困，师徒走散，颜回后来才赶到，孔子说："吾以女为死矣。"颜回则说："子在，回何敢死？"（《论语·先进》）言语中可见对孔子的崇敬和依恋之情。

颜回生性好学，努力刻苦，且学习能够举一反三。孔子称："吾与回言终日，不违如愚。退而省其私，亦足以发，回也不愚。"（《论语·为政》）子贡称颜回"闻一以知十"（《论语·公冶长》），可见他不但好学，而且有很好的学习方法。在《论语》《孔子家语》中有大量颜回向孔子请教君子、修身等方面的对话，更能体现出颜回的好学。颜回不但好学，而且能将自己的所学融入生活实践，融入自己的日常行为和生命中，使之成为行动的指南。孔子称颜回"三月不违仁，其余则日月至焉而已矣"（《论语·雍也》），可见颜回是将仁的精神彻底贯彻到了生活之中，可以说他是最深入地接受了孔子的思想，所以他才能如此安贫乐道。孔子说"知之者不如好之者，好之者不如乐之者"（《论语·雍也》），颜回就是这样一位乐之者。颜回品德高尚，注重个人修养，与人为善，生性和睦，孔子称他不迁怒不贰过，又称："自吾有回，门人益亲。"（《史记·仲尼弟子列传》）孔子其他弟子对颜回也有很高的评价，如子贡说："夙兴夜寐，讽诵崇礼；行不贰过，称言不苟，是颜渊之行也。"（《大戴礼记·卫将军文子》）可以说，颜回是孔门唯一一位德行与学问都达到很高境界的弟子。

颜回由于好学深思，能深刻领会到孔子之教的精髓，并守志不移，因此深受孔子喜爱。孔子于陈蔡绝粮，他问弟子们"吾道非邪？吾何为于此？"子路、子贡都认为孔子之道不为当时所容，孔子应该与时屈伸，以求为世所用，只有颜回说："夫子之道至大，故天下莫能容。虽然，夫子推而行之，不容何病，不容然后见君子！夫道之不修也，是吾丑也。夫道既已大修而不用，是有国者之丑也。不容何病，不容然后见君子！"颜回认为孔子不能为治国者所用，以致沦落到今天的地步，那是诸侯国君们的耻辱，并不是孔子的德行学问存在问题，而孔子在这种情况下不苟合取容，才真正显示出孔子的伟大人格来。孔子欣然而笑曰："有是哉颜氏之子！使尔多财，吾为尔宰。"（《史记·孔子世家》）可见对他的回答非常满意。《孔子家语·在厄》记载了颜回的这样一个故事：

> 孔子厄于陈蔡，从者七日不食。子贡以所赍货，窃犯围而出，告籴于野人，得米一石焉，颜回、仲由炊之于坏屋之下，有埃墨堕饭中，颜回取而食之，子贡自井望见之，不悦，以为窃食也。入问孔子曰："仁人廉士，穷改节乎？"孔子曰："改节即何称于仁义哉？"子贡曰："若回也，其不改节乎？"子曰："然。"子贡以所饭告孔子。子曰："吾信回之为仁久矣，虽汝有云，弗以疑也，其或者必有故乎。汝止，吾将问之。"召颜回曰："畴昔予梦见先人，岂或启佑我哉？子炊而进饭，吾将进焉。"对曰："向有埃墨堕饭中，欲置之则不洁，欲弃之则可惜，回即食之，不可祭也。"孔子曰："然乎，吾亦食之。"颜回出，孔子顾谓二三子曰："吾之信回也，非待今日也。"二三子由此乃服之。

孔子被围困于陈蔡之间，七日得不到食物，子贡好不容易突破重围弄到一石米，颜回和子路将其蒸熟，有一块杂物掉到饭里，颜回把弄脏的饭取出来吃了，却被子贡误认为是偷吃米饭，并向孔子告状，孔子却对颜回丝毫不怀疑，认为"其或者必有故乎"。当了解到原因后，孔子便说，我信任颜回，不是从今天才开始的。由此更可见孔子对颜回的喜爱和信任。

由于颜回学习和修行过于刻苦，29 岁头发就全白了，不久就去世了。《论衡·书虚》称颜回"发白齿落，用精于学，勤力不休，气力竭尽，故至于死"。颜回去世后，孔子哭得非常伤心，并且说："噫！天丧予！天丧予！"（《论语·先进》）孔子将颜回当作自己思想和文化的衣钵传人，但天妒英才，当颜回正在茁壮成长的时候，却中途夭折了，所以孔子感叹"苗而不秀者有矣夫，秀而不实者有矣夫"（《论语·子罕》），这种惋惜不是一般人能够理解的，所以孔子认为是上天在打击他。哀公、季康子问哪个弟子好学，虽然当时颜回已经去世，而孔子仍然说颜回好学，现在却没有了，以此表达对颜回早亡的痛惜。

颜回因为去世过早，没有创立学派，也没有著作，但由于他人格和道德的伟大，后世崇拜、效法颜回的人很多，这些人可能就是所谓的颜氏之儒。自汉代以来，颜回始终都是人们心目中的孔门首席弟子，历代帝王在尊孔的同时，对颜回也是尊崇有加，人们常以"优入圣域""卓冠贤科"来形容颜回。唐代之前，一般是以周公为先圣，孔子为先师；唐太宗时改以孔子为先圣，颜回为先师，将颜回提到空前重要的位置。唐玄宗开元八年封颜回为亚圣，北宋时又封为兖国公，元代封为复圣公，明清则称复圣。颜回是历代中国文人士子的道德楷模。唐韩愈在《颜子不贰过论》中称："登孔氏之门者众矣，三千之徒，四科之目，孰非由圣人之道为君子之儒者乎？其于过行过言亦云鲜矣。而夫子举不贰过，惟颜氏之子。"到宋代，理学家周敦颐让二程兄弟寻找"颜子仲尼乐处，所乐何事"，孔颜乐处因此也成了儒家学术讨论的重要话题。

三十八、子夏西河教授与儒学的北传

子夏，姓卜名商，字子夏，卫国温人，据《史记·仲尼弟子列传》，子夏少孔子44岁，约生于公元前508年，是孔子晚年的得意弟子之一，属于孔门十哲文学科。子夏在孔子去世后主要在魏国西河一带活动，弟子受业者众多，形成著名的"西河学派"，促进了儒学在北方的传播。

子夏生活较为清寒。《说苑·杂言》称他为人"甚短于财"；《荀子·大略》则说"子夏家贫，衣若悬鹑"。这也造就了他的孤傲和勇武，造就了他贫贱不移、威武不屈的性格特征，他说："君子渐于饥寒，而志不僻；倚于五兵，而辞不慑；临大事，不忘昔席之言。"（《尸子》卷下）别人劝他出仕以改变处境，他表示不愿去争蝇头小利，以免"争利如蚤甲而丧其掌"，并表示："诸侯之骄我者，吾不为臣；大夫之骄我者，吾不复见。"（《荀子·大略》）子夏勤学好问，善于思考，为人谨慎，他向孔子请教《诗经》中的"巧笑倩兮，美目盼兮,素以为绚兮"的意义,孔子以"绘事后素"来点拨他,子夏随即悟出"礼后乎"的道理,孔子称赞他:"起予者商也!"(《论语·八佾》)可见,子夏能够准确领会孔子的教诲,并举一反三。《礼记·孔子闲居》记载子夏请教"何如斯可谓民之父母"的问题,孔子回答了五至、三无等内容。正是由于子夏勤学好问的性格,使他得以跻身十哲之文学行列,并在儒学传承和传播方面做出了杰出贡献。

孔子去世后,子夏来到晋国,受到魏文侯的礼遇,并成为魏文侯之师。魏文侯,魏宣子之子。公元前453年,魏宣子联合韩赵灭智氏,晋国公室名存实亡,此年常被人认为是战国开始之年。七年后,公元前446年,宣子卒,文侯即位,前423年自封为诸侯,前403年,韩、赵、魏被周威烈王正式承认为诸侯。魏文侯在位五十年,是魏国百年霸业的开创者,当时魏国西有秦韩,南有楚,北有赵,东有齐,地处中央,易攻难守。忧患的环境激发了魏文侯的勃勃雄心,他改革政治,奖励耕战,富国强兵,选贤任能,内修德政,外治武功,向西攻占了秦国河西地区,向北越过赵国,伐灭中山国,向东打败齐国大军,开拓大片疆土,使魏国一跃成为中原的霸主,也是战国时代最早崛起的诸侯国,后来秦国商鞅变法、楚国吴起变法都以魏国为蓝本。

魏文侯以敬贤礼士闻名于世,当时才智之士多为其所用,《魏世家》云:"秦尝欲伐魏,或曰:魏君贤人是礼,国人称仁,上下和合,未可图也。文侯由此得誉于诸侯。"可见魏文侯在当时即以礼贤下士闻名,而子夏就是魏文侯比较重视的一位老师。《史记·仲尼弟子列传》云:"孔子既没,子夏居西河教授,为魏文侯师。"《魏世家》云:"文侯受子夏经艺。"《孔子家语·七十二弟子解》云:"孔子卒后,教于西河之上,魏文侯师事之,而咨国政焉。"魏文侯从子夏那里学习了"经艺",以及儒家所主张的礼乐、仁爱等,并常向子夏咨询治国理政的方法策略,在一定程度上实践了儒家的理念。《礼记·乐记》记载子夏与魏文侯讨论雅乐与溺音的区别,子夏说:"圣人作为父子君臣,以为纪纲。纪纲既正,天下大定。天下大定,然后正六律,和五声,弦歌诗颂,此之谓德音,德音之谓乐。"雅乐是圣人治理天下的重要工具,而溺音则是"淫于色而害于德",所以君主不能沉迷于溺音,而要多听雅乐,只有这样才能以雅乐"修身及家,平均天下"。在《新序·杂事二》中也记载了魏文侯的一个故事:

魏文侯出游，见路人反裘而负刍。文侯曰："胡为反裘而负刍？"对曰："臣爱其毛。"文侯曰："若不知其里尽，而毛无所恃耶？"明年，东阳上计钱布十倍，大夫毕贺。文侯曰："此非所以贺我也。譬无异夫路人反裘而负刍也，将爱其毛，不知其里尽，毛无所恃也。今吾田不加广，士民不加众，而钱十倍，必取之士大夫也。吾闻之下不安者，上不可居也，此非所以贺我也。"

魏文侯外出，看到路人反穿皮衣，文侯问他为何如此，他说我爱惜皮衣的毛，怕穿在外面把毛给磨坏了。但魏文侯说："皮衣的里子在外面，里子被磨坏了，那毛依附在哪里呢？"第二年，东阳这个地方收上来的赋税是以往的十倍，臣下都称贺，魏文侯却说："东阳的田地和民众都没有增加，而赋税却增加了十倍，这肯定是增加了人民的负担啊！人民就像皮衣的里子，里子被磨光了，毛也就无所依附了。"这正是儒家重民、养民思想的体现，故有学者即认为："魏文侯虽然没有明说这是来自子夏对他的教育，但是这套理论出自儒家却是没有错的，唯独儒家才有这样体贴下情、惜民爱民的人文情怀，而这个传播给他儒家思想的人，非子夏莫属。"[1]这都可见子夏对魏国的军事政治改革和国家崛起产生了重要影响。

子夏在西河地区开展的讲学活动影响很大，弟子众多，促进了儒学在北方的传播。《后汉书》卷四十四《徐防传》唐李贤注引《史记》曰："孔子没，子夏居西河，教弟子三百人，为魏文侯师。"今本《史记》无"教弟子三百人"一句，据学者考证，当系《史记》传写过程中的脱漏。《弟子列传》载澹台灭明"南游至江，从弟子三百人"，与此类似。虽未必有三百之多，但也可以说明子夏学派之兴盛。曾子曾责备子夏云："退而老于西河之上，使西河之民疑女于夫子。"（《礼记·檀弓上》）子夏名声之隆、学派之盛可见一斑。《论语·子张》中记有"子夏之门人"与子张的对话，《墨子·耕柱》也有关于"子夏之徒"的记载。《史记·儒林列传》云："自孔子卒后……子路居卫，子张居陈，澹台子羽居楚，子夏居西河，子贡终于齐。如田子方、段干木、吴起、禽滑之属，皆受业于子夏之伦，为王者师。是时，独魏文侯好学。"后人一般将这句话解释为田子方、段干木、吴起、禽滑都等都是子

---

① 步如飞：《子夏及其学派研究》，山东大学博士学位论文，2007年，第45页。

夏的弟子，但《吕氏春秋·当染》云："子贡、子夏、曾子学于孔子，田子方学于子贡，段干木学于子夏。吴起学于曾子，禽滑黎学于墨子，许犯学于禽滑黎。"可知四人并非都是子夏弟子，所谓"子夏之伦"，显然并非子夏一人，而是子夏等人，以子夏为代表。又《吕氏春秋·尊师》云："段干木，晋国之大驵也，学于子夏。"大驵，即买卖中间人，社会地位低下，由此可见，段干木确为子夏弟子。段干木入于子夏门下，跟从子夏学习儒家文化，遂成为魏国著名的贤人，受到魏文侯的礼遇，《汉书·古今人表》将其列为上下智人。后人将他与子夏、田子方三人合称为"河东三贤"。至战国末期荀子之时，子夏学派仍有传承。

子夏的西河讲学，延续了孔子的教学教育活动，形成了著名的西河学派。在子夏及其后学的影响下，儒学在三晋和北方地区得到了广泛传播，其中值得一提的是中山国对儒学的接受。中山国是战国时期的一个小诸侯国，地处燕赵之间，本是少数民族建立的政权，曾被魏国、赵国灭国。据各种史料记载，中山国曾广泛流行儒家的学说。《太平寰宇记》卷六二引《战国策》云："中山武公之后复立，与六国并称王，五叶，专行仁义，贵儒学，贱壮士，不教人战，赵武灵王袭而灭之。"20 世纪 70 年代，河北平山中山王墓发掘出了"平山三器"，即中山王青铜大鼎、中山王方壶、中山王圆壶，因其上载有长篇铭文而为学界重视。据李学勤先生等前辈的研究，其铭文中许多语句与《尚书》《诗经》《左传》《礼记》等儒家经典的中的文句有密切关联，如中山王方壶"不敢怠荒"出自《诗经·殷武》"不敢遑遑"，"夙夜筐解"出自《烝民》《韩奕》"夙夜匪解"，中山王圆壶"大启邦宇"出自《閟宫》"大启尔宇"，等等。铭文中还出现了大量与儒家思想密切相关的词句，如"亡不率仁，敬顺天德""举贤使能""余知其忠信也""上逆于天，下不顺于人""不用礼义、不分顺逆""古之圣王，务在得贤，其即得民"等等，且其中所反映的维护周室、护礼义的思想与儒家思想也非常接近。这说明在当时的中山国一带，儒家的典籍和思想已经有广泛的流传。三器铭文的作成时代大概在公元前 309 年前后，在子夏身后一百余年，中山国的儒学文化与子夏学派对儒学的弘扬和传播有密切关系。

三晋地区是法家的发祥地，子夏的思想也成为法家思想的重要来源。在子夏的思想中，确有某些与法家思想接近的地方。

首先，子夏肯定"小道"，重视现实功利。《论语·子张》载子夏曰："虽小道必有可观者焉，致远恐泥，是以君子不为也。"朱熹解释说："小道，如农圃医卜之属。"可见子夏肯定了农医等实用技术的价值，这大概与子夏出身低微有关，子夏对这些行业的重视，充分说明他是一个十分务实的人。他又说："百工居肆以成其事，君子学以致其道。"可见子夏并不像孔子那样轻视技术和劳动。孔子曾专门告诫子夏："女为君子儒，无为小人儒。"（《论语·雍也》）可能就是对子夏重视功利的一种批评。《韩非子·喻老》载："子夏见曾子，曾子曰：'何肥也？'对曰：'战胜，故肥也。'曾子曰：'何谓也？'子夏曰：'吾入见先王之义则荣之，出见富贵之乐又荣之，两者战于胸中，未知胜负，故癯。今先王之义胜，故肥。'"子夏见到先王之义与富贵之乐，在选择上有所纠结，虽然最后还是选择了先王之义，但也由此可见他的现实功利主义倾向。

其次，子夏重礼。《论语·先进》载："子贡问孔子：'师与商也孰贤？'子曰：'师也过，商也不及。'曰：'然则师愈与？'子曰：'过犹不及。'"朱熹注曰："子张才高意广，而好为苟难，故常过中；子夏笃信谨守，而规模狭隘，故常不及。"《论语·颜渊》载子夏曰："君子敬而无失，与人恭而有礼。"《孔子家语·弟子行》曰："送迎必敬，上交下接若截焉，是卜商之行也。"可见，不管言论还是行为，子夏对礼制仪节都是非常恪守的。《论语·子张》载子游评论子夏弟子们的学风时说："子夏之门人小子，当洒扫应对进退，则可矣，抑末也。本之则无，如之何？"洒扫进退正是谨守礼节的表现。因此，荀子批评子夏之儒说："正其衣冠，齐其颜色，嗛然而终日不言，是子夏氏之贱儒也。"这种由过于重礼而产生的一副道貌岸然的形态，受到荀子的批评。

第三，子夏传《春秋》，对君臣名分非常强调。《春秋》的主旨在讲名分，贬斥乱臣贼子，这与法家的尊君思想有相通之处。子夏对《春秋》很有研究，法家的代表人物韩非子常常引用子夏对《春秋》的解说。如《韩非子·外储说右上》载："子夏曰：'《春秋》之记臣杀君、子杀父者，以十数矣，皆非一日之积也，有渐而以至矣。'凡奸者，行久而成积，积成而力多，力多而能杀，故明主蚤绝之。齐国田常之为乱，有渐见矣，而君不诛。晏子不使其君禁侵陵之臣，而使其主行惠，故简公受其祸。故子夏曰：'善持势者，蚤绝奸之萌。'"

由以上三个方面可知，子夏思想中具有一定的法家因素，对后来法家的产生可能起到某种作用。但子夏毕竟是正统的儒家,他传承的是孔子的儒学,不能夸大其与法家思想的关系。子夏不可能是法家思想的唯一源头,法家顶多吸取了子夏思想中的某些因素而已。子夏的晚年是孤独的,他因丧子而双目失明,《礼记·檀弓上》说他晚年过着"离群而索居"的生活,大约在公元前420年(一说公元前400年)子夏去世。

三十九、子夏传经

子夏在孔门以文学著称,所谓文学即文献典籍之学,是说子夏在文献典籍的识记、理解方面要优于其他弟子。子夏是孔子晚年弟子,孔子整理《诗》《书》《礼》《乐》,创作《春秋》和习《易》,子夏都亲见其事,甚至还参与其中,在这期间他不但系统掌握了六经的内容,而且还接受了许多孔子对六经大义的阐发,使他对六经的要旨理解更为透彻,所以他能够成为儒家经学的主要创始人,后世关于六经的注解大都可以追溯到子夏。《后汉书·徐防传》载徐防上疏之言称:"诗、书、礼、乐,定自孔子,发明章句,始于子夏。"宋代的洪迈说:"孔子弟子,惟子夏于诸经独有书。"(《容斋续笔》卷十四《子夏经学》)近代康有为也说:"传经之学,子夏为多。"(《康南海先生口说·学术源流七》)以下简述子夏对诸经的传承。

关于《诗》。子夏学《诗》格外用功,文献多次记载孔子与子夏讨论《诗》的问题。《礼记·孔子闲居》记载子夏向孔子请教《诗》的"凯弟君子,民之父母"的含义,《韩诗外传》卷五记载子夏问孔子"关雎何以为《国风》始也"。而最为人熟知的是《论语·八佾》中子夏询问《诗经·硕人》描写庄姜"素以为绚"的含义。子夏传《诗》主要有两方面的贡献,首先,传授《诗经》文本。汉初传授《诗经》的有齐、鲁、韩、毛四家,其中只有毛诗流传至今,而毛诗正是子夏所传。《汉书·艺文志》著录《诗经》二十八卷,鲁、齐、韩三家。又有《毛诗》二十九卷,《毛诗故训传》三十卷,末云:"三家皆列于官。又有毛公之学,自谓子夏所传,而河间献王好之,未得立。"明言《毛诗》是传自子夏。陆玑《毛诗草木鸟兽虫鱼疏》更详细记载了子夏传诗的具体经过:"孔子删诗授卜商,商为之《序》,以授鲁人曾申,申授魏人李克,克授鲁人孟仲子,仲子授根牟子,根牟子授赵人荀卿,荀卿授鲁国毛亨,毛亨作《训诂传》,以授赵人毛苌。时人谓亨大毛公,苌为小毛公。"其次，作《诗序》阐释《诗》义。《诗序》旨在揭示《诗》之本义，有《大序》《小序》之分。《诗大序》是一篇完整的论文，总论《诗经》大义，提出了六义、美刺等理论，小序则是对每篇《诗》写作背景和主旨的阐发。汉人一般认为《诗序》是子夏所作，郑玄于亡佚之笙诗曰："子夏序《诗》，篇义合编，故诗虽亡而义犹在也。毛氏《故训传》各引《序》冠其篇首，故序存而诗亡。"《常棣》疏引《郑志》答张逸："此《序》子夏所为，亲受圣人，足自明矣。"可见，郑玄认为《诗序》为子夏所作。《文选》收录了《诗大序》，并明确题为"卜子夏"撰，《隋书·经籍志》也明言《序》为"子夏所创"。总之，在唐代之前，子夏作《诗序》是当时的一般共识。唐宋之后，学者对此观点开始产生怀疑，《诗序》的作者问题引起了旷日持久的争论。

子夏对《书》也有很深的造诣。《尚书大传》记有子夏对《尚书》的理解：

> 子夏读《书》毕，见夫子，夫子问焉："子何为于《书》？"对曰："书之论事，昭昭若日月之明，离离若参辰之错行，上有尧舜之道，下有三五之义，商所受于夫子者，志之不敢忘也，虽退而穷居河济之间，深山之中，壤室编蓬，为户于中，弹琴咏先王之道，则可发愤慷慨矣。"（《艺文类聚》卷六四引）

子夏认为《书》"上有尧舜之道，下有三王之义"，可见他对《书》有很深的理解。另外，被认为是伪书的《孔丛子·论书》也记载了子夏向孔子问《书》之大义的对话。但文献并没有明确记载子夏传承《书》的情况。

关于礼。子夏本身对礼就"笃信谨守"，礼是子夏比较擅长的领域，《礼记》中的《檀弓上》《曾子问》等篇，《孔子家语》的《终记解》《曲礼子夏问》等篇都记有不少子夏与孔门师友论礼的对话。《仪礼》中的《丧服传》相传就是子夏所撰。《丧服传》是解释《仪礼·丧服》的文字，今附于《丧服》经文而行，于经文每段后以传曰标目。《丧服经传》详细记述了从公卿到庶人丧礼的等级、服丧年月、亲疏隆杀等各种细节作了详细说明。《丧服》的经与传本来分别单行，1959年在武威汉墓出土的木竹简中有多种《丧服》经传。《丧服传》是子夏所作，文献颇多记载，《隋书·经籍志》曰："汉末，郑玄传小戴之学，后以古经校之，取其于义长者作注，为郑氏学。

其《丧服》一篇，子夏先传之，诸儒多为注解，今又别行。"《仪礼·丧服》贾公彦疏谓："传曰者，不知何人所作，人皆云孔子弟子卜商字子夏所为。师师相传，盖不虚也。"唐石经《仪礼·丧服》标题作"丧服第十一子夏传"。可见，唐朝以前对子夏曾作《丧服传》看法比较一致。唐以后疑经思潮兴起，学者也对此产生怀疑。不过，子夏对丧礼确实比较擅长，《檀弓》中记载了多条子夏讨论丧礼的内容，而且从燕国来观摩孔子之丧的人正是舍于子夏氏。丁鼎先生在《〈仪礼·丧服〉考论》一书中，对子夏作《丧服传》进行了比较充分的论证。

关于乐。乐在后世无经，它只是作为六艺的一种。子夏对乐也比较精通，《乐记》就记载了一大段子夏与魏文侯讨论古乐的对话。《说苑·修文》记载子夏等人除丧后弹琴，得到孔子赞扬的故事："子夏三年之丧毕，见于孔子。孔子与之琴，使之弦，援琴而弦，衎衎而乐，作而曰：'先王制礼，不敢不及也。'子曰：'君子也！'"得到的孔子的称赞，说明子夏对孔子的礼乐思想已经非常精通。

关于《易》。《史记·仲尼弟子列传》记载传易者为孔子弟子商瞿："商瞿，鲁人，字子木，少孔子二十九岁。孔子传《易》于瞿；瞿传楚人馯臂子弘；弘传江东人矫子庸疵；疵传燕人周子家竖；竖传淳于人光子乘羽；羽传齐人田子庄何，何传东武人王子中同。同传淄川人杨何。何元朔中以治《易》为汉中大夫。"（《汉书·儒林传》略异）《易》的传承似乎与子夏无关，但子夏对《易》也很有造诣。《孔子家语·六本》记载孔子与子夏讨论《易》损、益二卦的意义，孔子讲完之后，子夏说："商请志之，而终身奉行焉。"（《说苑·敬慎》略同）《孔子家语·执辔》又载子夏与孔子谈论《易》与天地万物的关系。另外，后世流传一部《子夏易传》，此书的流传及内容真伪问题非常复杂，有些人认为此书确实为子夏所作，如《隋书·经籍志》云："周文王作卦，谓之《周易》，周公又作《爻辞》，孔子为《彖》《象》《系辞》《文言》《序卦》《说卦》《杂卦》，而子夏为之传。"唐人李鼎祚谓："原夫权舆三教，钤键九流，实开国承家修身之正术也。自卜商入室，亲授微言，传注百家，绵历千古。"但有人则认为汉代传易的韩商亦字子夏，此《子夏易传》当系韩商所作。

子夏传《春秋》。《春秋》作于孔子晚年，子夏随侍在侧，亲睹夫子之作，《史记·孔子世家》称："至于为春秋，笔则笔，削则削，子夏之徒不能赞一辞。弟子受《春秋》，孔子曰：'后世知丘者以《春秋》，而罪丘者亦以《春秋》。'"于诸弟子独言子夏，可见受《春秋》的弟子当以子夏为首。在先秦和秦汉的文献中，子夏说《春秋》的例子屡见不鲜。《吕氏春秋·察传》记子夏经过卫国去晋时，有读史的人说"晋师三豕涉河"，子夏马上听出"三豕"为"己亥"之误，说明他精于《春秋》史事。《韩非子·外储说右上》引子夏说《春秋》之义云："《春秋》之记臣杀君、子杀父者，以十数矣，皆非一日之积也，有渐而以至矣。凡奸者，行久而成积，积成而力多，力多而能杀，故明主蚤绝之。"董仲舒《春秋繁露·俞序》载子夏之言曰："有国家者不可不学《春秋》，不学《春秋》则无以见前后旁侧之危，则不知国之大柄，君之重任也。故或胁穷失国，擒杀于位，一朝至尔。苟能述《春秋》之法，致行其道，岂徒除祸哉，乃尧、舜之德也。"又云："故子夏言《春秋》重人，诸讥皆本此。或奢侈使人愤怨，或暴虐贼害人，终皆祸及身。"《说苑·复恩》载子夏之言曰："《春秋》者，记君不君，臣不臣，父不父，子不子者也；此非一日之事也，有渐以至焉。"汉代纬书《孝经钩命诀》称："《春秋》属商，《孝经》属参。"这些都充分说明子夏与《春秋》一经的传承有密切关系。

《春秋》有《公羊》《穀梁》《左氏》三传，三传与子夏也有非常密切的关系。《公羊》《穀梁》二传都是口传，据说都传自子夏。《公羊疏序》引戴宏序云："子夏传与公羊高，高传与其子平，平传与其子地，地传与其子敢，敢传与其子寿。至汉景帝时，寿及其弟子齐人胡毋子都著于竹帛。"关于《穀梁传》，汉应劭《风俗通义》说："穀梁赤，子夏弟子。"唐杨士勋《春秋穀梁传疏》则云："穀梁子，名俶，字元始，一名赤，受经于子夏，为经作传，故曰《穀梁传》。"可见二传皆溯源于子夏。关于《左传》，钱穆先生据司马迁所说"左丘失明，厥有《国语》"，而子夏也是晚年失明，故"疑左丘失明，或自子夏误传"。也有人推断《左传》是以吴起为代表的魏国西河学派所为，左氏不是姓氏，而是卫国的地名，而吴起正是左氏人，因此认为《左传》出于子夏的门人群体。

综上可见，六经的多数文本及经义都与子夏有关，虽然有些可能是附会，但无风不起浪，为什么这些经书不附会到孔子其他弟子身上而偏偏放到子夏身上？可见，经书之传承与子夏有密切关系，子夏传经功不可没。由于传经的功绩，子夏在唐太宗贞观年间开始从祀孔庙。唐开元二十七年，子夏被追封为"魏侯"。宋真宗大中祥符二年被加封为"河东公"。南宋度宗咸淳三年进封"魏公",明嘉靖九年改称为"先贤卜子"。

四十、曾子对孝道的弘扬

曾子,名参,少孔子46岁,春秋末年鲁国南武城人,孔子晚年的重要弟子,《论语》中记载了很多曾子与孔子的对话。但曾子不在孔门十哲之中,这可能是有特殊原因的。《论语》载孔门十哲孔子原话是:"从我于陈蔡者,皆不及门也。德行:颜渊、闵子骞、冉伯牛、仲弓。言语:宰我、子贡。政事:冉有、季路。文学:子游、子夏。"所列十位弟子都只是从孔子于陈蔡者,因此十哲并不能概括孔子所有杰出的弟子。《论语·里仁》:"子曰:'参乎!吾道一以贯之。'曾子曰:'唯。'子出,门人问曰:'何谓也?'曾子曰:'夫子之道,忠恕而已矣。'"孔子在曾子没有发问的情况下,直接向曾子讲自己的一贯之道,可见其对曾子的重视。曾子后世有著作流传,《汉书·艺文志》著录"《曾子》十八篇",今《大戴礼记》篇名中带有"曾子"二字的有十篇(以下简称《曾子》十篇),《礼记》篇名中带有"曾子"二字有《曾子问》一篇,可能都是《曾子》一书的遗文。另外,《孝经》《大学》相传也是曾子所作,或与曾子有密切关系。

曾子性格朴实、鲁钝,孔子评价他"参也鲁",这似乎是他的缺点,因为论机敏、善辩他不及子贡,论聪明、博学他不如子夏,论行政才能他不如冉有。但从另一方面讲这又成了他的优点,因为这种性格使他踏实、诚笃、质朴、务实,其对孔子所传孝道的提倡和身体力行就是这一性格的反映。曾子的孝道思想对后世影响深远,他也因此成为中国孝文化最典范的代表,《孝经》就是孔子向曾子传授孝道的记录,另外,《曾子》十篇中的《本孝》《立孝》《大孝》《事父母》等篇集中论述他的孝道理论,《礼记》中的《檀弓上》《檀弓下》《曾子问》《内则》《杂记上》《杂记下》《祭义》等也记录了大量曾子的孝道言论。曾子不但言孝道,他本身就是孝行的模范实践者,成为中国古代最具模范意义的孝子。曾子的孝行和孝道思想,大体表现在以下四个方面。

(一)养亲

伺候父母饮食起居、保证父母衣食无忧是孝行最基本的要求,曾子在这方面做得非常好。今人常言子欲养而亲不待,其实这句话正是曾子所说。《韩诗外传》卷七载曾子之言曰:"往而不可还者,亲也;至而不可加者,年也。是故孝子欲养而亲不待也,木欲直而时不待也。是故椎牛而祭墓,不如鸡豚逮存亲也。"父母在世的时候要尽心供养,克尽孝道,曾子是这样说的,也是这样做的。陆贾《新语·慎微》记载:"曾子孝于父母,昏定晨省,调寒温,适轻重,勉之于糜粥之间,行之于衽席之上,而德美重于后世。"曾子早晚都问候父母,冷暖饮食等照顾得无微不至。曾子不喜欢做官,但为了获得俸禄以供养父母,也宁愿违背自己的意志去做官,《韩诗外传》卷一说:"曾子仕于莒,得粟三秉。方是之时,曾子重其禄而轻其身。亲没之后,齐迎以相,楚迎以令尹,晋迎以上卿。方是之时,曾子重其身而轻其禄。"曾子在莒国虽然只是做一个很卑微的小官,但能够获得一点俸禄以供养父母,他也非常乐意;但父母去世后,一些诸侯国的国君都想聘请他去做卿相之类的大官,他也没有多少兴趣。卷七又载曾子云:"吾尝仕齐为吏,禄不过钟釜,尚犹欣欣而喜者,非以为多也,乐其逮亲也。既没之后,吾尝南游于楚,得尊官焉,堂高九仞,榱题三围,转毂百乘,犹北乡而泣涕者,非为贱也,悲不逮吾亲也。故家贫亲老,不择官而仕;若夫信其志、约其亲者,非孝也。"曾子在齐国当官,虽然俸禄不多,但可以侍奉双亲,也感到欢喜;等到双亲逝世后,即使取得高官厚禄,但因不能再侍奉双亲而悲伤不已。《战国策·燕策》谓曾子"义不离亲一夕宿于外",为了照顾父母,甚至不在外面住一夜。

曾子不但奉养自己的亲生父母,而且对后母的奉养也丝毫不减。《孔子家语·七十二弟子解》载:"参后母遇之无恩,而供养不衰。"曾子的后母对曾子没有慈爱之恩情,但是曾子照样供养,丝毫不马虎懈怠,甚至因为妻子没有把给后母吃的饭煮熟而把妻子休弃:"及其妻以藜不熟,因出之。"[1]

(二)顺志

《论语》中记载孔子曰:"今之孝者,是谓能养,至于犬马,皆能有养,不

---

[1] 此事在《白虎通》中有另一种说法,即认为曾子出妻,藜不熟只是一个借口,是为了"弃妻令可嫁也"。另外《汉书》卷七十二王吉传如淳注引《韩诗外传》称曾参丧妻不更娶,认为曾子是丧妻而非出妻,说法不同。

敬,何以别乎?"孝虽以养为首,但更重要的是要敬,即不但养父母之体,更要养父母之志,承顺父母的心意,让父母心情舒畅。曾子对此也有很多论述。《孟子·离娄上》载:"曾子养曾皙,必有酒肉。将彻,必请所与。问有余,必曰'有'。曾皙死,曾元养曾子,必有酒肉。将彻,不请所与。问有余,曰'亡矣'。将以复进也,此所谓养体者也。若曾子,则可谓养志也。事亲若曾子者可也。"孟子所谓的"养志"者,指的就是曾子。曾子、曾元养亲都有酒肉,但二人方法完全不同,曾子更贴心,饭菜撤下去后会问父母给谁,父母若问还有没有剩余,回答有余,以宽父母之心,而曾元则与此相反。二人不同的养亲方法,凸显了曾子的孝更能细致入微,顺承父母心志,不使其担忧。不过,由于曾子性格朴拙,有时候过于顺承父母意志,连孔子都对他严厉批评,《孔子家语·六本》记载了这样一个故事:

> 曾子耘瓜,误斩其根。曾皙怒,建大杖以击其背。曾子仆地而不知人久之。有顷乃苏,欣然而起,进于曾皙曰:"向也参得罪于大人,大人用力教参,得无疾乎?"退而就房,援琴而歌,欲令曾皙而闻之,知其体康也。孔子闻之而怒,告门弟子曰:"参来,勿内。"曾参自以为无罪,使人请于孔子。子曰:"汝不闻乎?昔瞽瞍有子曰舜,舜之事瞽瞍,欲使之,未尝不在于侧,索而杀之,未尝可得。小棰则待过,大杖则逃走。故瞽瞍不犯不父之罪,而舜不失烝烝之孝。今参事父,委身以待暴怒,殪而不避。既身死而陷父于不义,其不孝孰大焉?汝非天子之民也?杀天子之民,其罪奚若?"曾参闻之曰:"参罪大矣。"遂造孔子而谢过。(《韩诗外传》卷八、《说苑·建本》略同)

曾子父亲用棍棒打曾子,曾子没有躲避,以至于被打昏过去,醒了之后还问父亲用力打我有没有累着自己?又怕父母担心自己,回到自己房里弹琴,想让父母知道自己没有被打坏。但孔子对曾子这种近似愚孝的做法非常不满,甚至不让他进门。孔子告诫他,父亲暴怒的时候不躲避,万一父亲失手把自己打坏,不是陷父亲于不义吗?这才是最大的不孝,合理的做法是要像舜那样讲究策略,"小棰则待过,大杖则逃走",待父亲怒气消了再进行和解,这样才是真正的孝。

（三）善保身体不遗亲恶名

古人认为身体是父母所赐，是父母生命的延续，保护好自己的身体不受伤害，也是孝的重要表现。孔子说："身体发肤，受之父母，不敢毁伤，孝之始也。立身行道，扬名后世，以显父母，孝之终也。"（《孝经》）曾子也说："父母全而生之，子全而归之，可谓孝矣。不亏其体，可谓全矣。故君子顷步之不敢忘也。"（《大戴礼记·曾子大孝》）曾子终其一生，戒慎恐惧，以守身为大，《论语·泰伯》载："曾子有疾，召门弟子曰：'启予足！启予手！《诗》云：战战兢兢，如临深渊，如履薄冰。而今而后，吾知免夫！小子！'"临终前还让弟子们检视自己的身体，告诉弟子们，自己临终前保持了身体的完整性，在孝道方面是没有什么遗憾了。善保身体，除了保护好身体不受伤害，还要使身体的言行举止庄重合礼、不犯法不受刑罚等，在曾子看来，身体的一切举动都关系到孝，一有过错就是不孝，曾子说："身者，亲之遗体也。行亲之遗体，敢不敬乎？故居处不庄，非孝也；事君不忠，非孝也；莅官不敬，非孝也；朋友不信，非孝也；战陈无勇，非孝也。五者不遂，灾及乎身，敢不敬乎？"（《大戴礼记·曾子大孝》）曾子何以将善保身体作为孝的重要内涵呢？这是有一定的历史背景的。先秦时期，身体的损害主要是指受刑罚，如墨、劓、刖（也作腓）、宫、大辟等五刑，即所谓的"刑余之人"，这些刑罚不仅造成身体的残缺，更是一种污名和卑贱的表征，是被人看不起的。注重保护自己的身体不受伤害，表面看是爱护自己，实际上是要避免自己因陷于刑罚而给父母带来污名。曾子所说"行亲之遗体，敢不敬"正是此意。

（四）父母没后尽礼尽哀

《孝经》云："孝子之事亲也，居则致其敬，养则致其乐，病则致其忧，丧则致其哀，祭则致其严，五者备矣，然后能事亲。"孝包括生事与死事，不但生前尽心供养，去世后致哀尽礼也是孝的重要表现。《礼记·檀弓上》云："曾子执亲之丧，水浆不入于口者七日。"为父母守丧七日不吃不喝，可以想见其悲哀之甚，以至于子思批评他超过了礼的要求。虽然父母不在了，曾子还常常心怀思念。前引《韩诗外传》卷七载曾子言曰："……既没之后，吾尝南游于楚，得尊官焉，堂高九仞，榱题三围，转毂百乘，犹北乡而泣涕者,非为贱也,悲不逮吾亲也。"曾子父母去世后,虽然南游楚国得到高官厚禄,但他仍然常常望着北方哭泣,不是因为自己贫贱,而是因为一想到这些荣华富贵父母都享用不到了就悲从心来。《孟子·尽心下》称"曾晳嗜羊枣,而曾子不忍食羊枣"。《太平御览》卷八百六十二引《孝子传》记载了类似的故事:"曾参食生鱼甚美,因吐之。人问其故,参曰:'母在之日,不知生鱼味;今我美,吐之,终身不食。'"因为母亲在世时,从来没有尝过生鱼的美味,因此曾子吃到美味的生鱼,马上就吐出来不吃了,并且终生不再吃生鱼。

从以上四个方面可以看出,曾子是先秦儒家中对孝道理解最透彻、实践最彻底的,他的孝道对后世影响深远,曾子也成了孝道的代名词,甚至将很多孝的故事附会到曾子身上,《论衡·感虚》记载了一则曾子因孝行而心灵感应的故事:

> 曾子之孝,与母同气。曾子出薪于野,有客至而欲去,曾母曰:"愿留,参方到。"即以右手搤其左臂。曾子左臂立痛,即驰至问母:"臂何故痛?"母曰:"今者客来欲去,吾搤臂以呼汝耳。"盖以至孝,与父母同气,体有疾病,精神辄感。

这则故事后来被收入《二十四孝》中,即所谓的"啮指痛心"。另外,秦汉时期还盛传曾子坐车路过一个叫"胜母"的地方,赶忙避开这个地方,调转车头就离开了。这些故事很可能是后人的虚构,但也说明曾子孝道的影响之深。

由于曾子对孝道的特殊贡献,历代对曾子的褒封也持续不断,唐睿宗太极元年配享孔庙,唐玄宗开元八年旌入十哲,开元二十七年被追赠为"郕伯",宋真宗大中祥符二年被加封为"瑕丘侯",度宗咸淳三年升为"四配",被加封为"郕国公",元至顺元年被追加为"宗圣公",明嘉靖九年改称为"宗圣曾子"。宋代之后,曾子被推尊为孔子之学的正宗传人,成为孔曾思孟传承链条上的重要一环。

四十一、子思传承儒家之道

子思,名伋,孔鲤之子,孔子之孙。《家语·本姓解》载:"孔子三岁而叔梁纥卒，葬于防。至十九，娶于宋之亓官氏，一岁而生伯鱼，鱼之生也，鲁昭公以鲤鱼赐孔子，荣君之贶，故因以名曰鲤，而字伯鱼，鱼年五十，先孔子卒。"《孔子世家》记载："伯鱼生伋，字子思，年六十二。"关于子思的生卒年，学界争议较多，主要集中在两个方面，其一，由于子思之父伯鱼卒年存在争议，主要是伯鱼与颜回去世先后文献有不同记载，致使对子思生年的推断带来一定麻烦。其二，文献多记载子思为鲁穆公师，但鲁穆公元年为公元前407年（钱穆推断为前415年），子思若年六十二，则鲁穆公元年之前早已去世，于是有学者认为《史记》记载的"六十二"有误，例如钱穆先生认为当作"八十二"，郭沂先生甚至改为"九十二"，这样年世便与鲁穆公相及。虽然对于子思的生卒年目前学界尚无定论，但可以肯定的是他主要生活在战国初期，约孔子去世后的数十年内。

关于子思的生平事迹，文献记载不多，且主要集中在被列为伪书的《孔丛子》中，其《记问》《杂训》《居卫》《巡守》《公仪》《抗志》诸篇专记子思事迹。据记载，子思曾长期居住在卫国，如《说苑·立节》称"子思居于卫缊袍无表"，《孟子·离娄下》称"子思居于卫，有齐寇"，《孔丛子》更以"居卫"为篇题记述子思言行。《礼记·檀弓》两次提到"子思之母死于卫"：

> 子思之母死于卫，柳若谓子思曰："子，圣人之后也，四方于子乎观礼，子盍慎诸。"子思曰："吾何慎哉？吾闻之：有其礼，无其财，君子弗行也；有其礼，有其财，无其时，君子弗行也。吾何慎哉？"（《檀弓上》）
>
> 子思之母死于卫，赴于子思，子思哭于庙。门人至曰："庶氏之母死，何为哭于孔氏之庙乎？"子思曰："吾过矣，吾过矣。"遂哭于他室。（《檀弓下》）

子思之母死于卫有两种可能，其一，子思之母在伯鱼死后改嫁于卫，郑玄注即云："伯鱼卒，其妻嫁于卫。"又云："嫁母也，姓庶氏。"其二，子思之母娘家在卫，伯鱼死后回娘家居住，颜师古注《急就篇》"庶霸遂"条云："庶氏之先，本出卫之公族，以非正嫡，遂号庶氏，《礼记》曰子思之母死于卫，庶氏之女也。"孔子与卫国渊源颇深，其弟子如子路、子贡、子夏等多是卫人，他周游列国时在卫国居住时间最长，故很可能为其子伯鱼娶卫国之女为妻。但无论哪一种可能,大概子思之母在伯鱼与孔子去世后,无可依靠,遂带着子思徙居卫国,子思长大成人后方返回鲁国,故其母死于卫,要讣于远在鲁国的子思。

子思早年生活贫困,文献对此多有记载,《说苑·立节》云:"子思居于卫,缊袍无表,二旬而九食。"《孔丛子·公仪》云:"子思居贫,其友有馈之粟者,受二车焉。或献樽酒束脩,子思弗为受也。"又该书《抗志》载:"曾申谓子思曰:'屈己以伸道乎,抗志以贫贱乎?'"可见子思家境非常贫寒,甚至二十天才吃九顿饭,故经常有朋友接济他。

子思晚年曾为鲁穆公之师,《礼记·檀弓》《孟子》《孔丛子》《汉书·艺文志》乃至出土的郭店竹简都有子思与鲁穆公关系的记载。鲁穆公非常尊礼子思,孟子云:"昔者鲁缪公无人乎子思之侧,则不能安子思。"(《孟子·公孙丑下》)又云:"缪公之于子思也,亟问,亟馈鼎肉。"(《孟子·万章下》)《韩非子·难三》称鲁穆公"贵子思而贱子服厉伯"。可见子思在鲁穆公时代很有声望,受到穆公的尊崇。鲁穆公是战国前期鲁国比较有作为的一位君主,他在位期间任命博士公仪休为相,并拜子思为师,进行了一系列改革,子思在这一改革过程中也发挥了重要作用。稷下学者淳于髡云:"鲁缪公之时,公仪子为政,子柳、子思为臣。"(《孟子·告子下》)《孔丛子·公仪》载穆公向子思问政云:

> 穆公问子思曰:"吾国可兴乎?"子思曰:"可。"公曰:"为之奈何?"对曰:"苟君与大夫慕周公伯禽之治,行其政化,开公家之惠,杜私门之利,结恩百姓,修礼邻国,其兴也勃矣。"

这段话是子思政治理念的简短而集中的表述。"开公家之惠,杜私门之利",实际上就是要进一步铲除三桓的势力,收回鲁君的权力,从而革新鲁国的政治。结恩百姓,则是要推行一系列惠民政策,使鲁国民众感受到国君的爱民之心。修礼邻国是妥善处理鲁国与邻国的关系,为国内改革创造良好的外部条件。

子思精于礼学,《礼记·檀弓》记载:

> 穆公问于子思曰:"为旧君反服,古与?"子思曰:"古之君子,进人

以礼,退人以礼,故有旧君反服之礼也;今之君子,进人若将加诸膝,退人若将坠诸渊,毋为戎首,不亦善乎! 又何反服之礼之有?"

子思注重尊贤,《韩非子·难三》记有子思言"尊贤"之事:

> 鲁穆公问于子思曰:"吾闻庞𬳶氏之子不孝,其行奚如?"子思对曰:"君子尊贤以崇德,举善以劝民,若夫过行,是细人之所识也,臣不知也。"

针对鲁国积贫积弱的颓势,子思力倡尊贤以图存,是符合当时士人崛起、各国诸侯竞相养士的时代潮流的。在子思"尊贤以崇德"思想的影响下,泄柳、申祥、公仪休等贤人都能在鲁国得到重用,穆公也因此在历史上留下了尊贤的口碑。郭店竹简记载了鲁穆公与子思关于忠臣的对话:

> 鲁穆公问于子思曰:"何如而可谓忠臣?"子思曰:"恒称其君之恶者,可谓忠臣矣。"公不悦,揖而退之。成孙弋见,公曰:"向者吾问忠臣于子思,子思曰'恒称其君之恶者,可谓忠臣矣',寡人惑焉,而未之得也。"成孙弋曰:"噫,善哉言乎! 夫为其君之故杀其身者,尝有之矣。恒称其君之恶,未之有也。夫为其君之故杀其身者,效禄爵者也。恒称其君之恶者,远禄爵者也。为义而远禄爵,非子思,吾恶闻之矣。"

子思认为恒称其君之恶者才是真正的忠臣,告诫穆公要远离佞臣,敢于任用指出自己缺点的忠臣。这体现了子思耿直、独立的君子人格。子思的骨子里有一种坚韧和傲气,这一点在《孔丛子》所载的子思事迹中表现得最为明显,概括说来,大致有以下几个方面。

一是刚直。子思多次与鲁、卫、齐等诸侯国君以及大夫辩难,且不留情面。《居卫》载曾子认为子思有"傲世主之心,无乃不容乎",又载子思在宋国与宋大夫乐朔讨论《尚书》的内容,乐朔抱怨《尚书》文辞太过古奥不易理解,子思则回答说:"昔鲁委巷亦有似君之言者,伋答之曰道为知者传,苟非其人,道不传矣,今君何似之甚也。"直接将乐朔等同于委巷之人,乐朔感觉受到了侮辱，竟派人围困子思。又《抗志》篇载：

> 子思谓卫君曰："君之国事将日非矣。"君曰："何故？"对曰："有由然焉。君出言皆自以为是，而卿大夫莫敢矫其非。卿大夫出言亦皆自以为是，而士庶莫敢矫其非。君臣既自贤矣，而群下同声贤之。贤之则顺而有福，矫之则逆而有祸。故使如此，如此则善安从生？"诗曰："具曰予圣，谁知乌之雌雄？"抑亦似卫之君臣乎？

面对卫国国君，子思劈头就来一句"君之国事将日非"，丝毫不给卫君留情面，并且批评卫国君臣都自以为是，臣下都不敢矫正在上者的失误，所以卫国的国事日非。子思这段话可以说是"恒称其君之恶者为忠臣"的最好注解。在另一处，子思还批评卫君"取士果信名而不由实者也"，遂使卫君"屈而无辞"。

二是善辩。子思才思敏捷，能言善辩，与孟子性格类似。子思朝见齐君，齐君的宠臣站在旁边，其眉毛和胡须非常漂亮，齐君指着宠臣说，如果相貌能够调换，我不惜把宠臣漂亮的眉毛和胡须换到先生您身上，子思说，这并非我的愿望，我的愿望是您能够修礼义使百姓富裕，而我能够安心在齐国做您的子民，至于有没有漂亮的眉毛、胡须，又有什么关系呢？他接着说：

> 昔尧身修十尺，眉乃八彩，实圣。舜身修八尺有奇，面颔无毛，亦圣。禹汤文武及周公勤思劳体，或折臂望视，或秃骭背偻，亦圣。不以须眉美鬓为称也。人之贤圣在德，岂在貌乎？且吾性无须眉，而天下王侯不以此损其敬。由是言之，伋徒患德之不邵美也，不病毛鬓之不茂也。（《居卫》）

尧、舜、禹、汤、文、武、周公等古圣人有的貌美，有的丑陋，但这并不影响他们成为圣人，所以人的可贵之处在德而不在貌，并说我天性不长须眉，但天下的王侯并不因此而减少对我的尊敬，所以"伋徒患德之不邵美也，不病毛鬓之不茂也"。子思通过举例、类比等论辩手段，有力地反驳了齐君。

三是守道。子思性格高洁，本质上是因为他能坚持原则，守道不移。《抗志》载子思之言曰："道伸，吾所愿也，今天下王侯其孰能哉？与屈己以富贵，不若抗志以贫贱。屈己则制于人。抗志则不愧于道。"只要无愧于道，贫贱与富贵都不是要考虑的问题。又说："古之笃道君子，生不足以喜之，利何足以动之？死不足以禁之，害何足以怨之？"齐国大夫间丘温见田氏将要乱齐，想要以他所掌握的城邑叛齐而归鲁，鲁穆公想让子思去收服间丘温，子思则义正词严地说："伋虽能之，义所不为也。"他认为："彼为人臣，君将败，弗能扶而叛之。逆臣制国，弗能以其身死而逃之，此罪诛之人也。伋纵不能讨，而又要利以召奸，非忍行也。"（《公仪》）收纳叛臣是道义所不当为，即使国君要求也不能去做。子思守道，注重保持人格的独立性，而不屈从于任何权威。《孟子》载："缪公亟见于子思，曰：'古千乘之国以友士，何如？'子思不悦，曰：'古之人有言曰：事之云乎，岂曰友之云乎？'"认为国君对于士，是师之，而非友之。这正是对君子独立人格的坚持。

四是明礼。子思对礼非常熟习，其他文献中屡有记载，在《孔丛子》中也有很多这方面的故事，如《杂训》载：

> 子思在鲁，使以书如卫问子上，子上北面再拜受书伏读，然后与使者宴，遂为复书，返中庭，北面再拜以授使者，既授书，然后退。使者还鲁问子思曰："吾子堂上南面立授臣书，事毕送臣；子上中庭拜授臣书而不送，何也？"子思曰："拜而不送，敬也。使而送之，宾也。"

从这个故事可以看出，子思非常知礼，而且他的儿子子上受到良好的家教，也非常知礼。

总之，从《孔丛子》的记载看，子思性格特立独行，刚直高傲，是一位典型的乱世之中坚守原则的儒者。

关于子思的师承，史料记载并不明晰，后世多认为曾子是子思的老师，但并没有确切证据。从年龄看，曾子少孔子46岁，孔鲤少孔子20岁，则孔鲤26岁时曾子方生，那么孔鲤于曾子为长辈，子思于曾子为同辈人。观各书记载曾子与子思的对话，子思对曾子往往并不客气，《礼记·檀弓上》记载：

曾子谓子思曰:"伋,吾执亲之丧也,水浆不入于口者七日。"子思曰:"先王之制礼也,过之者俯而就之,不至焉者跂而及之。故君子之执亲之丧也,水浆不入于口者三日,杖而后能起。"

子思对曾子执亲丧过礼的做法提出了批评。《孔丛子·居卫》记载曾子与子思的对话:

曾子谓子思曰:"昔者吾从夫子巡守于诸侯,夫子未尝失人臣之礼。而犹圣道不行。今吾观子有傲世主之心,无乃不容乎?"子思曰:"时移世异,人有宜也。当吾先君,周制虽毁,君臣固位,上下相持若一体然。夫欲行其道,不执礼以求之,则不能入也。今天下诸侯方欲力争,竞招英雄以自辅翼,此乃得士则昌失士则亡之秋也。伋于此时不自高,人将下吾;不自贵,人将贱吾;舜禹揖让,汤武用师,非故相诡,乃各时也。"

曾子称子思为"今吾观子",不像是对弟子的语气。曾子认为当年孔子周游列国不失人臣之礼,子思有傲世主之心,不会被人容纳,而子思认为时移世异,不能一概而论,实际上是对曾子观点的否定。另外,《居卫》又载子张之子申祥向子思请教问题,子张少孔子48岁,与曾子同辈,申祥则为子张、曾子晚辈,申祥向子思请教问题,这也从侧面说明子思与曾子是同辈人。

关于子思的著作,《史记·孔子世家》称:"尝困于宋,子思作《中庸》。"《汉书·艺文志》载《子思》二十三篇,《隋书·经籍志》载《子思子》七卷。《子思》一书今已亡,后人有辑本,而《中庸》则被收入《礼记》。《隋书·音乐志》引南朝沈约云:《中庸》《表记》《坊记》《缁衣》皆取《子思子》。"今此四篇皆在《礼记》中,其内容多为孔子言论。《孔丛子·公仪》载:

穆公谓子思曰:"子之书所记夫子之言,或者以谓之辞。"子思曰:"臣所记臣祖之言,或亲闻之者,有闻之于人者,虽非其正辞,然犹不失其意焉。"

《孔丛子》或许是伪书,但它至少是隋唐之前的作品,而其时《子思》一书尚存,作伪者当能见到,其称"子之书所记夫子之言",与今本《中庸》等四篇大量记录孔子语录完全一致,可见这四篇应该来自《子思》一书。又《荀子·非十二子》中有批判子思五行说的内容,1973 年马王堆汉墓出土之帛书《五行》篇、1993 年郭店楚墓出土之竹简《五行》篇,一般认为出于子思,其余《六德》《成之闻之》《性自命出》《尊德义》《鲁穆公问子思》等篇,也被认为是子思或子思学派的作品。子思著作后世影响最大的当属《中庸》。关于《中庸》的撰作,《史记》称"尝困于宋,子思作中庸",其困于宋与作《中庸》是否有关?《孔丛子·居卫》对此事的来龙去脉有详细记载:

> 子思年十六适宋,宋大夫乐朔与之言学焉。朔曰:"《尚书》虞夏数四篇善也,下此以讫于秦费,效尧舜之言耳,殊不如也。"子思答曰:"事变有极,正自当耳。假令周公尧舜不更时异处,其书同矣。"乐朔曰:"凡书之作,欲以喻民也,简易为上。而乃故作难知之辞,不亦繁乎?"子思曰:"书之意兼复深奥,训诂成义,古人所以为典雅也。昔鲁委巷亦有似君之言者,伋答之曰:'道为知者传,苟非其人道不传矣。'今君何似之甚也。"乐朔不悦而退,曰:"孺子辱吾。"其徒曰:"鲁虽以宋为旧,然世有仇焉,请攻之。"遂围子思。宋君闻之,不待驾而救子思。子思既免,曰:"文王困于羑里作《周易》,祖君屈于陈蔡作《春秋》。吾困于宋,可无作乎?"于是撰《中庸》之书四十九篇。

子思十六岁去宋国,因与宋大夫乐朔讨论《尚书》,激怒了乐朔,而被乐朔围困,后来子思被救出后,便效仿"文王困于羑里作《周易》,祖君屈于陈蔡作《春秋》"的故事,撰作《中庸》四十九篇。唐代李翱则称:"子思仲尼之孙,得其祖之道,述《中庸》四十七篇,以传于孟轲。轲曰:'我四十不动心。'轲之门人达者公孙丑、万章之徒,盖传之矣。遭秦灭书,《中庸》之不焚者一篇存焉,于是此道废缺。"(《复性书》)其称四十七篇,当出自《孔丛子》而误"九"为"七"。但是,今本《中庸》只有一篇,此四十九篇到底为何?有的说是《礼记》,因《礼记》恰有四十九篇,有的说是《汉志》所载的《子思》二十三篇分析所成,其详已不可考。

子思是从孔子到孟子之间的关键人物,他在继承儒家思想的基础上有重要的创新,其《中庸》所阐述的天道性命思想,对后世影响深远。子思之儒在先秦自成一派,被韩非子列为儒家八派之一。孟子思想与子思有一定渊源关系,司马迁称孟子"受业子思之门人",荀子以子思孟子并称,子思孟子所形成的思孟学派是儒家思想史上的主流学派,是宋明理学的重要思想源头。

四十二、儒学在南方的传播

在春秋战国时代,中国南方属于楚、吴、越等诸侯国的领地,被当时的中原诸侯国认为是蛮荒之地。不过,这些地方虽不属于中原的范围,但很早就与中原文化有密切交流,并在很多方面接受了中原的文明。孔子及其后学在这些地方积极活动,使儒学从邹鲁地区向南方传播,在南方生根发芽,极大地促进了中华文化的一体化进程。

楚国虽地处南方,但对中原文化并不陌生,早在春秋前期,楚国就接受了来自中原的礼乐文化。《国语·楚语》记载楚庄王(前614－前591年在位)时,楚国大夫申叔时就向庄王申述以诗书等典籍教授楚国贵族子弟:

> 教之《春秋》,而为之耸善而抑恶焉,以戒劝其心;教之《世》,而为之昭明德而废幽昏焉,以休惧其动;教之《诗》,而为之导广显德,以耀明其志;教之礼,使知上下之则;教之乐,以疏其秽而镇其浮;教之《令》,使访物官;教之《语》,使明其德,而知先王之务,用明德于民也;教之《故志》,使知废兴者,而戒惧焉;教之《训典》,使知族类,行比义焉。

楚国用以教授弟子的教材,如《春秋》《诗》《语》《乐》等,与孔子教授弟子的《诗》《书》《礼》《乐》,乃至后世的六经非常接近,虽然此时距儒学的产生还有一二百年,但已可见楚国上层对于中原文化的接受。孔子周游列国,曾长期在楚、蔡、吴等国一带活动,在楚地期间,孔子与叶公交流为政思想,并留下了与荷蓧丈人、楚狂接舆等楚国隐者的故事。

孔门弟子来自全国各地,其中亦不乏南方人,如公孙龙、任不齐、秦商,《史记集解》引郑玄之说,认为此三人都是楚国人。孔子弟子漆雕开,相传为蔡人,今上蔡县有其墓。另外,孔子晚年的重要弟子子游,《史记》认为他是吴人,相传孔子曾说:"吾门有偃,吾道其南。"在多部志书如《乾隆苏州府志》《康熙常熟县志》中都有子游及其遗迹的记载,今常熟境内还有言子墓、文学桥等多处与子游有关的遗址。虽然《家语》称子游为鲁人,但其为吴人的可能性还是很大的。首先,当时鲁国与吴国已经有很多交流,跟孔子同时且比孔子略早的鲁昭公就娶了吴国之女。而且孔子周游时曾到达吴国边境。其次,吴国有颜氏,《庄子·徐无鬼》中有一位吴人颜不疑,为吴王之友,谦退复朴,为国人所称。而颜氏之"颜"在先秦时又可写作"言",《庄子·齐物论》中有一个人叫颜成子游,此人姓颜,名偃,字子游,很明显是比附言偃创造出的形象,可见颜与言是相通的。这说明吴国可能有言(颜)氏一族。

孔子不但有南方的弟子,而且他的很多弟子也都曾南下吴、楚一带活动。《史记·仲尼弟子列传》记载孔子弟子澹台子羽说:"南游至江,从弟子三百人,设取予去就,名施乎诸侯。孔子闻之,曰:'吾以言取人,失之宰予;以貌取人,失之子羽。'"澹台子羽率领弟子三百人在长江地区活动,司马贞在其《史记索隐》中也提到:"今吴国东南有澹台湖,即其遗迹所在。"子贡曾多次往返吴国与齐鲁之间,齐国欲发兵伐鲁,子贡凭借其卓越的口才以儒家道义立论,不但乱齐、破吴、强晋、霸越从而得以保全鲁国,同时也宣扬了儒家的思想,扩大了儒家影响力。子贡的活动在吴地形成了强烈而持久的历史印象,汉代出现的吴越人所写的《越绝书》与《吴越春秋》中有较大篇幅记录和演绎子贡赴吴越游说等一系列活动。

曾子虽是地道的鲁人,也曾前往楚地活动。《韩诗外传》卷七载曾子语云:"吾尝仕齐为吏,禄不过钟釜,尚犹欣欣而喜者,非以为多也,乐其逮亲也。既没之后,吾尝南游于楚,得尊官焉。堂高九仞,榱题三围,转毂百乘,犹北向而泣涕者,非为贱也。"《韩诗外传》卷一载:"曾子仕于莒,得粟三秉,方是之时,曾子重其禄而轻其身;亲没之后,齐迎以相,楚迎以令尹。"两处均提到曾子曾在楚国做过高官。《孟子·公孙丑上》载曾子言:"晋楚之富,不可及也。彼以其富,我以吾仁;彼以其爵,我以吾义。"提到楚国之富,可能与其曾在楚国做官有关。另外,曾子最重要的弟子乐正子春也曾在楚地生活。上博简第八册《命》与《王居》两篇都出现了"令尹子春"，整理者陈佩芬认为"令尹子春"就是曾子弟子乐正子春。《命》篇中称"叶公子高之子见于令尹子春"，从年辈上讲，叶公子高曾与孔子有交往，其子与曾子弟子有交往，也属于正常现象。上博简第四册有《内礼》一篇，其内容与《大戴礼记》中曾子十篇内容有高度重合之处，而上博简是公认的楚地竹简。这些都说明曾子学派曾在楚地活动并产生广泛的影响。

孔子的另一弟子商瞿也同样值得注意，根据《史记·仲尼弟子列传》记载，"孔子传《易》于瞿，瞿传楚人馯臂子弘，弘传江东人矫子庸疵"云云，商瞿的弟子馯臂子弘是楚人，馯臂子弘的弟子矫子庸则是江东人，可见商瞿的后学多是南方人，他们在南方传承易学。总体来看，孔门弟子在南方的活动已经非常频繁，这无疑极大地促进了孔子学说和儒学在南方的传播。

战国中期以后，南北方的交流进一步扩大，儒学在南方尤其是楚地的传播更为广泛和深入，甚至成为当地影响非常大的学术思想。《史记·十二诸侯年表序》云："铎椒为楚威王傅，为王不能尽观《春秋》，采取成败，卒四十章，为《铎氏微》。"《汉书·艺文志》有《铎氏微》三篇，班固自注云："楚太傅铎椒也。"刘向《别录》叙《左传》传承云："左丘明授曾申，申授吴起，起授其子期，期授楚人铎椒，铎椒作抄撮八卷，授虞卿，虞卿作抄撮九卷，授荀卿。"（孔颖达《春秋经传集解序》疏引）楚威王（前339—前329年在位）是战国中期的楚国君主，《铎氏微》曾有成书传世，可见铎椒节略《春秋》（或是《左传》）以教授楚威王当属史实，这说明在楚国上层社会已经广泛学习和称引儒家经典。在社会层面，有不少南方人因仰慕儒家学说而迁到北方，《孟子》书中记载的许行、陈良就是其中的代表。楚人许行本奉行农家之言，因仰慕儒家的仁政学说，而率徒迁居到北方的滕国："有为神农之言者许行，自楚之滕，踵门而告文公曰：'远方之人，闻君行仁政，愿受一廛而为氓。'文公与之处。其徒数十人，皆衣褐，捆屦织席以为食。"（《孟子·滕文公上》）这是南方学儒、慕儒的一个鲜明写照。《孟子·滕文公上》还记载楚国人陈良北上学儒之事："陈良，楚产也，悦周公、仲尼之道，北学于中国，北方之学者，未能或之先也。"陈良作为楚国人，因喜欢儒学而赴北方求学，这说明儒学在楚地已经有了很大的影响力，才会引起当地人的浓厚兴趣，以至于要亲自去北方求学。到战国晚期，大儒荀子来到楚国，并出任楚国的兰陵令，更是楚地儒学发展的一个明证。

近年来,随着楚地简帛的大量出土,进一步证明了儒学在楚国的深入发展。先是20世纪70年代,湖南长沙马王堆汉墓出土了大量的简帛文献,其中就有不少儒家典籍,如《易经》和易说类的佚书《二三子问》《系辞》《易之义》《要》《缪和》《昭力》等,《丧服图》记述了汉初人丧服的有关规定,其中提到了三年之丧、期年、九月、七月等服丧期,还有史书类的《春秋事语》,其中许多内容可以与《春秋》三传、《国语》等儒家典籍相印证。这些墓葬虽然下葬于汉初的吕后至文帝时期,但其中所反映的当地文化和学术,则可以远溯到更早的战国时代。李学勤先生说:"汉初的竹简帛书种种佚籍,大多是自先秦幸存下来的书籍的抄本。"[①]这说明早在战国时代,儒家学说的影响力已经远及于楚国南部的今湖南一带。

1993年10月,在湖北荆门郭店村战国楚墓一号墓M1出土了大量竹简。郭店楚简的文字是典型的楚系文字,从墓葬形制和器物特征判断,郭店一号墓M1具有战国中期偏晚的特点,其下葬年代当在公元前4世纪中期至3世纪初。这批竹简主要包括先秦儒道文献共13种18篇。其中道家文献2种4篇,即《老子》甲、乙、丙三篇,《太一生水》一篇。儒家文献共11种14篇,即《缁衣》、《鲁穆公问子思》、《穷达以时》、《五行》、《唐虞之道》、《忠信之道》、《成之闻之》、《尊德义》、《性自命出》、《六德》、《语丛》(四篇)。其中儒家文献数量远多于道家文献。据学者们研究,这批儒学文献具有以下几个特征,第一,与子思学派有密切关系,如《缁衣》被认为是出自《子思》一书,《五行》篇则是荀子所批判的子思、孟子所持的"五行"学说,而《鲁穆公问子思》更是直接涉及子思事迹。第二,思想水平很高,涉及儒家思想的核心,如五行学说、忠信之道、性命关系等等,这些具有较强哲学意味的儒家文献能在楚地传播和接受,足见当地的儒家文化水平已经达到很高的高度。第三,在郭店儒简中出现了诗、书、礼、乐、易、春秋六艺并称的说法,这应该是最早的关于六艺并称的文献记载,足见六艺和六经的思想也已在当地传播开来。

上海博物馆藏战国楚竹书也是楚地儒家文化的见证。该批竹简系从香港文物市场购回,其文字形态也属于明显的楚系文字,据学者推算,当为战国晚期楚国贵族墓中的随葬品。据其已公布的内容看,其中绝大部

---

① 李学勤:《简帛佚籍与学术史》,江西教育出版社2001年版,第8页。

分为儒家文献,包括《孔子诗论》、《鲁邦大旱》、《缁衣》、《性情论》、《武王践祚》、《子羔》、《乐书》、《从政》(甲、乙)、《周易》、《中弓》、《曾子》、《颜回》、《子路》、《相邦之道》等数十篇,虽然《易经》《缁衣》等有传世文献相对照,但其他文献如《诗论》《子羔》《乐记》《曾子》《颜回》《子路》《乐书》等均为先秦佚籍。这些文献都不同程度地体现了儒家思想尤其是思孟学派的心性学说和民本思想,为证明先秦楚地儒家思想的广为流布提供了实物证据,在曾被春秋时人视为"蛮夷"之地的南方楚国,战国时期就有数量如此众多的儒家典籍流传,这在过去似乎是不可想象的。

楚国是道家的发祥地,学术思想自然以道家为主,相传老子是楚国人,《文子》《鹖冠子》《黄老帛书》等一批黄老道家代表著作均产生于楚国。儒家思想的传入,不可避免地与本地的道家学说产生碰撞与融合。老子就直接批判儒家的仁义思想,庄子也常以孔子为嘲弄的对象,但道家对儒家思想也有很多吸收,不仅吸收儒家仁、德、义、礼等范畴,更是重新诠释改造儒家政治思想,建立起一套以无为为特色的治国方略。

四十三、孟母教子与家教文化的展开

家教对于孩子人格的培养和健康成长具有非常关键的作用,尤其是母亲对子女的言传身教,更是非常重要。家庭伦理是儒家思想的重要内容,儒家五伦中的父子、夫妇、兄弟三伦都与家庭有关。儒家强调和谐有序、充满亲情之爱的家庭伦理,因此也非常重视家庭教育,称为庭训。在儒家思想的影响下,历史上涌现出的教子有方的贤父贤母不胜枚举,而其中影响最大的要数孟母教子的故事,孟子之所以能够成为大儒,与孟母的家庭教育有密不可分的关系。

孟母相传姓李,也有说姓仉(音掌),而以后说较为流行。《重纂三迁志》载元张翌撰孟母墓碑文称:"旧碑题孟母李氏。旧碑即孙弼《邹国公坟庙碑》。碑云:'公夙丧其父,母李氏以贤德称。'言之凿凿,此碑具在墓侧,似非臆造,第后人磨李改仉耳。"孙弼所立之碑立于金贞祐元年(1213),可见当时认为孟母姓李,而元代时又盛传姓仉。但年代久远,这些可能都是后人附会,未必可信,连孟子本人的生平都有很多不详的地方,更何况他的母亲了,不过这无损于孟母的伟大。关于孟母教子,历史上流传着六个故事,它们主要来自《韩诗外传》和刘向的《列女传》。

(一)孟母胎教

孟母胎教的故事出自《韩诗外传》卷九:

> 孟子少时,东家杀豚,孟子问其母曰:"东家杀豚何为?"母曰:"欲
> 啖汝。"其母自悔而言,曰:"吾怀娠是子,席不正不坐,割不正不食,胎
> 之教也。今适有知而欺之,是教之不信也。"乃买东家豚肉以食之,明
> 不欺也。

中国古人很早就知道要进行胎教了,《大戴礼记·保傅》载青史氏之
记曰:"古者胎教,王后腹之七月而就宴室,太史持铜而御户左,太宰持升
而御户右。比及三月者,王后所求声音非礼乐,则太师缊瑟而称不习,所
求滋味者非正味,则太宰倚升而言曰:不敢以待王太子。"讲的是宫廷太子
的胎教。《列女传》卷一周室三母云:"古者妇人妊子,寝不侧,坐不边,立
不跸,不食邪味,割不正不食,席不正不坐,目不视于邪色,耳不听于淫声,
夜则令瞽诵诗道正事;如此则生子形容端正,才德必过人矣。"认为王季、
文王、武王的母亲,都实行了胎教,所以她们的儿子才能够成就大才。而
古代实行胎教最典范的代表就是孟母。孟母认识到子女的教育要从胎儿
开始,于是在日常行为中非常注意自己的言行举止,"席不正不坐,割不正
不食"。现代科学也逐渐认识到,孕妇的情绪、心境、修养等,都会无形地
对胎儿的发育产生影响,因此正确的胎教是非常必要的,孟母就是古代胎
教的典范。

(二)不欺童子

这个故事与孟母胎教的故事属于同一段话。孟母十分注重言传身
教,以自己的一言一行、一举一动来启发教育孟子。当孟子问邻居为什么
要杀猪时,孟母随口说了一句"是为了给你吃啊"。显然这是一句戏言,但
作为母亲既然说了,就要兑现,这也是对孩子的一种言传身教,否则,为了
哄孩子而说谎话欺骗,这会对孩子形成不良的影响。无独有偶,《韩非
子·外储说左上》也记载了一则类似的故事:

曾子之妻之市，其子随之而泣，其母曰："女还顾反为女杀彘。"适市来，曾子欲捕彘杀之，妻止之曰："特与婴儿戏耳。"曾子曰："婴儿非与戏也，婴儿非有知也，待父母而学者也，听父母之教，今子欺之，是教子欺也，父欺子而不信其母，非以成教也。"遂烹彘也。

这则故事的主角是曾子，可能是同一件事的讹传。

（三）孟母三迁

孟母三迁的故事流传广泛，家喻户晓，并被写入《三字经》："昔孟母，择邻处。"这一故事最早见于《列女传》卷一母仪传：

邹孟轲之母也，号孟母，其舍近墓，孟子之少也，嬉游为墓间之事，踊跃筑埋，孟母曰："此非吾所以居处子。"乃去舍市傍，其嬉戏为贾人衒卖之事，孟母又曰："此非吾所以居处子也。"复徙舍学宫之旁，其嬉游乃设俎豆揖让进退，孟母曰："真可以居吾子矣。"遂居。及孟子长，学六艺，卒成大儒之名。君子谓孟母善以渐化，诗云："彼姝者子，何以予之。"此之谓也。

孟子一开始居住在墓地附近，经常跟小伙伴玩丧事的游戏，孟母认为这对孟子有不好的影响，于是带着他迁移到集市旁，孟子又学会了吆喝买卖，孟母认为这也不适合孟子的成长，最后把家搬到学宫旁边居住，孟子便玩起了鞠躬行礼的游戏。由此，孟子从小受到学问的熏陶，长大后终于成为一代名儒。孟母三迁的故事，一方面说明孟子的母亲为了使孩子拥有好的教育环境，煞费苦心，充满对子女的爱，另一方面也说明良好的教育环境对于孩子的成长是多么重要。明代的史鹗在《致告于先师孟夫子之神文》中提到孟氏的家族志名为《三迁志》的原因时说："志名三迁，厥义何在？蒙养以正，出于母爱。"孟母三迁的故事在后世影响深远，汉赵歧在《孟子题词》中就说："孟子生有淑质，幼被慈母三迁之教。"后来三迁的故事被改编成了杂剧和散曲等多种文学形式，如宋元之际便有了南戏《孟母三移》、元代有戏剧《守贞节孟母三移》、明代有徐应乾创作的杂剧《三迁记》，等等，都将孟母教子故事直接搬上了舞台。

（四）断机教子

断机教子的故事最早见于《韩诗外传》卷九，而《列女传》卷一的叙述更为详细：

> 孟子之少也，既学而归，孟母方绩，问曰："学所至矣？"孟子曰："自若也。"孟母以刀断其织，孟子惧而问其故，孟母曰："子之废学，若吾断斯织也。夫君子学以立名，问则广知，是以居则安宁，动则远害。今而废之，是不免于厮役而无以离于祸患也，何以异于织绩而食，中道废而不为，宁能衣其夫子而长不乏粮食哉？女则废其所食，男则堕于修德，不为窃盗则为虏役矣。"孟子惧，旦夕勤学不息，师事子思，遂成天下之名儒。君子谓孟母知为人母之道矣，诗云："彼姝者子，何以告之。"此之谓也。

孟子"既学而归"，可能并非放学而归，而是逃学，孟母并不直接训斥孟子，而是割断自己正在织的布，这块布中途一旦被割断，就完全没有用了，以此告诉孟子中途废学最终会一无所成，"不为窃盗则为虏役"，孟子明白了其中的道理，便发愤勤学。孟母的这种教育方式有很多地方值得借鉴。面对孟子的逃学，孟母没有当面指责，而是通过非常直观的"断机"一事使孟子明白中途辍学是很不好的事。在日常生活中，我们不难发现，空洞的说教让孩子似懂非懂，左耳进右耳出；严厉的惩罚则更让孩子产生逆反心理，甚至铤而走险。用直观的事实教育他可能效果更好。孟母断机教子的故事后来也被写进《三字经》："子不学，断机杼。"许多地方的孟母祠又被称为断机堂，孟子圣迹图中的第一幅便是孟母断机图。东汉的乐羊子妻，就曾以断织来劝夫学习，或许也是受到了孟母的启示。

（五）劝止出妻

这一故事也见于《韩诗外传》卷九：

> 孟子妻独居，踞，孟子入户视之，白其母曰："妇无礼，请去之。"母曰："何也？"曰："踞。"其母曰："何知之？"孟子曰："我亲见之。"母曰：

"乃汝无礼也,非妇无礼。礼不云乎?将入门,问孰存,将上堂,声必扬,将入户,视必下,不掩人不备也,今汝往燕私之处,入户不有声,令人踞而视之,是汝之无礼也,非妇无礼也。"于是孟子自责,不敢去妇。诗曰:"采葑采菲,无以下体。"

"踞",又称箕踞,即两腿岔开坐着像簸箕一样,在先秦时代被认为是非常失礼和不雅的坐姿,《论语·宪问》中记载"原壤夷俟"夷俟即是箕踞,孔子曾严厉批评他"幼而不孙弟,长而无述焉,老而不死,是为贼"。孟子见他妻子在家里这种坐姿,非常生气,甚至想要休了她。孟母则告诫他,礼要看场合,箕踞在公共场所显然是无礼,但在私人空间则无可厚非。而且根据当时礼仪,进门之前要先对屋里的人有所提示,如同礼书上所说的"将入门,问孰存,将上堂,声必扬,将入户,视必下",而孟子并没有这样就直接入室,反倒是孟子失礼了。孟母以此教导孟子,虽然要守礼,但要对礼有更全面的掌握,要注意礼的场合和变通。后来孟子讲"经"与"权",讨论嫂溺援之以手的问题,可能也受到孟母的影响。孟子出妻的故事在先秦有一定的影响,《荀子·解蔽》就曾提到:"孟子恶败而出妻,可谓能自强矣。"

(六)劝子止忧

《列女传》卷一还记载了一个孟母解孟子之忧的故事:

孟子处齐而有忧色,孟母见之曰:"子若有忧色,何也?"孟子曰:"不敏。"异日闲居,拥楹而叹,孟母见之曰:"乡见子有忧色,曰不也,今拥楹而叹,何也?"孟子对曰:"轲闻之,君子称身而就位,不为苟得而受赏。不贪荣禄,诸侯不听则不达其土,听而不用则不践其朝。今道不用于齐,愿行而母老,是以忧也。"孟母曰:"夫妇人之礼,精五饭幂酒浆养舅姑缝衣裳而已矣。故有闺内之修而无境外之志,易曰'在中馈无攸遂',诗曰'无非无仪,惟酒食是议',以言妇人无擅制之义,而有三从之道也。故年少则从乎父母,出嫁则从乎夫,夫死则从乎子,礼也。今子成人也。而我老矣。子行乎子义,吾行乎吾礼。"君子谓孟母知妇道,诗云:"载色载笑,匪怒伊教。"此之谓也。

齐国不重用孟子，孟子本想离开齐国，但考虑到母亲已经年老，不便远行，所以心情很矛盾。孟母深明大义，向孟子讲述"三从"的道理，劝说孟子"子行乎子义，吾行乎吾礼"，只管去做自己该做的事就可以了。三从，《礼记·郊特牲》就有记载："妇人，从人者也：幼从父兄，嫁从夫，夫死从子。"孟母提到三从，后世多以此夸赞孟母知妇道，如刘向就说："君子谓孟母知妇道。"其实仔细品味这个故事，孟母实际上是在开导孟子，让孟子能够专心致志做自己想做的事，而并不是贬低妇女地位，况且孟子自幼丧父，如果一定要夫死从子，孟母又何须多次对孟子谆谆教导呢？

孟母教子的故事影响深远，集中体现了儒家理性、严肃而又不失亲情的家教文化。孟母从汉代开始成为母仪典范，一直备受推崇。东汉女史学家班昭曾作《孟母颂》，西晋女文学家左芬作《孟母赞》。历代统治者也对其屡加封谥，元延祐三年，元仁宗褒崇孟父、孟母，追封孟母为"邾国宣献夫人"，是孟母有封号之始，其褒封圣旨刻成碑文，即《圣诏褒崇孟父孟母封号之碑》，现在还保存在山东邹城孟庙中。这道圣旨由表彰孟子之伟大，继而表彰、追封孟子父母，认为虽然孟子为"命世亚圣之才"，也得力于父母的教诲。孟母的墓地"孟母林"，在邹城北25里的马鞍山麓，已被公布为山东省重点文物保护单位。近年来，孟子故里邹城多次举办中华母亲文化节，弘扬以孟母为代表的母教文化，取得了良好的社会效果。孟母作为一位成功女性、伟大母亲的典范，愈发深入人们心中，指导着人们的言行，浸润于人们的心灵，发挥着她独特的人格魅力。

四十四、先秦儒家人性之辩

人性论是先秦诸子尤其是儒家关注的重要理论问题，并就此问题产生了激烈的争辩，王充在《论衡·本性》中谈到情性问题时更感叹说："昔儒旧生，著作篇章，莫不论说，莫能实定。"先秦儒家的许多重要人物，都曾参与人性问题的讨论，代表性的是孟子与告子的辩论，以及荀子对孟子性善论的批判。

在孔子之前的文献中，并没有出现明确的人性概念，目前发现的殷周金文中没有"性"字，传世文献《尚书》中"性"字凡五见，《汤诰》有"惟皇上帝，降衷于下民，若有恒性，克绥厥猷惟后"，《太甲》有"习与性成"，《西伯戡黎》有"不虞天性,不迪率典",《召诰》有"节性,惟日其迈",《旅獒》有"犬马非其土性不畜"。但其中只有《西伯戡黎》与《召诰》是今文《尚书》,其余三篇都是伪古文《尚书》。而今文《尚书》的两例,也看不出明显的人性观点。

孔子也没有专门讨论过人性问题,《论语》中只有一句"性相近也,习相远也"(《论语·阳货》),其他相关语句,有"唯上知与下愚不移"(《论语·阳货》)、"中人以上,可以语上也;中人以下,不可以语上也"(《论语·雍也》)、"生而知之者上也;学而知之者次也;困而学之又其次也。困而不学,民斯为下矣"(《论语·季氏》)、"我非生而知之者,好古,敏以求之者也"(《论语·述而》)等。综合这些语句可知,孔子认为人的天性是接近的,后天的学习对人的影响很大,通过后天的努力学习,可以成长为有用之才;可能存在一些生而知之的人,或怎么学都学不会的人,但这类人非常少。可见,孔子并没有直接讨论人性问题,而只是在某种特定语境下偶尔语及之,在孔子时代人性问题尚未被特别关注。

孔子之后,孔门后学开始讨论人性问题。《论衡·本性》云:"周人世硕,以为人性有善有恶,举人之善性,养而致之则善长;性恶,养而致之则恶长。如此,则性各有阴阳,善恶在所养焉。故世子作《养书》一篇。宓子贱、漆雕开、公孙尼子之徒,亦论情性,与世子相出入,皆言性有善有恶。"可见,宓子贱、漆雕开、公孙尼子、子思、世硕等都曾提出过人性论。据王充的介绍,世硕的观点比较有代表性,他认为性有善有恶,养其善性则善长,养其恶性则恶长,要成为好人还坏人,全在于后天的培养。王充比较赞同这种观点,认为"唯世硕、公孙尼子之徒,颇得其正"。世硕,《汉书·艺文志》有"世子二十一篇",注云:"名硕,陈人也,七十子之弟子。"关于世子的生平资料很少,目前仅可推断略与子思同时。《礼记·檀弓上》载:"子柳之母死,子硕请具。"郑注云:"子柳,鲁叔仲皮之子,子硕之兄。"《礼记·杂记下》又载:"世柳之母死,相者由左。"郑注曰:"世柳,鲁穆公时贤人也。"《孟子·告子下》载:"鲁缪公之时,公仪子为政,子柳、子思为臣。"由以上资料,大致可以推断,世硕与世柳为兄弟,世柳曾与子思共同做过鲁穆公之臣。长沙马王堆帛书《五行》篇中"说"的部分有两次引用"世子曰",有学者就认为"说"的部分,甚至整个《五行》篇都是世子学派的作品。宓子贱,孔子弟子,少孔子30岁(《史记·仲尼弟子列传》),曾为单父宰,孔子称赞他："君子哉若人！鲁无君子者，斯焉取斯？"(《论语·公冶长》)《汉书·艺文志》著录"宓子十六篇"。漆雕开，孔子弟子，儒家八派之一漆雕氏之儒的代表人物，《汉志》著录"漆雕子十三篇"，注"孔子弟子漆雕启后"。公孙尼子，《汉志》著录"公孙尼子二十八篇"，注云"七十子之弟子"。上述世硕等都是孔子弟子或其后学，且都有著作，东汉的王充尚能见到，但他们的著作大多散佚，因此其人性理论已不容易考察。

世子等人的人性学说与告子的观点非常类似，告子仅见于《孟子》一书，生平不详，关于告子的师承及学派归属，有人认为属于儒家，有人认为属于稷下先生之一，有人认为是孟子弟子，还有人认为告子是《孟子》书中提到的另一人"浩生不害"，或与《墨子·公孟》中的告子为同一人，但目前并没有可靠的资料证明上述观点，故只能存疑。目前关于告子最详细的事迹是与孟子的人性之辩。孟子持性善论，认为人性本善，人人皆有善端。而告子则认为人性生来无所谓善恶，人之善恶，全在于后天的培养和引导。孟子与告子的人性论之辩，循环往复四个回合，其中当面直接论辩三次，他人转述论辩一次，整个过程非常精彩，是中国学术史上有充分资料记载的最早的一次学术辩论。

第一回合：

> 告子曰："性，犹杞柳也；义，犹桮棬也。以人性为仁义，犹以杞柳为桮棬。"孟子曰："子能顺杞柳之性而以为桮棬乎？将戕贼杞柳而后以为桮棬也？如将戕贼杞柳而以为桮棬，则亦将戕贼人以为仁义与？率天下之人而祸仁义者，必子之言夫！"

告子将性比喻为树木，将善(仁义)比喻为由树木做成的杯盘，由于树木本身并不是杯盘，需要加工雕琢才能成为杯盘，所以人性本身并不是善，需要经过后天的培养打磨才会变成善人。孟子则认为杯盘是戕贼树木才得到的，然后反过来再说告子是戕贼人性使之变为仁义。伍非百先生认为孟子在这个辩论中偷换了概念：

> 孟子答辞言"戕贼杞柳而以为桮棬，则亦将戕贼人以为仁义与"，于"人"字下省略"性"字，对告子之辩，为误解原意。夫"戕贼杞柳以

为栖桮",既为立敌所共许,则"戕贼人性以为仁义"有何不可?而孟子答辞,乃将"人性"一辞,轻轻转为"人"字,以知言论之,实犹未免为淫诐之辞也。①

告子的意思是,对原本无善无恶的质朴人性,进行有意识的雕琢、修饰,使之成为善的(即义),如同对质朴的树木进行雕琢、修饰,使之成为可以利用的杯盘,而孟子却将这种雕琢、修饰说成"戕贼"人,将人性换成人,故伍先生认为他是偷换概念。

第二回合:

> 告子曰:"性,犹湍水也,决诸东方则东流,决诸西方则西流。人性之无分于善不善也,犹水之无分于东西也。"孟子曰:"水信无分于东西,无分于上下乎?人性之善也,犹水之就下也。人无有不善,水无有不下。今夫水搏而跃之,可使过颡,激而行之,可使在山,是岂水之性哉?其势则然也。人之可使为不善,其性亦犹是也。"

告子认为水流本身无东西方向之分,其东流或西流全在于人的疏导,以此比喻人性本身无所谓善恶。孟子在回答时也有转移话题的嫌疑,他说:"水信无分于东西,无分于上下乎?"下文则避开"东西"而只讨论"上下",将告子讲水是否分东西的问题,悄悄转换成了水是否分上下的问题。水虽然不分东西,但任何人都知道水是分上下的,所有的水都往下流,孟子就以"水无有不下"来论证"人无有不善"。但这并没有驳倒告子以"水不分东西"来论证"人性不分善恶",顶多是各说各话。另外,告子和孟子在这里用的都是类比论证法,而类比论证法本质上是无效的,而只能起到对论点加强说明的作用,例如,汉代的董仲舒就曾以水无有不下来证明人有求利之心,说:"万民之从利也,如水之走下。"(《汉书·董仲舒传》)其实,水无有不下,既不能论证人性之善,也不能论证人有求利之心。

第三回合:

---

① 伍非百:《中国古名家言》,四川大学出版社 2010 年版,第 818 页。

告子曰："生之谓性。"孟子曰："生之谓性也，犹白之谓白与？"曰："然。""白羽之白也，犹白雪之白，白雪之白，犹白玉之白欤？"曰："然。""然则犬之性犹牛之性，牛之性犹人之性欤？"

孟子的回答很巧妙，其实也有漏洞。白羽、白雪、白玉之白相同，仅仅是在它们都是白色的这个意义上讲是相同的。正如犬、牛之性，与人之性，也仅仅在于它们都是性这个意义上是相同的。这实际涉及概念的种属问题，根据逻辑学的规律，种的概念是由属加种差而得，则以上概念可列表如下：

属	性			白		
种差	犬	牛	人	雪	羽	玉
种	犬之性	牛之性	人之性	雪之白	羽之白	玉之白

孟子在问"白羽之白也，犹白雪之白，白雪之白，犹白玉之白"，指的是在属的意义上，它们都是白色的。而在说"犬之性犹牛之性，牛之性犹人之性"时，却是在种的意义上来谈的，因此肯定是不同的。这个回合告子又失败了，宋代的司马光是反孟子的，他也为告子可惜，他说：

孟子云："白羽之白犹白雪之白，白雪之白犹白玉之白。"告子当应之云："色则同也，性则殊矣。羽性轻，雪性弱，玉性坚。"而告子亦皆然之，此所以来犬牛人之难也。孟子亦可谓以辩胜人矣。（《传家集》卷七十三《疑孟》）

所谓"色则同也，性则殊矣"，即是属则同也，种则殊矣。同为白色的是为属同，羽、雪、玉各有其白，是种不同。

第四回合：

公都子曰："告子曰：'性无善无不善也。'或曰：'性可以为善，可以为不善，是故文武兴，则民好善；幽厉兴，则民好暴。'或曰：'有性善，有性不善，是故以尧为君而有象，以瞽瞍为父而有舜，以纣为兄之子且以为君,而有微子启、王子比干。'今曰性善,然则彼皆非与?"孟子曰:"乃若其情,则可以为善矣,乃所谓善也。若夫为不善,非才之罪也。恻隐之心,人皆有之;羞恶之心,人皆有之;恭敬之心,人皆有之;是非之心,人皆有之。恻隐之心,仁也;羞恶之心,义也;恭敬之心,礼也;是非之心,智也。仁义礼智,非由外铄我也,我固有之也,弗思耳矣。故曰:'求则得之,舍则失之。'"

这个回合不是孟子与告子面对面的交锋,而是孟子弟子公都子引用告子的话来问孟子,然后孟子进行反驳。这里告子仍持性无所谓善恶之说,并以文武之世民好善、幽厉之世民好暴来论证。孟子的回答可以归纳为三个要点。第一,从人之情看,是可以为善的,意思是人有为善的材质和潜质。傅斯年先生对此反驳说:"孟子曰:'乃若其情,则可以为善矣,若夫为不善,非材之罪也。'如反其词以质孟子:'乃若其情,则可以为恶矣,若夫不为恶,非材之功也。'孟子将何以答之乎? 夫曰可以,则等于说非定,谓定,则事实无证,谓非定,则性善之论自摇矣。此等语气,皆孟子之逻辑工夫远不如荀子处。"[1]第二,仁、义、礼、智四端之善为我所固有,何以为我所固有,孟子在别处以"孺子入井"的事例进行了说明。第三点,求则得之,舍则失之,意为善行只要主观想做就可以做到,没有做不到的。

综合以上四个回合可见,虽然告子在辩论中略占下风(也可能是《孟子》书有意不记录告子的反驳),但孟子的回答也有较多的逻辑漏洞。与其说孟子是从逻辑上论证性善,不如说孟子是以其强烈的自信和信仰的心态来谈论性善。

孟子性善论独树一帜,生前与告子辩论激烈,在其身后,同为儒家的荀子则撰写了一篇《性恶》对其进行了全面反驳。荀子认为,人本性恶,善是后天形成的。人的本性主要是声色利益等各种欲望,如果一味顺从人性,则必产生纷争,所以需要有礼义之道来治理人之性,使之符合治道,从而产生善。荀子引用了孟子三句话并分别予以反驳。第一句及其反驳云:

---

① 傅斯年:《性命古训辨正》,载《傅斯年全集》第2卷,湖南教育出版社2003年版,第637页。

孟子曰："人之学者，其性善。"曰："是不然，是不及知人之性，而不察乎人之性伪之分者也。凡性者，天之就也，不可学，不可事。礼义者，圣人之所生也，人之所学而能，所事而成者也。不可学，不可事而在人者，谓之性；可学而能，可事而成之在人者，谓之伪。是性伪之分也。今人之性，目可以见，耳可以听，夫可以见之明不离目，可以听之聪不离耳，目明而耳聪，不可学明矣。"

孟子认为人能够学习，是因为性善。荀子则认为，性是天所成，不可学，可学的只是后天的礼义教化，即伪。第二句及其反驳云：

孟子曰："今人之性善，将皆失丧其性故也。"曰："若是则过矣。今人之性，生而离其朴，离其资，必失而丧之。用此观之，然则人之性恶明矣。所谓性善者，不离其朴而美之，不离其资而利之也。使夫资朴之于美，心意之于善，若夫可以见之明不离目，可以听之聪不离耳，故曰目明而耳聪也。今人之性，饥而欲饱，寒而欲暖，劳而欲休，此人之情性也。今人饥，见长而不敢先食者，将有所让也；劳而不敢求息者，将有所代也。夫子之让乎父，弟之让乎兄，子之代乎父，弟之代乎兄，此二行者，皆反于性而悖于情也。然而孝子之道，礼义之文理也。故顺情性则不辞让矣，辞让则悖于情性矣。用此观之，然则人之性恶明矣，其善者伪也。"

"孟子曰"句不可通，据唐杨倞注："孟子言失丧本性，故恶也。"则"故"下夺一"恶"字，或"善"原本应为"恶"。孟子这句话的意思是，人之本性虽善，但丧失本性就会产生恶。荀子则反驳说，所谓性善，就是不丧失本来的资与朴的条件下自然而然的善。这样来说，性与善的关系，就像是眼睛与能见的功能的关系，耳与能听的功能的关系，善是性的属性，能见是眼睛的属性，能听是耳朵的属性。不离开眼睛才有能见的功能，不离开耳朵才有能听的作用，所以，人性假如为善，则善就不能离开人本然之朴就自然是善。但是，荀子接下来笔锋一转，"今人之性，饥而欲饱，寒而欲暖，劳而欲休，此人之情性也"。人不离开其本然之朴的结果是什么呢？是欲饱、欲暖、欲休，这些都是善吗？反而是违背了这些，才有孝悌、辞让等善

的发生。故荀子又指出礼义之善皆是"反于性,倍于情"的,故人性并不为善。第三句及其反驳:

> 孟子曰:"人之性善。"曰:"是不然。凡古今天下之所谓善者,正理平治也;所谓恶者,偏险悖乱也,是善恶之分也已。今诚以人之性固正理平治邪,则有恶用圣王,恶用礼义哉? 虽有圣王礼义,将曷加于正理平治也哉? 今不然,人之性恶,故古者圣人以人之性恶,以为偏险而不正,悖乱而不治,故为之立君上之势以临之,明礼义以化之,起法正以治之,重刑罚以禁之,使天下皆出于治,合于善也。是圣王之治,而礼义之化也。今当试去君上之势,无礼义之化,去法正之治,无刑罚之禁,倚而观天下民人之相与也。若是,则夫强者害弱而夺之,众者暴寡而哗之,天下之悖乱而相亡,不待顷矣。用此观之,然则人之性恶明矣,其善者伪也。故善言古者,必有节于今;善言天者,必有征于人。凡论者,贵其有辨合,有符验。故坐而言之,起而可设,张而可施行。今孟子曰'人之性善'。无辨合符验,坐而言之,起而不可设,张而不可施行,岂不过甚矣哉! 故性善则去圣王,息礼义矣。性恶则与圣王,贵礼义矣。故檃栝之生,为枸木也;绳墨之起,为不直也;立君上,明礼义,为性恶也。用此观之,然则人之性恶明矣,其善者伪也。直木不待檃栝而直者,其性直也。枸木必将待檃栝烝矫然后直者,以其性不直也。今人之性恶,必将待圣王之治,礼义之化,然后始出于治,合于善也。用此观之,然则人之性恶明矣,其善者伪也。"

这里,荀子主要从功用上来反驳性善论。荀子认为,人性若为善,则圣王之治变成不必要。在现实中,一旦失去君主的治理和教化,马上就会天下大乱,所以,正是因为人性恶,才需要圣王之治来进行教化。因此,孟子的性善说,是"无辨合符验",是不能施行的。

荀子所引的孟子的三句话,虽然符合孟子性善论的主旨,但皆不见于今本《孟子》,有学者怀疑出自《孟子外书》。然《孟子外书》早已亡佚,今本则为后人伪造。近年来,国内不少学者否定荀子持性恶论,并否定《性恶》篇文本的真实性,然并无有力的证据。先秦儒者关于人性问题的讨论,丰富了儒学和中国哲学的内涵和深度，后世关于这一问题的大量讨论，基本上都能在这里找到源头。

四十五、孟子游说诸侯宣扬仁政学说

孟子名轲，邹人，相传是鲁国孟孙氏之后，约生活于公元前4世纪到3世纪初。孟子以孔子学说的继承者自居，"予未得为孔子徒也，予私淑诸人也"（《孟子·离娄下》）。《史记·孟子列传》称其"受业子思之门人"，后世有人以"人"为衍字者，这样说来孟子就是受业于子思。但从年世上看，孟子与子思年龄当相差百余岁，非但受业于子思不可能，即受业其门人可能性也不大。不过孟子对子思相当尊重，二人思想有相通之处。荀子在《非十二子》中将子思孟子一起批判，因此，后世将二人合称为思孟学派。

孟子生当战国中期，周天子已无权威，诸侯征战频繁，人民生活在水深火热之中。孟子游历各国，劝说诸侯推行仁政，以拯救百姓，实现天下太平。据《孟子》一书记载，孟子去过的诸侯国有齐、宋、滕、梁、鲁等。所到之处，孟子首先向君主们宣扬仁政的道理，认为通过行仁政，就可轻而易举地实现王天下的目的。

孟子约于梁惠王末年、襄王初年在梁国（即魏国），时间约是公元前319年前后，因为本年惠王卒，襄王即位。《孟子·梁惠王上》集中记载了孟子与梁惠王、襄王的问答。孟子向梁惠王苦口婆心地讲述仁政的道理，其开篇就与梁惠王讨论义利之辨：

> 孟子见梁惠王。王曰："叟不远千里而来，亦将有以利吾国乎？"孟子对曰："王何必曰利？亦有仁义而已矣。王曰何以利吾国，大夫曰何以利吾家，士庶人曰何以利吾身，上下交征利，而国危矣。万乘之国，弑其君者，必千乘之家；千乘之国，弑其君者，必百乘之家。万取千焉，千取百焉，不为不多矣。苟为后义而先利，不夺不餍。未有仁而遗其亲者也；未有义而后其君者也。王亦曰仁义而已矣，何必曰利？"

梁惠王最关心的是利,而孟子劈头就说"王何必曰利?亦有仁义而已矣",仁义,就是实行仁政。梁惠王在战争中屡次失败,想要挽回颓势,使魏国重新富强,所以过多关心利的问题,而孟子则告诉他,国家强盛的唯一途径是施行仁政,即所谓的"仁者无敌",孟子云:

> 王如施仁政于民,省刑罚,薄税敛,深耕易耨;壮者以暇日修其孝悌忠信,入以事其父兄,出以事其长上,可使制梃以挞秦楚之坚甲利兵矣。彼夺其民时,使不得耕耨以养其父母,父母冻饿,兄弟妻子离散。彼陷溺其民,王往而征之,夫谁与王敌?故曰仁者无敌。

仁政的内容包括保障人民的生产和生活、加强对人民的教化、减轻刑罚、轻徭薄赋等等,但梁惠王没有听进去,而且不久就去世了,继位的梁襄王"望之不似人君",更对仁政无所认知,孟子只能失望地离开。

孟子离开梁国,来到齐国。孟子在齐国时间较长,在《孟子》一书中,孟子与齐宣王的对话有十余处,大多发生在齐宣王当政前期[①](前319—前301),而且孟子可能多次往返齐国。在齐国,孟子不但参与稷下学宫的学术活动,而且积极向齐宣王宣讲仁政学说。齐宣王劈头就问:"齐桓、晋文之事,可得闻乎?"看起来齐宣王也很有雄心壮志,想做出一番类似于齐桓公、晋文公那样的霸业。但孟子认为齐桓晋文不足学,要学孔子所提倡的王道,也就是"保民而王,莫之能御"。为了让宣王知道自己有王天下的能力,孟子以不忍杀牛的事例来启发他:

> 曰:"臣闻之胡龁曰,王坐于堂上,有牵牛而过堂下者,王见之,曰:'牛何之?'对曰:'将以衅钟。'王曰:'舍之!吾不忍其觳觫,若无罪而就死地。'对曰:'然则废衅钟与?'曰:'何可废也?以羊易之!'不识有诸?"曰:"有之。"曰:"是心足以王矣。百姓皆以王为爱也,臣固知王之不忍也。"王曰:"然。诚有百姓者。齐国虽褊小,吾何爱一牛?即不忍其觳觫,若无罪而就死地,故以羊易之也。"曰:"王无异于百姓之以王为爱也。以小易大,彼恶知之?王若隐其无罪而就死地,则牛

---

① 齐宣王于公元前319—前310年在位。

羊何择焉?"王笑曰:"是诚何心哉?我非爱其财。而易之以羊也,宜乎百姓之谓我爱也。"曰:"无伤也,是乃仁术也,见牛未见羊也。君子之于禽兽也,见其生,不忍见其死;闻其声,不忍食其肉。是以君子远庖厨也。"(《孟子·梁惠王上》)

齐国要杀牛衅钟,齐宣王看到将要被杀的牛的惨状而生不忍之心,遂将牛换成羊。孟子认为这就是人最可贵的不忍之心,是一切王道政治的基石,把这个不忍之心推广到不忍于全国乃至全天下的百姓,而实行仁政,最终就能王天下。

公元前 314 年,齐伐燕,杀子之。据《孟子·公孙丑上》记载,齐国在伐燕之前,曾咨询过孟子的意见,孟子云:"可,子哙不得与人燕,子之不得受燕于子哙。"在伐燕之后,孟子多次劝说齐国不要以占领和掠夺为事,要以燕民之悦不悦作为行动标准。后来燕人叛齐,诸侯也准备联合讨伐齐国的侵略行为,齐国感到局面难以收拾,然后再次去征求孟子的意见,孟子说:

> 今燕虐其民,王往而征之,民以为将拯己于水火之中也,箪食壶浆以迎王师。若杀其父兄,系累其子弟,毁其宗庙,迁其重器,如之何其可也? 天下固畏齐之强也,今又倍地而不行仁政,是动天下之兵也。王速出令,反其旄倪,止其重器;谋于燕众,置君而后去之,则犹可及止也。(《孟子·梁惠王下》)

孟子要齐宣王尽快返还抢夺的燕国重器,帮助燕人重新立君,然后从燕国撤退,这才是真正的仁政。可惜齐宣王并没有听从孟子的劝说,所以宣王后来说"甚惭于孟子"。

孟子不但劝君主行仁政问题,而且还尽一切可能向地方官吏宣讲仁政的道理。孟子曾来到齐国的边境城市平陆,与平陆大夫孔距心有一段对话。

> 孟子之平陆,谓其大夫曰:"子之持戟之士,一日而三失伍,则去之否乎?"曰:"不待三。""然则子之失伍也亦多矣。凶年饥岁,子之民

老羸转于沟壑，壮者散而之四方者几千人矣。"曰："此非距心之所得为也。"曰："今有受人之牛羊而为之牧之者，则必为之求牧与刍矣。求牧与刍而不得，则反诸其人乎？抑亦立而视其死与？"曰："此则距心之罪也。"

孟子认为，君主将一个地方托付给你，你就要为当地的百姓生活负责，要实行仁政，否则，人民流离失所，四散奔逃，就是你的不称职。

孟子在齐国虽然很受尊重，但仍然无法施展自己的仁政学说，故只能离开齐国。离开齐国后，孟子又游历了宋、滕等国，尤其是与滕文公有很多交流，时间约在公元前 309—前 308 年。据《孟子》一书记载，滕文公在其还是世子的时候就非常崇拜孟子，并与孟子有很多交流，孟子认为滕虽然是小国，也可以施行仁政，"绝长补短，将五十里也，犹可以为善国"。滕文公对孟子的教诲一直念念不忘，即位后一心想要施行仁政，并向孟子请教具体方略。孟子告诫他"民事不可缓也"，首先要"取于民有制"，实行什一之税，有恒产则有恒心，要使民众保有足够维持生活的财产。希望滕能恢复井田制度，给天下的诸侯国做一个好的示范。其次，设为庠序学校以教之，使人民不但生活富足，还能明人伦道德。只要能做到这两点，"人伦明于上，小民亲于下。有王者起，必来取法，是为王者师也"。滕文公又使毕战向孔子询问实施井田制方法，孟子对滕文公决心实行仁政的行动非常赞赏，说："子之君将行仁政，选择而使子，子必勉之。夫仁政必自经界始。经界不正，井地不均，谷禄不平。是故暴君污吏必慢其经界。经界既正，分田制禄，可坐而定也。"并向毕战讲述了井田的大致情况。滕文公是最信服孟子仁政学说而且真正愿意落实的诸侯国君，他实行仁政在当时产生了不小的影响，以至于楚国人许行、陈良等人率徒从楚国来到滕国，愿做滕国的子民。

孟子来到宋国，宋王也有心要施行仁政，弟子万章在提问时就说："宋，小国也，今将行王政。"但宋国外部环境恶劣，齐、楚都对它虎视眈眈，问孟子该怎么办。孟子举出汤征亳的例子，认为只要实行仁政，"救民于水火之中"，"不行王政云尔，苟行王政，四海之内，皆举首而望之，欲以为君；齐、楚虽大，何畏焉"。

孟子之时，士人的地位大大提升，不再像孔子那样栖栖惶惶，到处碰壁，而是经常"后车数十辆，从者数百人"，受到各国君主的超规格礼遇，但他的仁政学说始终未得到诸侯国君足够的重视，他们要么根本不予采用，要么虽表面上尊崇孟子，但并不完全按孟子的仁政思想去做。或者虽然很想去做，如滕国，但由于国家太小，终于很难有什么实际效果。当时甚至有人还讥讽其为"迂远而阔于事情"。司马迁说："当是之时，秦用商君，富国强兵，楚、魏用吴起，战胜弱敌，齐威王、宣王用孙子、田忌之徒，而诸侯东面朝齐。天下方务于合纵连横，以攻伐为贤，而孟轲乃述唐、虞、三代之德，是以所如者不合。"（《史记·孟子荀卿列传》）所以，孟子晚年深知其学说不会得到采用，故仿效孔子著书立说，"退而与万章之徒序《诗》《书》，述仲尼之意，作《孟子》七篇"。

四十六、孟子拒斥异端学说

"异端"一词来自《论语·为政》："攻乎异端，斯害也已。"对于这句话的解释众说纷纭，但后世儒家对异端一词的理解基本上是一致的，即指不符合儒家思想的各种学说。儒家认为自己继承了三代圣王之道，是修身治国最有效、最正当的真理，其他各种学说在不同程度上都是错误的、有害的，如果任其横行，将会影响圣王之道的落实，因此，历代儒家学者都将辟异端作为一项重要任务，而孟子是最早也最具典范的一位。孟子生当战国纷争、百家争鸣的时代，各种思想学说流行于世，而儒家学派四分五裂，儒家思想日渐式微，在孟子看来这是一个"世衰道微，邪说暴行有作""圣王不作，诸侯放恣，处士横议"的时代。面对异端邪说该怎么做呢？孟子回顾了历代圣人治平天下的经验："昔者禹抑洪水，而天下平；周公兼夷狄，驱猛兽，而百姓宁；孔子成《春秋》，而乱臣贼子惧。"他毅然以孔子和儒家的正宗传人自居，"我亦欲正人心，息邪说，距诐行，放淫辞，以承三圣者"，对当时各种不符合儒家思想的学说与言行进行了严厉批判。清代学者陈澧《东塾读书记》卷三评论孟子辟异端时说：

> 孟子距杨墨，杨朱老子弟子，距杨朱即距道家矣。"善战者服上刑，连诸侯者次之，辟草莱任土地者次之"，则兵家、纵横家、农家皆距之矣。"省刑罚"可以距法家。"生之谓性也，犹白之为白与"，可以距

名家。"天时不如地利",可以距阴阳家。"夫道一而已矣",可以距杂家。"齐东野人之语,非君子之言",可以距小说家。此孟子所以为大儒也。

按陈澧所说,则孟子所批判的诸家学说非常多,包括道家、墨家、兵家、纵横家、农家、法家、名家、阴阳家、杂家、小说家等。其实,孟子主要的批判对象是杨朱、墨翟,农家的许行、陈相,纵横家的公孙衍、张仪,稷下学派的宋牼、淳于髡,以及陈仲、告子等。

(一)批评杨朱墨翟

孟子之时,杨朱和墨翟是影响最大的两家学说:"杨朱墨翟之言盈天下,天下之言,不归杨则归墨。"(《滕文公下》)杨、墨的思想与儒家针锋相对,对儒家思想的冲击很大,孟子要想为儒家的生存赢得空间,首先就要批判二家的学说,他说:"杨墨之道不息,孔子之道不著,是邪说诬民,充塞仁义也。仁义充塞,则率兽食人,人将相食。吾为此惧。闲先圣之道,距杨墨,放淫辞,邪说者不得作。"(《滕文公下》)在孟子看来,杨朱和墨翟各走了一个极端:"杨氏为我,是无君也;墨氏兼爱,是无父也。无父无君。是禽兽也。"(《滕文公下》)又云:"杨子取为我,拔一毛而利天下,不为也。墨子兼爱,摩顶放踵利天下,为之。子莫执中,执中为近之,执中无权,犹执一也。所恶执一者,为其贼道也,举一而废百也。"(《尽心上》)杨朱的学说以为我、贵己、重生为宗旨,认为:"古之人,损一毫利天下,不与也;悉天下奉一身,不取也。人人不损一毫,人人不利天下,天下治矣。"(《列子·杨朱》)意为要重视自己的生命和身体,不能为了名利、天下等身外之物而对身体有所损伤,即使损害一个毫毛也不应该,如果人人如此,那么天下就可以实现治理了。杨朱的这种利己主义显然是违背儒家天下为公宗旨的。

墨子主张兼爱,只要对天下有利的事都会不辞劳苦去做,虽然这符合儒家的仁爱宗旨,却不符合儒家的差等和分工的主张,天下有君有臣,有劳心者有劳力者,各有其具体分工,实行兼爱则抹平了这种差等和秩序。当时有一个叫夷之的墨家信徒说:"儒者之道,古之人若保赤子,此言何谓也? 之则以为爱无差等,施由亲始。"孟子听了其弟子的转告说:"夫夷子,信以为人之亲其兄之子为若亲其邻之赤子乎？彼有取尔也。"(《滕文公上》)墨家提倡节俭，崇尚节葬短丧，而孟子则通过一个鲜明的例子，来说明了丧礼的起源："盖上世尝有不葬其亲者。其亲死，则举而委之于壑。他日过之，狐狸食之，蝇蚋姑嘬之。其颡有泚，睨而不视。夫泚也，非为人泚，中心达于面目。盖归反蘽梩而掩之。掩之诚是也，则孝子仁人之掩其亲，亦必有道矣。"(《滕文公上》)可见，丧礼实际上起源于人子发自内心的孝心，虽然不必过于厚葬，但过于节俭也是违背人性的。

孟子认为辟杨墨要讲究方法，他说："逃墨必归于杨，逃杨必归于儒。归，斯受之而已矣。今之与杨墨辩者，如追放豚，既入其苙，又从而招之。"(《尽心下》)因为杨墨的宗旨与儒家是对立的，如果认识到杨墨的错误之处，自然就会回到儒家的正道上来，如果对杨墨过于穷追猛打，就适得其反了。

(二)批评农家的许行、陈相

农家是先秦诸子百家之一，《汉书·艺文志》将其列为九流十家之一，此学派尊崇神农，强调农业生产的重要性，甚至要求所有人包括君主和大臣都应从事农业生产。孟子对当时农家学派的代表人物许行及其门徒陈相、陈辛进行了批评。

据《孟子·滕文公下》记载，许行本是楚国人，听闻滕文公想要任用孟子推行仁政，便率其徒投奔滕国。同为楚国人的陈良此前也来到北方学习儒家文化，他的徒弟陈相及其弟陈辛跟随他数十年。当他们见到许行时，非常喜欢许行的农家学说，由于此时陈良已经去世，便改投许行门下。陈相以许行的学说与孟子展开辩论。

许行强调耕种的重要性，并且身体力行，他与他的门徒自种自吃，并且认为滕君虽然是贤君，但并未真正闻道，"贤者与民并耕而食，饔飧而治。今也滕有仓廪府库，则是厉民而以自养也，恶得贤？"认为真正的贤者要跟农民一起耕作，一起用餐，不应该有聚敛民财的仓库。这样实际上就取消了政府和国家存在的必要性。孟子从社会分工的角度对其进行了批评：

孟子曰："许子必种粟而后食乎？"曰："然。""许子必织布而后衣乎?"曰:"否,许子衣褐。""许子冠乎?"曰:"冠。"曰:"奚冠?"曰:"冠素。"曰:"自织之与?"曰:"否,以粟易之。"曰:"许子奚为不自织?"曰:"害于耕。"曰:"许子以釜甑爨,以铁耕乎?"曰:"然。""自为之与?"曰:"否,以粟易之。"

许行的穿戴、食器、耕具等,都不是自己亲自做出来的,是交换而得。由此孟子认为"百工之事,固不可耕且为也","且一人之身,而百工之所为备。如必自为而后用之,是率天下而路也"。人的各种需要不可能都要靠自己亲力亲为去满足,因此社会分工是必然的。由此,孟子转向了国家和君主存在的必要性上:"然则治天下独可耕且为与? 有大人之事,有小人之事……故曰:或劳心,或劳力;劳心者治人,劳力者治于人;治于人者食人,治人者食于人:天下之通义也。"孟子认为治理国家也是一种社会分工,而且是一种无比重要的分工,它是大人之事,是劳心者所当为,与农民之劳力者不同,劳力者恰恰要受治于劳心者。接着,孟子又举了古代圣王为治理天下辛勤劳作的例子,如禹治洪水、使契为司徒教民以人伦道德等等,可以说时时刻刻都在"忧民",圣王要去完成如此重要的工作,哪还有时间从事耕作呢? 最后,孟子又从华夷之辨的角度批评陈相不该从学于蛮夷之人许行:"吾闻用夏变夷者,未闻变于夷者也。陈良,楚产也。悦周公、仲尼之道,北学于中国。北方之学者,未能或之先也。彼所谓豪杰之士也。子之兄弟事之数十年,师死而遂倍之……今也南蛮鴃舌之人,非先王之道,子倍子之师而学之,亦异于曾子矣。"

农家学说的倡导者可能出身于社会底层,目睹上层社会不事耕种而浮华奢靡,激于此而大力倡导更多的人去从事农业生产,要尊重农民,体察民情。但其要求君主也亲自耕种的观点显然是不可行的,因此农家的影响甚小,孟子也并没有将其作为主要论敌。

(三)批评纵横家

孟子之时,游士遍天下,"中牟之人弃其田耘,卖宅圃,而随文学者邑之半"(《韩非子·外储说左上》),他们都希望通过游说诸侯获取高官厚禄、一夜暴富,其代表是公孙衍、张仪,他们逞口舌之利,在诸侯中赢得了崇高的地位,所谓"一怒而诸侯惧,安居而天下息",一举一动备受天下诸侯关注。有如此能力，故孟子弟子景春评价说："公孙衍、张仪岂不诚大丈夫哉？"但孟子显然对这些名利之徒不屑一顾，认为他们怎么能称得上大丈夫呢？他们不过是苟合取容的妾妇之道而已，真正的大丈夫是"居天下之广居，立天下之正位，行天下之大道。得志与民由之，不得志独行其道。富贵不能淫，贫贱不能移，威武不能屈"（《孟子·滕文公下》）。

（四）批评宋牼

宋牼，《庄子》作宋荣子，《荀子》作宋钘，与尹文齐名，大致生活于齐威宣时代，与孟子同时，是齐国稷下学宫的重要学者。宋牼怀着救世的理想，认为世道混乱的原因是欲望太多，主张减少欲望，从而减少战争。孟子、荀子都对其学说进行过批判。《孟子·告子下》载宋牼与孟子的一段对话：

> 宋牼将之楚，孟子遇于石丘，曰："先生将何之？"曰："吾闻秦楚构兵，我将见楚王说而罢之。楚王不悦，我将见秦王说而罢之，二王我将有所遇焉。"曰："轲也请无问其详，愿闻其指。说之将何如？"曰："我将言其不利也。"曰："先生之志则大矣，先生之号则不可。先生以利说秦楚之王，秦楚之王悦于利，以罢三军之师，是三军之士乐罢而悦于利也。为人臣者怀利以事其君，为人子者怀利以事其父，为人弟者怀利以事其兄。是君臣、父子、兄弟终去仁义，怀利以相接，然而不亡者，未之有也。先生以仁义说秦楚之王，秦楚之王悦于仁义，而罢三军之师，是三军之士乐罢而悦于仁义也。为人臣者怀仁义以事其君，为人子者怀仁义以事其父，为人弟者怀仁义以事其兄，是君臣、父子、兄弟去利，怀仁义以相接也。然而不王者，未之有也。何必曰利？"

宋牼听说秦楚两国将要打仗，想要前去劝说二国休兵，但将以战争之不利来游说二国国君，显然不符合孟子的仁义主张。孟子认为，不能怀着利的心思，如果天下人都图着有利无利才去做或不做某事，那么天下将会灭亡。孟子主张要以仁义去劝说二国罢兵，仁义存，则不要说罢兵，即使王天下也未尝不可。

（五）批评隐士陈仲

陈仲，齐国田氏贵族，约与孟子同时，性格清高，隐居深山，"上不臣于王，下不治其家"（《战国策·齐策四》），是先秦著名的隐士，今有《於陵子》一书传世，但人多疑为伪书。陈仲坚持节操，但有些极端，认为他兄长所受的俸禄是不义之禄、所住之室为不义之室，于是与其家族划清界限，逃到深山居住，与妻子自力更生。孟子讲了他的这样一个故事："他日归，则有馈其兄生鹅者，己频顣曰：恶用是鶂鶂者为哉？ 他日，其母杀是鹅也，与之食。 其兄自外至，曰：是鶂鶂之肉也，出而哇之。"孟子对于他这种走极端的清高与节操进行了批评，认为这种清高其实是没有意义的，而且根本无法贯彻到底，他并且质问："仲子所居之室，伯夷之所筑与？ 抑亦盗跖之所筑与？ 所食之粟，伯夷之所树与？ 抑亦盗跖之所树与？ 是未可知也。"虽然想极力与恶、不义等完全撇清关系，但这是不可能的，虽然不住兄长的不义之室，但在深山所住的房子就一定是义的吗？ 万一是古代的一个坏人所建呢？ 所吃的野果，万一是古代的坏人所种呢？ 如果真要把陈仲的廉洁贯彻到底，那就只能做吃土的蚯蚓了："若仲子者，蚓而后充其操者也。"（《滕文公下》）

除了以上五家之外，孟子还与主张性无善恶的告子及稷下学者淳于髡进行过多次辩论，对他们的观点从儒家的立场进行了批评[1]。孟子为维护儒家学说，起而与诸子辩，虽其间不免有违背逻辑的诡辩之处，但其凛凛然以治平天下为己任，以三代圣王之道为担当，占据儒家大道之制高点评骘诸家，其气壮、其势雄、其声厉，其用心良苦，正如他自己所说："我亦欲正人心，息邪说，距跛行，放淫辞，以承三圣者。 岂好辩哉？ 予不得已也。"儒家在战国后期逐渐崛起，成为"显学"（《韩非子·显学》），不能不说是孟子的功劳。

四十七、稷下学宫与儒学的新发展

稷下学宫是战国时期齐国的一座规模宏大的学术文化中心，这里聚

---

[1]　与告子的辩论，见本书第四十四篇《先秦儒家人性之辩》。与淳于髡的辩论，见本书第四十七篇《稷下学宫与儒学的新发展》。

集了大批学者，他们来自不同地区，有不同的学术背景，共同议论时政，辩论学术，著书立说，聚徒讲学，前后历时百余年之久，成为百家争鸣的重要集聚地，对当时及以后的政治、社会和文化产生广泛而深远的影响。在稷下学宫，儒学也争得一席之地，并在与诸子百家的争鸣和交锋中获得新的发展。

齐国地处山东北部，濒临渤海和黄海，自周初建国以来，在近千年的发展历程中形成了一种开放包容、重士尚贤的风气，这是稷下学宫得以产生的重要条件。关于稷下的具体含义，有两种说法，一种认为是指齐国的都城临淄的西城门稷门，由于学宫设立在稷门附近，故得名"稷下学宫"。《太平寰宇记》卷十八益都条引《别录》云："齐有稷门，齐之城西门也。外有学堂，即齐宣王所立学宫也。"另一说认为稷指齐国的稷山。《史记·田敬仲完世家》索隐引虞喜言："齐有稷山，立馆其下以待游士。"学界一般从前说。

关于稷下学宫的设立时间，学界多认为始于田齐桓公在位期间（前374—前357），东汉徐幹在《中论·亡国》中说："齐桓公立稷下之官（宫），设大夫之号，招致贤人而尊宠之。"威王、宣王时期，政治开明，稷下学宫得到全面发展。齐威王（前356—前320在位）继承其父桓公的事业，任用邹忌、田忌、孙膑等改革军政，广泛延揽人才，发展扩大稷下学宫，齐国和其他各国学者纷纷来此讲学著书。齐国对留在学宫的学者给予优厚待遇，尊称为"稷下先生"。到齐宣王时（前319—前301年在位），稷下学宫达到鼎盛时期，齐宣王爱好养士，他说："寡人忧国爱民，固愿得士以治之。"（《战国策·齐策四》）《史记·田敬仲完世家》称："宣王喜文学游说之士，自如邹衍、淳于髡、田骈、接予、慎到、环渊之徒七十六人，皆赐列第，为上大夫，不治而议论。是以齐稷下学士复盛，且数百千人。"而宣王之子齐湣王（前300—前284在位）好大喜功，刚愎自用，显然不利于学术的自由发展，导致稷下学宫逐渐衰落，学者们纷纷离散，"诸儒谏不从，各分散。慎到、捷子亡去，田骈如薛，而孙卿适楚"（《盐铁论·论儒》）。学宫走向解体。公元前284年，燕、赵等六国联军攻破齐都临淄，田齐亡国。五年后的公元前279年，齐襄王在田单的帮助下收复临淄，完成复国大业。齐国复国之后，百废待兴，齐襄王重建了稷下学宫，荀子以大儒身份来到学宫，并三为祭酒，成为学宫后期发展中最著名的学者。但时过境迁，稷下先生们及其徒众早已流散殆尽,稷下学宫繁荣不再,再加上当政者对人才采取养而不用的态度,荀子也因遭到小人的中伤愤而离去。从此,稷下学宫一蹶不振。公元前221年,齐国为秦所灭,稷下学宫也随之消亡。稷下学宫从创办到结束历时约150年,在中国乃至世界学术史上都占有重要地位,有人甚至将其与差不多同时在希腊出现的雅典学园相比拟。

稷下学风自由,齐国君主对稷下先生们非常尊崇。学士们获得相当于上大夫的俸禄,《史记·田敬仲完世家》称稷下先生"皆赐列第为上大夫,不治而议论"。《孟子荀卿列传》中也说:"自如淳于髡以下,皆命曰列大夫,为开第康庄之衢,高门大屋尊崇之。"可见其居住、讲学的场所也非常豪华。据《孟子·滕文公下》记载,孟子在齐国时"后车数十乘,从者数百人",由此可见稷下先生们的阵势。稷下先生不但受到宠遇,而且所收弟子众多,《战国策·齐策》称田骈"徒百人",又说淳于髡去世时"诸弟子三千人为衰绖",亦可见其徒众之盛。

稷下学宫汇聚了来自不同地区的各派学者,是名副其实的百家争鸣,如孟子、荀子是儒家,宋钘接近墨家立场,彭蒙、接子、季真、环渊等接近道家、黄老道,慎到、田骈、尹文等接近道家、法家,名家有儿说、田巴,阴阳家有邹衍、邹奭,博学善辩接近纵横家的有淳于髡、鲁仲连等。当然,还有很多人并不能严格划归为某一学派。正因为有这么多不同学术背景的人在此争鸣、激荡,稷下学宫才能如此兴盛。根据《汉书·艺文志》的统计,稷下先生们的著述计有:《孙卿子》33篇,《蜎(环)子》13篇,《田子》25篇,《捷(接)子》2篇,《邹子》49篇,《邹子终始》56篇,《邹奭子》12篇,《慎子》42篇,《尹文子》1篇,《宋子》18篇。因为相隔时代久远,《汉书》中的统计未必全面,但仍有如此之多,亦可见出稷下先生们著作之丰。

稷下先生的职能,据《史记》所说,是"不治而议论",类似于政府的参谋咨询机构,可以自由讨论学术、政治乃至天文地理等方方面面的问题。不过很多时候,现实政治问题是他们讨论的中心,刘向《新序》中称"齐有稷下先生,喜议政事"。《史记·孟子荀卿列传》云:"自邹衍与齐之稷下先生,如淳于髡、慎到、环渊、接子、田骈、驺奭之徒,各著书言治乱之事,以干世主,岂可胜道哉!"其著书的主旨也是"言治乱之事"。君主有什么问题,往往向他们咨询,他们也会主动向君主建言献策。如《战国策·齐策三》载齐欲伐魏,淳于髡就从全国形势出发进行劝谏。有时候他们也会作为君主的使者出使别国，从事一些外交活动，如《史记》中就记载"邹衍过赵而言至道"（《平原君虞卿列传》），淳于髡也曾"为齐使于荆"（《滑稽列传》）等等。

稷下学宫的文化繁荣少不了儒家学者，其代表人物就是孟子和荀子。

孟子来到齐国时，正是稷下学宫的兴盛时期，孟子积极参与了稷下学宫的学术活动，在此过程中使自己的学术体系得到进一步完善和发展。《盐铁论·论儒》篇："齐宣王褒儒尊学，孟轲、淳于髡之徒，受上大夫之禄，不任职而论国事。盖齐稷下先生千有余人。"徐幹《中论·亡国》云："齐桓公立稷下之宫，孟轲之徒皆游齐。"孟子受到齐王的尊崇，被齐宣王加封为卿："我欲中国而授孟子室，养弟子以万钟，使大夫、国人皆有所矜式。"（《孟子·公孙丑下》）孟子在齐国积极参与国政，齐宣王伐燕的时候就曾咨询孟子的意见。

稷下学宫的学者经常相互辩难，通过不同观点的交锋，可以使自己的学说更为完善和丰富。据李善注《文选》，曹植《与杨德祖书》引《鲁连子》的记载，田巴的雄辩曾达到"一日而服千人"的效果："齐之辩者田巴，辩于狙丘而议于稷下，毁五帝，罪三王，一日而服千人。"善辩之士的大量汇集，使稷下学术表现出强烈的崇尚谈辩的学术风气。孟子以善辩闻名，或许正是受到稷下学风的影响，当时人评价孟子，就说"夫子好辩"，孟子曾辩解说："予岂好辩哉？予不得已也。"关于辩论，孟子甚至有一套自己的理论，他说："博学而详说之，将以反说约也。"（《孟子·离娄下》）又说："诐辞知其所蔽，淫辞知其所陷，邪辞知其所离，遁辞知其所穷。"（《孟子·公孙丑上》）在《孟子》一书中记载了不少孟子与稷下先生进行辩论的故事。如孟子曾与淳于髡进行两次辩难，一次是关于"男女授受不亲"：

> 淳于髡曰："男女授受不亲，礼与？"孟子曰："礼也。"曰："嫂溺则援之以手乎？"曰："嫂溺不援，是豺狼也。男女授受不亲，礼也；嫂溺援之以手者，权也。"曰："今天下溺矣，夫子之不援，何也？"曰："天下溺，援之以道；嫂溺，援之以手。子欲手援天下乎？"（《孟子·离娄上》）

淳于髡是稷下学宫中首屈一指的学者，学问丰富，谈辩犀利，一般人不是他的对手。他从儒家所尊信的男女授受不亲的礼制入手,然后问孟子嫂溺是否要救援,若回答救,则违背礼制,若回答不救,则缺乏仁爱精神,试图使孟子陷于进退两难的境地,而孟子显然比淳于髡技高一筹,以经与权的理论进行化解,认为礼制是经,根据具体情况调整礼制则是权,嫂溺救援是行权。另一次是关于出处去就的讨论:

> 淳于髡曰:"先名实者,为人也。后名实者,自为也。夫子在三卿之中,名实未加于上下而去之,仁者固如此乎?"孟子曰:"居下位,不以贤事不肖者,伯夷也。五就汤,五就桀者,伊尹也。不恶污君,不辞小官者,柳下惠也。三子者不同道,其趋一也。""一者何也?"曰:"仁也。君子亦仁而已矣。何必同?"曰:"鲁缪公之时,公仪子为政,子柳、子思为臣,鲁之削也滋甚。若是乎,贤者之无益于国也!"曰:"虞不用百里奚而亡,秦穆公用之而霸。不用贤则亡,削何可得与?"曰:"昔者王豹处于淇,而河西善讴。绵驹处于高唐,而齐右善歌。华周、杞梁之妻善哭其夫,而变国俗。有诸内必形诸外。为其事而无其功者,髡未尝睹之也。是故无贤者也,有则髡必识之。"曰:"孔子为鲁司寇,不用,从而祭,燔肉不至,不税冕而行。不知者以为为肉也,其知者以为为无礼也。乃孔子则欲以微罪行,不欲为苟去。君子之所为,众人固不识也。"(《孟子·告子下》)

孟子因为失望离开齐国,淳于髡认为他在齐国被封为高官却无所作为,就这样离开不是仁者的做派,实际上是认为孟子没有真才实学,不是"贤者",孟子则认为出处去就,贤者各有不同的选择,如伯夷、柳下惠、孔子等,虽然其选择不同,但其宗旨和目标都是一致的,不了解他们的人(诸如淳于髡)是无法理解他们的用意的。

孟子通过与淳于髡的辩论,丰富了儒家的理论,维护了儒家的价值。除此之外,孟子还与稷下学者宋牼(即宋钘)就游说诸侯是以利还是以仁义的问题进行过激烈的讨论(《孟子·告子下》)。与孟子进行人性之辨的告子很可能也是稷下学者之一。

孟子作为稷下学者之一,深受稷下学风的影响,其思想体系也在稷下学术的影响下得到不断完善。例如孟子的"养心莫善于寡欲"之说,就可能与宋钘的"情欲寡浅"说有一定关联。再比如，孟子所提到的"关市讥而不征"经济思想，则明显源于齐国稷下管子学派的经济思想。可以说，孟子以儒家的身份参与稷下学宫，而稷下学宫为孟子学术思想的发展提供了一个更广阔的平台，经过稷下学术的历练，孟子的学术思想更加成熟和完善。

荀子是齐襄王时才来到稷下学宫的，当时学宫的辉煌时代已过去，但其流风余韵仍在，荀子也深受稷下学术的影响，对稷下学术非常熟悉，可以说信手拈来。《荀子》书中对宋钘、慎到、田骈等稷下学者的思想都有精当的点评，荀子自身的思想也在一定程度上吸收了他们的思想精华，如荀子的礼法思想，就有齐国管仲和稷下法家思想的影子，荀子提出的"君子必辩"，也是受稷下学宫辩论学风的影响。可以说，荀子博大精深的思想体系，正是在稷下学术的基础上建立起来的。充分吸收前人的精华，再加上荀子自身的儒学积淀，使荀子成为学宫难得的一位极具威望的"老师"，并且"三为祭酒"，成为学宫的最后一位大师，总体来说，后期的稷下学宫，基本上是以荀子为代表的儒家的天下。

总之，稷下学术的发展，儒家非但没有缺席，而且在其中发挥了相当重要的作用，并在与诸子的争鸣交锋中获得进一步发展，使儒家思想逐渐吸取各家之长，成为更具吸引力和包容性的思想体系，为其在秦汉之后成为中国社会的主导思想奠定了基础。

四十八、荀子游学及其对儒学的传播

荀子是先秦时期继孟子之后最后一位大儒，对于儒学的发展起着承上启下的重要作用。荀子思想的核心是隆礼重法，他一生游历多个诸侯国宣扬其学说，尤其是将儒学传播到了秦国，进一步扩大了儒家思想的影响。

关于荀子生平的记载，各种材料往往相互矛盾，导致后人众说纷纭，笔者曾以生命活跃期为视角，考证荀子主要活跃于公元前3世纪中期，即前266年前后，其时荀子年龄约为49－63岁，正是一个人一生中生命力最旺盛、最为活跃的时间段，由此推定荀子生年约在前328－前314年，卒年约在前238年或稍后,寿约77—91岁[①]。荀子的游历活动,也大致发生于其生命活跃期前后。荀子游历的主要国家包括赵国、齐国、秦国、楚国等。也有学者认为荀子曾游历燕国,其依据是《韩非子·难三》中的一句话:"燕子哙贤子之而非孙卿,故身死为僇。"燕王哙让位子之事发生在其在位的前320—316年,如果此时荀子就已活动于燕,下距其生命活跃期(约前266年)相差五六十年,年代相差太远,这是一个非常严重的矛盾。有些学者对此存而不论,如清人汪中说:"荀子游燕在游齐之前,事仅见此。"(《荀卿子通论》)顾广圻注此句云:"孙卿,荀卿也,其事未详。"(见王先慎《韩非子集解》)意为对于荀子游燕之事不得其详。但是,也有很多学者相信这条材料,而为了与荀子的其他活动相匹配,便需要多方平衡,如一个办法是把荀子游燕的年龄降到尽可能低,即20岁左右,而且是燕王哙在位的末年(即前316),于是定其生年为前336年。但这样也有很多矛盾,以20岁弱冠之龄怎么可能与燕国王公贵族抗衡?若定为而立之年的30岁,那么其生命活跃时期变成80岁左右,如果荀子到80岁才开始他的主要活动,那未免也太过于大器晚成了。而且,《韩非子》一书多后人补缀之材料,如《有度》篇述及楚燕齐魏之亡,皆韩非身后之事,故此句也可能是后人补缀,未必可靠。因此荀子游燕之事存在诸多疑点,在资料不足的情况下,可暂时存而不论。

关于荀子游齐,最早的记载是《史记·孟子荀卿列传》:"荀卿,赵人。年五十始来游学于齐,田骈之属皆已死,齐襄王时,而荀卿最为老师。齐尚修列大夫之缺,而荀卿三为祭酒焉。"不过,荀子游齐时的年龄是50还是15,学界有不少争议,笔者认为当是50,当在前279—265年齐襄王在位期间。自齐国被燕灭国数年,襄王于前279年方得复国,并重建稷下学宫,广泛招揽人才,当时稷下学宫的诸老先生,如邹衍、田骈等,或死或流散,学宫极度衰败,人才匮乏,荀子在这个当口来到齐国,虽没有赶上稷下的辉煌时代,但却成为学宫难得的一位极具威望的"老师"。在齐国,荀子年富力强,思想活跃,所以被三次任命为祭酒,成为齐国重要的文化人物和稷下学宫后期发展的代表人物。在齐国期间,荀子也想在政治上有一番大作为,实现其心中的理想,他曾向齐相分析齐国所面临的严峻形势,

---

[①] 参拙作《荀子生卒年新考——以生命活跃期为视角》,《临沂大学学报》2016年第5期。

"巨楚县吾前，大燕鳅吾后，劲魏钩吾右，西壤之不绝若绳，楚人则乃有襄贲开阳以临吾左，是一国作谋，则三国必起而乘我。如是，则齐必断而为四、三，国若假城然耳"。希望齐相能"求仁厚明通之君子而托王焉，与之参国政，正是非"(《荀子·强国》)，荀子所谓明通君子，或许就是指他自己。但荀子在齐国并不得意，可能因触犯了齐国贵族的利益，因此遭到排挤，被迫离开齐国。

荀子离开齐国可能到了赵国。《荀子·议兵》记载了他与赵国临武君①议兵于赵孝成王前，其中提到："韩之上地，方数百里，完全富足而趋赵，赵不能凝也，故秦夺之。"秦夺韩之上党在公元前259年，则此次对话应发生在此年之后。荀子向赵孝成王讲述了军事方面的重要理论，包括兵要、为将之道、王者之军制，他主张战争之本在于团结人民，上下一心，将领要做到智能决疑，行能无过，临事果断。具体而言，就是要做到六术、五权、三至、五无圹，此外，军队还必须有严格的纪律。《臣道》篇对魏国信陵君、赵国平原君有评论，认为平原君是辅，信陵君是拂(即辅弼之弼)："有能比知同力，率群臣百吏而相与强君挢君，君虽不安，不能不听，遂以解国之大患，除国之大害，成于尊君安国，谓之辅；有能抗君之命，窃君之重，反君之事，以安国之危，除君之辱，功伐足以成国之大利，谓之拂……平原君之于赵可谓辅矣，信陵君之于魏可谓拂矣。"又云："争然后善，戾然后功，生死无私，致忠而公，夫是之谓通忠之顺，信陵君似之矣。"荀子之所以如此评价信陵君、平原君，是因为二人曾合作解邯郸之围，可见荀子对当时赵国发生的大事非常熟悉，且极可能是亲历其事。

荀子离开齐国后曾游历秦国。刘向《孙卿子书录》云："孙卿之应聘于诸侯，见秦昭王，昭王方喜战伐，而孙卿以三王之法说之，及秦相应侯皆不能用也。"《儒效》《强国》等篇记载荀子见秦昭王和应候范雎之事。范雎以秦昭王四十一年(前266)封应侯，其年乃齐襄王十八年，故荀子游秦当在此年之后。在秦国，荀子与秦昭王讨论了儒者对于国家治理的重要作用，反驳了一般人认为的"儒无益于人之国"的谬论，认为"儒者法先王，隆礼义，谨乎臣子而致贵其上者也"，"儒者在本朝则美政，在下位则美俗"。荀

---

① 刘向《孙卿书录》云："至赵，与孙膑议兵赵孝成王前，孙膑为变诈之兵，孙卿以王兵能之，不能对也，卒不能用。"按：此言孙膑有误，当依《荀子》原书，为临武君。

子对儒者形象的重塑在一定程度上改变了秦国统治者对儒的看法。荀子还向应侯范雎讨论了秦国政治的优劣,认为秦国民风朴素,官吏"明通而公",其强大是有道理的,但与儒家理想中的王者之功名还相差甚远。他实际上是想让秦国实践儒家的王道政治。荀子在游历秦国的同时,带去了大量的儒学典籍,署名孔安国的《孔子家语·后序》称:"当秦昭王时,荀卿入秦,昭王从之问儒术,荀卿以孔子之语及诸国事七十二弟子之言凡百余篇与之,由此秦悉有焉。"在一定程度上使儒家学说在远处关西的秦国生根发芽,也为后来秦始皇重用儒生乃至焚书坑儒埋下伏笔。

一般人认为荀子离开齐国就去了楚国,根据是《史记》称"齐人或谗荀卿,荀卿乃适楚",《盐铁论》形容齐湣王末年稷下学宫离散情况时说"慎到、接子亡去,田骈如薛,而孙卿适楚"。不过楚国是荀子晚年的归宿之地,而齐国是其发迹之地,离开齐国后应该又游历了其他诸侯国,最后才到了楚国。司马迁在叙述时,只注意到他在齐国、楚国的活动,又引楚国为其最后归宿,故离齐后直接说"适楚"。《战国策》卷十七称荀子是由赵国来到楚国的,与司马迁记载不同。《史记·孟子荀卿列传》称"荀卿乃适楚,而春申君以为兰陵令春,春申君死而荀卿废,因家兰陵"。《史记·春申君列传》又载:"春申君相楚八年(前255),为楚北伐灭鲁,以荀卿为兰陵令。"司马迁两次提到荀子为被春申君封为兰陵令(即今山东临沂兰陵县),而且明确交代时间是春申君相楚八年,可见他应有可靠的纪年类材料作为依据。又刘向《孙卿书录》载兰陵人因荀子而喜以"卿"为字,可见荀子在楚地的影响力。又《战国策》卷十七、《韩诗外传》卷四均载荀子《与春申君书》,《荀子·成相》篇又有"春申道辍基必输"之句,种种迹象表明,荀子与春申君肯定有过交往。荀子晚年生活在楚国兰陵,一方面从事教书育人的工作,韩非、李斯可能就是在这时候从学荀子的,因为《史记·李斯列传》云:"从荀卿学帝王之术,学以成,度楚王不足事,而六国皆弱,无可为建功者,欲西入秦。"这说明李斯从学荀子是在楚国。另一方面,更重要的是从事著书立说的工作,《史记·荀卿列传》称:"荀卿嫉浊世之政,亡国乱君相属,不遂大道而营于巫祝,信機祥,鄙儒小拘,如庄周等又猾稽乱俗,于是推儒、墨、道德之行事兴坏,序列著数万言而卒,因葬兰陵。"

荀子游历诸国,都没有得到重用,这与孔子、孟子的命运类似,而与法家、纵横家大行其道的命运相反,这也是时代风气使然。但他的游历也在一定程度上弘扬和传播了儒家思想,并适时对儒家思想进行了一定的改造,提出了自己的一套礼义治国的思想体系。荀子怀命世大才而生逢乱世,壮志未酬,其生命具有一定的悲剧色彩,在《荀子》书后附录的不知何人所撰写的一段文字中认为荀子"迫于乱世,鳍于严刑;上无贤主,下遇暴秦;礼义不行,教化不成",所以未能施展抱负,但其学问则是非常伟大的,"今之学者,得孙卿之遗言余教,足以为天下法式表仪。所存者神,所过者化。观其善行,孔子弗过"。刘向《书录》更是充满遗憾的心情:"观孙卿之书,其陈王道甚易行,疾世莫能用,其言凄怆,甚可痛也。呜呼,使斯人卒终于闾巷,而功业不得见于世。哀哉,可为陨涕。其书比于记传,可以为法。"

四十九、荀子对战国学术的批评与总结

荀子作为战国时期最后的大儒,不仅创立了一套独具特色的儒学思想体系,而且对先秦诸子学说包括儒家诸子一一进行了批评总结,指出其优缺点。荀子对诸子的批评主要见于《非十二子》篇,还散见于《不苟》《富国》《儒效》《天论》《正论》《礼论》《乐论》《解蔽》等篇,他批评过的学者有它嚣、魏牟、陈仲、史鳛、墨翟、宋钘、惠施、邓析、慎到、田骈、子思、孟子、子游、子夏、子张、申不害、庄子等十余家。在批评各家的基础上,荀子将儒家学说的正源归结到仲尼、子弓①身上。荀子通过对诸子的批评,实际上是对整个先秦学术进行了总结,具有重要的学术史意义。

关于它嚣、魏牟。它嚣,未见其他典籍记载,《韩诗外传》作"范雎",故"它嚣"似为"范雎"字形讹误所致。魏牟,魏国公子,封中山,又称中山公子牟。荀子批评他们说:"纵情性,安恣睢,禽兽行,不足以合文通治;然而其持之有故,其言之成理,足以欺惑愚众,是它嚣魏牟也。"荀子批评他们放纵情欲,没有礼义的教化,与禽兽没什么区别。范雎曾做过秦国的相,因此这实际上也是对秦国政治的批评,荀子对秦国曾这样评价说:"秦人纵情性,安恣睢,慢于礼义。"与对它嚣、魏牟的评价类似。

关于陈仲、史鳛。陈仲,齐国田氏贵族,他非常清高,刻意与其家族划

---

① 子弓,一般认为是指孔子弟子仲弓,也有人认为是传易的馯臂子弓。

清界限，逃到深山去生活，孟子曾批评他太过清高，将人等同于蚯蚓。史鳝，春秋时期卫国大夫，以"尸谏"知名。荀子云："忍情性，綦豀利跂，苟以分异人为高，不足以合大众，明大分，然而其持之有故，其言之成理，足以欺惑愚众，是陈仲史鳝也。"荀子认为他们都是假清高、装正直，哗众取宠，不符合礼义。

墨家是先秦显学，墨子本学于儒，后来又起而批判儒家，其非儒、非乐、非命等主张都与儒家针锋相对。孟子曾对墨家进行过批判，荀子也将矛头指向墨家。在《非十二子》篇中，荀子将墨翟、宋钘放在一起批判："不知壹天下，建国家之权称，上功用、大俭约而僈差等，曾不足以容辨异，县君臣。"认为墨子太过于讲究功利，提倡兼爱而忽略了上下的差等。《富国》中说："我以墨子之非乐也，则使天下乱；墨子之节用也，则使天下贫。"《王霸》中则称"墨子之说"是"役夫之道"，在《解蔽》中说"墨子蔽于用而不知文"，在《乐论》中则专门批评墨子的非乐思想，在《天论》中则说"墨子有见于齐，无见于畸"。这些批评集中到一点，就是批评墨家过于注重功利，忽略了制度与人文等其他更为重要的价值，对于治理国家有害无益。

宋钘，又作宋荣子、宋牼，与尹文齐名，大致生活于齐威宣时代，是齐国稷下学宫的重要学者。荀子虽将其与墨子合在一起批评，但与墨家思想有一定不同。宋钘鉴于当时的诸侯混战，主张通过减少人们的欲望，来减少战斗。荀子认为欲望的多少不是社会之乱的原因，在《正论》篇用大段篇幅中批评了宋钘"见侮不辱""情欲寡浅"等学说，《解蔽》篇又称"宋子蔽于欲而不知得"。

申不害，韩国早期法家人物，韩昭侯（前 362－前 333 年在位）重用他为相主持改革，"内修政教，外应诸侯"，"终申子之身，国治兵强，无侵韩者"。慎到、田骈曾参与稷下学宫，其思想接近法家，荀子批评他们说："尚法而无法，下修而好作，上则取听于上，下则取从于俗，终日言成文典，反紃察之，则倜然无所归宿，不可以经国定分。"《解蔽》篇又称："慎子蔽于法而不知贤。申子蔽于势而不知知。"荀子主要批评这些法家学者过于尊崇法、势的作用，忽视了礼法、贤人等更重要的因素，仅凭法令和君主的意志治国显然是不行的。

惠施、邓析属于先秦名辩学派，讲究逻辑名实之辨，荀子对他们也进行了严厉批判，认为他们"不法先王，不是礼义，而好治怪说，玩琦辞，甚察而不惠，辩而无用，多事而寡功，不可以为治纲纪"（《非十二子》）。又云："山渊平，天地比，齐秦袭，入乎耳，出乎口，钩有须，卵有毛，是说之难持者也，而惠施邓析能之。然而君子不贵者，非礼义之中也。"（《不苟》）《富国》篇又云："惠施蔽于辞而不知实。"《正名》篇将名辩学者的逻辑错误归纳为三种，列举了其主要观点，这些观点不仅涉及名辩学者，还涉及墨家，如"圣人不爱己""杀盗非杀人"是墨家主张，白马非马是公孙龙的主张等，荀子主要批评他们沉迷于玩弄文字游戏，割裂名与实的关系，不符合礼义的要求，对于国家治理是非常有害的。

荀子对庄子的批评，仅有《解蔽》篇的一句："庄子蔽于天而不知人。"这是对庄子崇尚天道自然、反对人为的观点的批评。荀子主张天人分职，认为人与天各有其功能和职责，不能以人从天。

荀子不但批判与儒家思想不同的其他诸家，也批评那些他认为没有真正继承儒家思想精髓的伪儒家，他要对儒家进行"正本清源"。他重点批评了子思和孟子："略法先王而不知其统，犹然而犹材剧志大，闻见杂博。案往旧造说，谓之五行，甚僻违而无类，幽隐而无说，闭约而无解。案饰其辞，而祗敬之，曰：'此真先君子之言也。'子思唱之，孟轲和之。世俗之沟犹瞀儒、嚾嚾然不知其所非也，遂受而传，以为仲尼子弓为兹厚于后世，是则子思孟轲之罪也。"荀子的批评主要有两点，一是"略法先王而不知其统"，即虽然讲求法先王，但不知道其中的主旨和要义，没有抓到根本，荀子认为先王之统是礼义，而子思、孟子显然没有抓住这一点。二是批评其自创的"五行"学说。由于文献记载缺乏，其五行说到底是何内容一直无从知晓。1973年长沙马王堆汉墓及1993年郭店楚简中均发现了论述五行的篇章，其五行指的是仁义礼智圣，被认为正是已经失传的子思、孟子的五行学说。除了对子思、孟子的批评，荀子还对子游氏之儒、子张氏之儒、子夏氏之儒进行了批评，他说："弟陀其冠，神禫其辞，禹行而舜趋，是子张氏之贱儒也；正其衣冠，齐其颜色，嗛然而终日不言，是子夏氏之贱儒也；偷儒惮事，无廉耻而嗜饮食，必曰君子固不用力，是子游氏之贱儒也。"（《非十二子》）荀子将这三家儒者称为"贱儒"，认为他们徒具儒家的外在形式，而完全失去了儒家应有的精气神。荀子常将那些不具有真实内涵的儒者称为俗儒："逢衣浅带，解果其冠，略法先王而足乱世术，缪学杂举，不知法后王而一制度，不知隆礼义而杀诗书，其衣冠行伪已同于世俗矣,然而不知恶者,其言议谈说已无以异于墨子矣,然而明不能别,呼先王以欺愚者而求衣食焉,得委积足以拄其口,则扬扬如也,随其长子,事其便辟,举其上客,亿然若终身之虏而不敢有他志,是俗儒者也。"在批评其他儒家学派的基础上,荀子以周公、孔子、子弓的正宗传人自居,建立了第一条儒学传承脉络。荀子非常推尊周公,称周公为圣臣,是以礼义治国平天下的最高和最典型的代表;他把孔子抬高到与周公媲美的地步,认为孔子"德与周公齐,名与三王并"。荀子云:"无置锥之地,而王公不能与之争名,在一大夫之位,则一君不能独畜,一国不能独容,成名况乎诸侯,莫不愿以为臣,是圣人之不得势者也,仲尼、子弓是也。"

荀子生活于战国百家争鸣的后期,各家学术的主体和概貌都已经基本呈现,又曾深度参与齐国的稷下学宫,这使荀子站得更高,看得更远,可以更清醒地看到各家的长处与短处,从而使荀子思想具有更强的综合性和会通性,成为战国诸子之学的集大成式的殿军人物。《庄子·天下》篇也曾对战国诸子百家进行评述,但荀子的批判和总结显然更为深刻、透彻。荀子对诸家的批评不是无的放矢,不是乱批一通,而是有根有理有据,有他自己的立场和理论体系,他进一步坚定了儒学立场,这就是荀子有破有立、有褒有贬的学术风格和学术态度。

五十、荀子传习经书

《诗》《书》《礼》《乐》《易》《春秋》是儒家六艺,又称六经。战国是六经的形成时期,荀子作为战国晚期的大儒,非常重视经书的学习与传承,极大地推动了儒家经典的传播与研究,成为汉代经学发展的重要源头。《荀子》全书引《诗》83 次,论《诗》8 次,引《书》19 次,论《书》6 次,论《春秋》3 次,引《易》2 次,论《易》2 次[①],并对经典的意义与价值进行了阐释。在《劝学》篇中,他说:"学恶乎始?恶乎终?曰:其数则始乎诵经,终乎读《礼》……故《书》者,政事之纪也;《诗》者,中声之所止也;《礼》者,法之大分、类之纲纪也。故学至乎《礼》而止矣,夫是之谓道德之极。《礼》之敬文也,《乐》之中和也,《诗》《书》之博也,《春秋》之微也,在天地之间者毕矣。"

---

① 统计数据参张小苹《荀子传经考》,浙江大学 2011 年博士论文。

认为学习就要从经典诵读开始,而以学礼为终结。经书包含了天地之间所有的重要道理。在《儒效》篇中,他又强调:"圣人也者,道之管也,天下之道管是矣,百王之道一是矣。故《诗》《书》《礼》《乐》之道归是矣。《诗》言是其志也,《书》言是其事也,《礼》言是其行也,《乐》言是其和也,《春秋》言是其微也。"认为经书是圣人之道的化身。

由于荀子主张性恶论,不为宋明理学家所喜,故自宋代以来其地位和名声日趋下降,明嘉靖年间甚至被赶出孔庙,罢除其从祀孔子的地位。到清代,才开始有学者通过发明荀子传经的贡献,试图纠正人们对荀子的偏见。最早的当属扬州学派的汪中,他的《荀卿子通论》遍考群籍,同时结合《荀子》本文,第一次系统、全面地梳理了荀子的传经成就,他的论断"荀卿之学,出于孔氏,而尤有功于诸经"影响深远。皮锡瑞撰《经学历史》,在《经学流传时代》专门叙述了荀子的传经之功,皮氏完全继承汪中的考证,并说明"荀卿传经之功甚巨""荀子能传《易》《诗》《礼》《乐》《春秋》,汉初传其学者极盛"。

(一)荀子对礼乐的传习

荀子是礼学大家,其思想的核心就是礼,《荀子》全书几乎每篇都在阐述礼的意义价值及具体的礼制。《荀子》书中虽然没有明确提到《仪礼》一书,但有许多地方都与《仪礼》相合,可见荀子对《仪礼》非常熟悉。沈文倬先生曾经指出《荀子》书中阐述礼意的文字"往往前引《仪礼》之文而后申以己说,对原文颇多剪裁删节,但并列对照,并疏解其异文,就能看出荀况礼学是依《仪礼》立说的"[①]。例如荀子在《礼论》篇中所叙述的丧礼和乡饮酒礼等具体礼制就与《仪礼》的《士丧礼》《既夕礼》《士虞礼》《丧服》《少牢馈食礼》《有司彻》《乡饮酒礼》等篇密切相关。由于《仪礼》只是个残本,仅包括士礼,荀子还讨论过很多不见于《仪礼》的内容,如天子、大夫之礼等,云:"故天子棺椁七重,诸侯五重,大夫三重,士再重。然后皆有衣衾多少厚薄之数,皆有翣菨文章之等,以敬饰之,使生死终始若一。"可见他所掌握的礼制比今本《仪礼》的内容更丰富、完整。

---

① 沈文倬:《略论礼典的实行和仪礼书本的撰作》,载《宗周礼乐文明考论》,浙江大学出版社1999年版,第28页。

　　虽然从史书记载的谱系上看，汉代礼学最早上溯到汉初的高堂生，不及荀子，但荀子确实对汉代礼学的传授产生重要影响。汉代许多重要礼学家都直接、间接地受过荀子思想的影响。荀子晚年生活于兰陵，而汉代许多著名经师，尤其是习礼的经师都来自兰陵，如王臧、缪生、褚大、疏广、毋将永、萧望之等人。值得一提的是孟卿。《汉书·儒林传》记载："孟喜字长卿，东海兰陵人也。父号孟卿，善为《礼》《春秋》，授后苍、疏广。世所传《后氏礼》《疏氏春秋》，皆出孟卿。"刘向《孙卿书录》称："兰陵多善为学，盖以荀卿也。长老至今称之。兰陵人喜字为卿，盖以法孙卿。"孟喜字长卿，其父亦名卿，即可见荀子在兰陵影响之一斑，其所传授的礼学无疑与荀子有密切关系，孟卿的礼学成为后氏礼所自出，而后氏礼又是大小戴礼所自出。荀子讨论礼的内容多为二戴《礼记》所采纳，如《荀子·礼论》与《大戴礼记·礼三本》《礼记·经解》《礼记·三年问》部分内容重合，《乐论》与《礼记·乐记》《礼记·乡饮酒义》部分内容重合。过去有不少人受疑古思潮的影响，认为《荀子》成书晚于二戴《礼记》，是《荀子》抄袭二戴，经过许多学者的认真对比研究，可以确定这种说法是错误的。从行文风格上看，凡二戴《礼记》与《荀子》重合的篇章，基本上都是出自荀子的手笔，是二戴《礼记》抄录了《荀子》，而不是相反。一个最明显的例子是，《荀子》书多用"案"字为发语词或连词，据黄珊统计，有 52 例[1]，涵盖《荣辱》《王制》《富国》《王霸》《君道》《臣道》《议兵》《强国》《礼论》《解蔽》《大略》等 11 篇，这已成为《荀子》一书最大的行文特色，先秦至汉代的其他典籍则很少见到此种用法[2]。而《礼记·三年问》"焉使倍之"，《荀子·礼论》篇作"案使倍之"，明白了"案"字在《荀子》中的独特用法，就可以确定《礼记》这段话是抄袭自《荀子》，只是在选取《荀子》篇章时把"案"改成了"焉"。王锷先生却以为是《荀子》抄袭《礼记》，实是大误[3]。又《礼记·乡饮酒义》中有如下一段：

　　　　一人扬觯，乃立司正焉，知其能和乐而不流也。宾酬主人，主人酬介，介酬众宾，少长以齿，终于沃洗者焉。知其能弟长而无遗矣。

---

①　黄珊：《〈荀子〉虚词"安、案、按"研究》，《丹东师专学报》1998 年第 3 期。

②　黄珊：《〈荀子〉虚词"安、案、按"研究》，《丹东师专学报》1998 年第 3 期。

③　王锷：《礼记成书考》，中华书局 2007 年版，第 221 页。

降，说屡升坐，修爵无数。饮酒之节，朝不废朝，莫不废夕。宾出，主人拜送，节文终遂焉。知其能安燕而不乱也。

此段又见《荀子·乐论》。文中"焉"字，《礼记正义》皆属上读，刘台拱以为应属下读，其云："三焉字皆当下属，焉语词，犹于是也。"[①]焉字与《荀子》的"案"字用法完全一致，当属"案"的借用字。

(二)荀子对《诗》的传习

《荀子》一书大量引《诗》，可见荀子对《诗》的重视与熟悉程度，荀子对战国晚期《诗》学的传播起过重大作用。汉代的《诗》学共有齐、鲁、韩、毛四家，而其中的鲁、韩、毛三家都与荀子有直接或间接的关系。鲁诗的鼻祖是申公，《汉书·楚元王传》云："楚元王交，字游，高祖同父少弟也。好书，多材艺。少时尝与鲁穆生、白生、申公俱受《诗》于浮丘伯。伯者，孙卿门人也。"又《盐铁论·毁学》载大夫云："昔李斯与包丘子俱事荀卿。"包丘子亦即浮丘伯。刘向《孙卿书录》亦曰："李斯尝为弟子，已而相秦，及韩非号韩子，又浮丘伯，皆受业为名儒。"由上可证，申公是浮丘伯弟子，而浮丘伯又是荀子弟子，因此申公可以说是荀子的再传弟子。俞艳庭先生在归纳《鲁诗》学派特征时，指出《鲁诗》学派的一大特征是"明于礼制"[②]，这可能也是受荀子礼学的影响。其次是韩诗。《韩诗外传》中有大量篇章都是直接取自《荀子》，约有四五十处之多，荀子《诗》学对《韩诗》学的形成有一定影响。《毛诗》在西汉地位不高，东汉之后始成显学，《汉书·儒林传》关于《毛诗》仅仅简单记载了毛公之后的流传过程。最早记载毛公之前《诗》的传授的是三国吴陆玑《毛诗草木鸟兽虫鱼疏》所叙《毛诗》源流，云："孔子删《诗》授卜商，商为之序以授鲁人曾申，申授魏人李克，克授鲁人孟仲子，仲子授根牟子，牟子授赵人荀卿，荀卿授鲁国毛亨，亨作《诂训传》，以授赵国毛苌。时人谓亨大毛公，苌小毛公。以其所传，故号其《诗》曰《毛诗》。"认为大毛公是荀子弟子，将荀子纳入《毛诗》传授体系。但据《经典

① 刘台拱：《经传小解》，载《皇清经解续编》卷第二百七。
② 俞艳庭：《两汉三家诗学史纲》，齐鲁书社 2009 年版，第 159 页。

释文·序录》所引，同为三国吴人的徐整又叙述了完全不同的另一套传承体系："子夏授高行子，高行子授薛仓子，薛仓子授帛妙子，帛妙子授河间人大毛公。毛公为《诗故训传》于家，以授赵人小毛公。小毛公为河间献王博士，以不在汉朝，故不列于学。"这一体系中没有荀子，因此，荀子是否传授《毛诗》是有疑问的，但今本《毛诗传》中引用了不少荀子学说，如《荀子·儒效》篇曰："鄙夫反是，比周而誉俞少，鄙争而名俞辱，烦劳以求安利，其身俞危。诗曰：'民之无良，相怨一方，受爵不让，至于己斯亡。'此之谓也。"荀子所引《诗》来自《小雅·角弓》，此句《毛传》曰："爵禄不以相让，故怨祸及之。比周而党愈少，鄙争而名愈辱，求安而身愈危。"《毛传》即用《荀子》说。不过，在荀子时代《诗》就是《诗》，并没有分家别派，荀子虽未必是毛公之师，但其曾传习《诗》并对后世《诗》学产生重要影响则是毫无疑问的。

（三）荀子对《书》的传习

《荀子》对《书》也非常熟悉，引《书》共 10 余次，只是他的《书》学没能够传到西汉，汉以后的《尚书》传授与荀子基本没有什么关系。不过荀子与后世《尚书》学有一大事因缘，即后世理学家所谓的"十六字心传"。《解蔽》篇引《道经》曰"人心之危，道心之微"。《尧问》篇又引舜曰："执一无失，行微无怠，忠信无倦，而天下自来。执一如天地，行微如日月，忠诚盛于内，贲于外，形于四海，天下其在一隅邪？夫有何足致也。"伪古文《大禹谟》袭用二文并融合《论语·尧曰》"允执其中"句而成"人心惟危，道心惟微，惟精惟一，允执厥中"，从而成为后世津津乐道的十六字心传。

（四）荀子对《春秋》的传习

《荀子》书中多次论及《春秋》，他强调《春秋》与《礼》《诗》《书》同时承载着"圣人之道""仁义之统"，要求门人弟子熟习之。他认为《春秋》的特点是"微"，即微言大义，如《劝学》篇云"《春秋》之微也""《春秋》约而不速"，《儒效》篇云"《春秋》言是，其微也"。汉代《春秋》学分成了公羊、谷梁、左氏三家，后人在追溯三家渊源建立传承谱系时，常常将荀子纳入其中，如关于《谷梁传》的传授，从汉至唐从未与荀子发生关系，直到唐代，杨士勋在《春秋谷梁传序》说："谷梁子名俶，字元始，鲁人，一名赤，受《经》于子夏，为《经》作《传》，故曰《穀梁传》。传孙卿，孙卿传鲁人申公，申公传博士江翁。"这一传承谱系出现太晚，非常可疑。关于《左传》，从汉、魏、晋以来直至南朝梁，学术界均无《左传》先秦传授源流的记载。唐初陆德明《经典释文·序录》却出现了《左传》的传承谱系："左丘明作《传》以授曾申，申传卫人吴起，起传其子期，期传楚人铎椒，椒传赵人虞卿，卿传同郡荀卿名况，况传武威张苍，苍传洛阳贾谊。"荀子成为《左传》传承谱系中的一名先师，其实这一传承谱系也被后世学者怀疑，黄觉弘先生即认为所谓《左传》先秦授受世系，是由后人附会《史记·十二诸侯年表序》文伪窜而成[①]。可见，后世关于《春秋》三传的传承谱系中虽然多把荀子列入，但这些谱系本身就是可疑的，大多是为了在经学竞争中取得优势地位而杜撰的。不过，荀子精通《春秋》这一事实却是毫无疑问的，他常常引用《春秋》所记载的事件或其义理作为论据，司马迁就曾说："如荀卿、孟子、公孙固、韩非之徒，各往往捃拾《春秋》之文以著书。"

（五）荀子对《易》的传习

荀子反复强调《诗》《书》《礼》《乐》《春秋》等经典中蕴含着"天下之道""仁义之统"，却没有同时提到《易》。《荀子》一书中仅有四处提到与《易》有关的内容，一处出自《非相》，三处出自《大略》。但刘向在《孙卿书录》中说："孙卿善为《诗》《礼》《易》《春秋》。"可见荀子对《易》也非常熟悉。

不过需要辨明的是荀子的易学来源。荀子非常尊崇子弓，每每将他与孔子相提并论，如《非相》篇曰"仲尼长，子弓短"，《非十二子》篇又以仲尼、子弓为"圣人之不得势者"，并提出仁人当"上则法舜、禹之制，下则法仲尼、子弓之义"。《儒效》篇又以"仲尼""子弓"为大儒。但对于子弓到底是谁，学界有不同的意见。有人认为是孔子弟子冉雍字仲弓，还有人认为是传承易学的"馯臂子弓"。馯臂子弓，又写作馯臂子弘，最早出现在《仲尼弟子列传》司马记述的易学传承源流中："商瞿，鲁人，字子木。少孔子二十九岁。孔子传易于瞿，瞿传楚人馯臂子弘，弘传江东人矫子庸疵，疵传燕人周子家竖，竖传淳于人光子乘羽，羽传齐人田子庄何。"《汉书·儒林传》也记录了易的传承谱系而与此略异："自鲁商瞿子木受《易》孔子，以

---

① 黄觉弘：《左传先秦授受世系之由来辨伪》，《江汉大学学报》2002 年第 6 期。

授鲁桥庇子庸,子庸授江东馯臂子弓,子弓授燕周丑子家,子家授东武孙虞子乘,子乘授齐田何子装。"馯臂子弓与荀子推崇备至的"子弓"名字类似,于是很多学者认为他就是荀子所指的子弓,并由此推论荀子与易学传承的关系。但馯臂子弓除以上两者材料记载的传易事迹外,未见任何其他材料提及,或许就是汉代易学家们杜撰的人名,荀子是否会把这样一个名不见经传的人物提高到与孔子相提并论的地位,是很令人怀疑的。因此,在没有更多证据的情况下,还是认定子弓为冉雍比较恰当,孔子对冉雍极为器重,不仅把他列为"德行"四贤之一,更曾给予"雍也可使南面"的高度评价。

综上所述,荀子固然曾经学习和传承诸经,并培养了一大批弟子,但后世将其强行纳入某经固定的单线传承谱系中,则属牵强之举,因为很多传经谱系都是后世重建或构想的,在经学尚未成为官方学说的先秦时期,经书是公共学术资源,人人可学,在先秦时期并不存在所谓单一的传承谱系。

五十一、李斯、韩非受学于荀子

荀子是一位大儒,却与法家有千丝万缕的联系,荀子的两个门徒——李斯和韩非,后来都成了著名的法家代表人物。荀子晚年生活在楚国兰陵(今山东临沂兰陵县),从事教书育人和著书立说,李斯与韩非就是荀子晚年的弟子,不过李斯、韩非与荀子的关系并不密切,他们不是荀子的正宗传人,更不能因此认为荀子是法家。

李斯虽拜荀子为师,但他与荀子志趣、理想均完全不同,荀子抱有儒家王道政治的宏大理想,而李斯不过是想学一些谋取高官厚禄的权术而已。《史记·李斯列传》云:"从荀卿学帝王之术,学以成,度楚王不足事,而六国皆弱,无可为建功者,欲西入秦。"司马迁说李斯"从荀卿学帝王之术",可见他不过是想从荀卿那里学一些政治钻营的权术,所以当他学成后,看到六国力量太弱,不能为他建功立业提供条件,才想西入秦国寻求机会。他在离开荀子的时候说:"斯闻得时无怠,今万乘方争时,游者主事。今秦王欲吞天下,称帝而治,此布衣驰骛之时而游说者之秋也。处卑贱之位而计不为者,此禽鹿视肉,人面而能彊行者耳。故诟莫大于卑贱,而悲莫甚于穷困。久处卑贱之位，困苦之地，非世而恶利，自托于无为，此非士之情也。故斯将西说秦王矣。"这段话似乎有一种对荀子因固守理想而不能真正建功立业的反讽。韦政通先生说："李斯往秦，本只为一己之功名利禄。"①真是一针见血。李斯在大富贵之后曾回想起荀子对他的告诫"物禁太盛"，可能就是荀子试图改变他志向时的劝语，但李斯终于没有听从。所以，李斯很可能是因为与荀子学术宗旨相左，在荀门待不下去才离开荀子的。

关于韩非从学荀子，仅见于《史记·韩非列传》："与李斯俱事荀卿，斯自以为不如非。"而荀子本传仅称："李斯尝为弟子，已而相秦。"只说李斯是荀子弟子，而不提韩非。《韩非子》一书皇皇十余万言，仅两处疑似提到荀子，第一处是《难三》言燕子哙贤子之而非孙卿，此处虽是褒奖荀子，但与荀子生平不合，疑有误②。第二处是《显学》提到儒分为八时有所谓孙氏之儒，后世学者多认为是荀子，但也纯属猜测，且即使真的是指荀子，也并非作为老师来尊崇，而是作为批判的对象，因为在韩非子看来儒家是五蠹之一。韩非子的学术渊源，《史记·老子韩非列传》云："韩非者，韩之诸公子也。喜刑名法术之学，而其归本于黄老。非为人口吃，不能道说，而善著书。"韩非子生性喜欢刑名法术及黄老之学，可见他的学问并非来自荀子。韩非子生于韩国，而韩国本是法家的重要发源地，法家前辈申不害辅佐韩昭侯主持改革，为韩相近20年，以行"法术"之治，使韩国日渐强盛起来。申不害在韩国的地位，正如商鞅在秦国的地位。韩国作为韩非的故乡，申不害的思想和改革历史，想必对韩非有深刻的影响。韩非子少喜刑名之学，应与他故乡的这种学术风气有关。在《韩非子》一书中处处流露出对法家人物的赞赏，如《和氏》篇赞吴起、商鞅："楚不用吴起而削乱，秦行商君法而富强。"《奸劫弑臣》篇赞管仲、商鞅："此管仲之所以治齐，而商君之所以强秦也。从是观之，则圣人之治国也，固有使人不得不爱我之道，而不恃人之以爱为我也。"这里以管仲、商鞅为圣人。又云："何怪夫贤圣之戮死哉！此商君之所以车裂于秦，而吴起之所以枝解于楚者也。"此处以商鞅吴起为贤圣。又云："汤得伊尹，以百里之地立为天子；桓公得管

① 韦政通：《荀子与古代哲学》，台湾商务印书馆1992年版，第222页。
② 详本书第四十八篇《荀子游学及其对儒学的传播》。

仲,立为五霸主,九合诸侯,一匡天下;孝公得商君,地以广,兵以强。故有忠臣者,外无敌国之患,内无乱臣之忧,长安于天下,而名垂后世,所谓忠臣也。"这里将管仲、商鞅作为名垂后世的忠臣。可见,韩非主要继承了韩国的刑名法术之学,与荀子虽然名义上可能有师徒关系,但思想源流关系并不密切。而且,韩非的某些观点与荀子非但没有传承关系,而且还有针锋相对的立场。这里仅举两个例子:

其一,《荀子》之《王霸》《君道》篇两次提到"……故君人劳于索之,而休于使之。"认为君主要主要精力要放在选人方面,人一旦选定,使用就非常容易了。韩非子对这一观点进行直接批判,其《难二》篇讲了一个故事,说齐桓公时晋国派使臣前来,负责接待的人问齐桓公具体的接待礼仪,齐桓公说问仲父(即管仲),接着又问了几个问题,都说是问仲父,旁边的人就笑着说,做君主太容易了,动不动就问仲父,齐桓公说:"吾闻君人者劳于索人,佚于使从。吾得仲父已难矣,得仲父之后,何为不易乎哉?"接下来韩非对此观点进行了批评,他认为君主选人不难,只要有官爵庆赏,能人自然会来,而用人就需要对他时刻进行监督考察,看他的行为是否符合法规,是否有功劳,所以用人是很辛苦的。韩非子与荀子的观点在这个问题上也是针锋相对的。

其二,《荀子·正论》篇第一条就批判了"主道利周"的观点,即认为君主应该行事周密,不为外人所知,《王霸》篇也提到:"主道治近不治远,治明不治幽。"主张君主应该正大光明,所有的行为都让臣民能看到并且能够效法,而不能搞秘密行政,搞阴谋诡计。但韩非子的思想正与此相反,他鲜明地主张君主要神秘,要"周"、要"幽",君主要把自己深藏起来,不能让臣民猜透自己的想法。《八经》篇云:"明主,其务在周密。是以喜见则德偿,怒见则威分。故明主之言隔塞而不通,周密而不见。"明主不能喜怒形于色,要保持一种神秘感,务在周密。《亡征》篇云:"浅薄而易见,漏泄而无藏,不能周密,而通群臣之语者,可亡也。"可见,韩非与荀子的观点在这个问题上也是针锋相对的。

以上两例还不是韩非子在一般意义上与荀子思想不同,而是针锋相对地唱反调,可见,韩非的思想学说与荀子相差甚远,即使他曾经拜荀子为师,也并没有真正吸收和继承师说。从人性论看,荀子与韩非有相似之处,更有很大不同。韩非将人性单纯地看作自私自利的,是趋利避害的。

韩非子说："夫安利者就之，危害者去之，此人之情也。"（《奸劫弑臣》）又说："死力者民之所有者也，情莫不出其死力以致其所欲，而好恶者上之所制也，民者好利禄而恶刑罚，上掌好恶以御民力，事实不宜失也。"（《制分》）人皆好利恶害，这是韩非子的人性论，韩非的全部法、术、势等一套理论，都是建立在这个人性基础上的。而荀子的人性论更为全面和丰满，它包括了人自然的情绪、欲望、知能等等，其中虽然也包括了自私自利等，但这并非人性的唯一内涵，而且荀子人性论的目的是要改造人性，使人由性恶的小人变成君子。法家的上下关系，纯粹是主子与奴才的工具，法家强调尊君，所有臣民皆是君主的奴才，君主要想尽各种办法来驾驭奴才。荀子的上下关系仍是传统儒家的教化关系，以礼义教化臣民，为达到这个目的，其对君主有明确的限定。

总之，虽然有记载证明李斯、韩非曾从学荀子，但并不因此而使荀子也成为法家。明代的杨慎云：

> 宋人讥荀卿，云卿之学不醇，故一传于李斯而有坑焚之祸。此言过矣。孔子曰："与其进也，不与其退也。"弟子为恶，而罪及师，有是理乎？若李斯可以累荀卿，则吴起亦可以累曾子矣。刘向《别录》云："吴起始事曾子，而受《春秋》于曾申。"《盐铁论》曰："李斯与苞丘子同事荀卿，苞丘子修道白屋之下。"二事人皆引用，而罕知其原，故及之。①

李贽也有类似说法②。廖名春先生指出："荀子两个著名的学生韩非和李斯是法家的代表人物，后人连类而及，由此推定其老师也是法家，这是缺乏理性的。老师之于学生，责任是有限而不是无限的。"③况且荀子的学生不但有李斯、韩非，还有浮邱伯，而浮邱伯是汉代《诗经》学的始祖。

---

① ［明]杨慎：《丹铅余录》，《景印文渊阁四库全书》第 855 册，台湾商务印书馆 1982—1986 年，第 82 页。
② 李贽：《焚书·续焚书》，中华书局 2009 年版，第 218 页。
③ 廖名春：《对荀子思想的新认识》，《河北学刊》2012 年第 5 期。

五十二、庄子与儒家

庄子是先秦道家的代表人物，但《庄子》一书与儒家尤其是颜回有密切的关系，庄出于儒的说法因此产生，认为庄子是儒家后学，庄子的学问来自儒家。最早的如韩愈在《送王秀才序》中说："盖子夏之学，其后有田子方，子方之后，流而为庄周。"认为庄子出于子夏后学。苏轼《庄子祠堂记》说："庄子之言，皆实予而文不予，阳挤而阴助之。其正言盖无几，至于诋訾孔子，未尝不微见其意。其论天下道术，自墨翟、禽滑厘、彭蒙、慎到、田骈、关尹、老聃之徒以至于其身，皆以为一家，而孔子不与，其尊之也至矣！"认为庄子虽然表面排挤儒家，而实际上是尊儒的。近代以来，章太炎《国学概论》、郭沫若《庄子的批判》等，以及钟泰、钱穆、童书业、唐君毅、李泽厚、颜炳罡、杨朝明等学者均持有类似观点。高华平先生的《颜渊之学及〈庄子〉中的颜渊》[①]、冯坤先生的《传世及出土文献中的孔子故事与身份认同》[②]、《〈庄子〉儒家故事杂考二则》[③]等，以《庄子》文本为中心进行了较多探讨，以下在前贤们研究成果的基础上对此问题略作阐述。

《庄子》一书中确实出现了大量的儒家人物，主要是孔子及其弟子。据冯先生的研究，《庄子》寓言中提到最多的人物是孔子，《庄子》中孔子出现共 50 次，而庄子仅 30 次、老子仅 16 次，孔子故事数量远在老子及庄子本人之上，内外杂篇均有分布，尤其在内篇中分量极重。而在孔子出现的 50 次中，有 48 处形成完整的寓言或单独记载归于孔子名下的言论。其中 24 处称孔子为"仲尼"，均出自内篇及外、杂篇中与内篇联系较密切的篇目，在内篇中仅有两处称"孔子"。众所周知，古代对人称字，是一种比较中性或是客气的称呼，称子是一种尊称，而直呼其名则带有蔑视的语气。冯先生据此认为："这些细节某种程度上可以被解读为：内篇推重孔子，是以孔子为可资借重的先贤，托孔子之名以宣扬道家思想。"除此之外，还有些地方直接称孔子为夫子，如《天地》篇载：

---

① 《诸子学刊》第四辑，上海古籍出版社 2010 年版。
② 《古籍整理研究学刊》2016 年第 4 期。
③ 《国学学刊》2018 年第 3 期。

夫子问于老聃曰："有人治道若相放，可不可，然不然。辩者有言曰：离坚白，若县寓。若是则可谓圣人乎?"老聃曰："是胥易技系、劳形怵心者也。执留之狗成思，猿狙之便自山林来。丘，予告若而所不能闻与而所不能言……"

因下文出现"丘"，故推知夫子指孔子。另外，《天地》篇、《天道》篇又各有一段"夫子曰"，而不详夫子具体指何人，或许也是指孔子。

除孔子外，《庄子》中出现的孔门弟子也非常多，计有颜回、闵子、子贡、子路、冉求、曾子、原宪、子张等，其中颜回14处、子贡8处、子路7处，其余各1处，另有子牢及瞿鹊子疑为孔子弟子。《庄子·齐物论》有一则著名的瞿鹊子问道长梧子故事：

瞿鹊子问乎长梧子曰："吾闻诸夫子：圣人不从事于务，不就利，不违害，不喜求，不缘道，无谓有谓，有谓无谓，而游乎尘垢之外。夫子以为孟浪之言，而我以为妙道之行也。吾子以为奚若?"长梧子曰："是黄帝之所听荧也，而丘也何足以知之!且汝亦大早计，见卵而求时夜，见弹而求鸮炙。予尝为汝妄言之，汝以妄听之……丘也与汝皆梦也，予谓汝梦亦梦也。是其言也，其名为吊诡。万世之后，而一遇大圣，知其解者，是旦暮遇之也。"

这里的"丘"，有人认为是长梧子自称，也有人认为是指上文提到的"夫子"，即孔子。如清人俞樾在《庄子人名考》(《俞楼杂纂》卷二十九)一文中论证道：

按《战国策·宋策》有梧下先生，高注曰："先生，长者，有德者称。家有大梧树，因以为号。"岂即斯人欤?崔云名丘，则误也。据瞿鹊子云"吾闻诸夫子"，则瞿鹊子所述皆其师之言。长梧子曰："是黄帝之所听荧也，而丘也何足以知之。""丘"者，斥其师之名。瞿鹊子殆孔子之弟子也。崔氏误谓"丘"者长梧子自称其名，遂有长梧子名丘之说。今知不然者，下文云："丘也与女皆梦也，予谓女梦亦梦也。""予"者，长梧子自称之辞。曰"丘"、曰"女"、曰"予"，明分为三，岂得谓长梧子名丘乎？长梧子既不名丘，则丘为瞿鹊子之师无疑矣。瞿鹊子为孔子弟子，世竟无知者，是宜表而出之。

据此，则丘确实是指孔子无疑，而瞿鹊子应为孔子弟子。又《则阳》篇载：

长梧封人问子牢曰："君为政焉勿卤莽，治民焉勿灭裂。昔予为禾，耕而卤莽之，则其实亦卤莽而报予；芸而灭裂之，其实亦灭裂而报予。予来年变齐，深其耕而熟耰之，其禾蘩以滋，予终年厌飧。"

此处的子牢，一般认为即孔子弟子琴牢，《家语》云："琴牢，卫人，字子开，一字张。与宗鲁友，闻宗鲁死，欲往吊焉，孔子弗许，曰：'非义也。'"《庄子·大宗师》中又有"子琴张"，与子桑户、孟子反为友，子桑户死，孔子使子贡往侍事，被子琴张、孟子反讥为"恶知礼意"。另外，《齐物论》中出现"颜成子游"，名偃，而上博简中，颜与言通，则所谓颜成子游，或许与孔子弟子言偃有关。

在涉及的众多孔子弟子中，颜回出现的次数最多。据高先生统计，颜回形象在全书出现 15 次，比老子 16 次仅少 1 次。另外，据冯先生研究，《庄子》中有鲁贤人颜阖，共出现四次。颜阖在《庄子》中形同颜回化身，居鲁地、傅卫君、友蘧伯玉、陋巷安贫，从地域家族到修身治学，全面复刻了颜回的身份与资源。尤其是在《达生》篇中，记载了颜阖为鲁庄公论东野稷驾车的故事，这一故事又见于《荀子·哀公》《韩诗外传》卷二、《孔子家语·颜回》、《新序·杂事》等，均作颜回。这样说来，颜回的形象就可以说在《庄子》书中出现达 19 次。甚至可以说，《庄子》是记载颜回事迹最多的先秦文献。而且，《庄子》中的颜回形象常常是正面的。在《庄子》中，颜回是那种安贫乐道、不愿出仕的隐者形象，并且有一套自修的方法，如心斋、坐忘等。心斋见《庄子·人间世》，是以孔子之口说出，向颜回传授的。坐忘见《庄子·大宗师》，则是颜回独自体悟出来，甚至孔子都要"从其后"：

仲尼蹴然曰："何谓坐忘？"颜回曰："堕肢体，黜聪明，离形去知，同于大通，此谓坐忘。"仲尼曰："同则无好也，化则无常也。而果其贤乎！丘也请从而后也。"

坐忘，是要摒弃一切智慧聪明，包括儒家所提倡的一切仁义道德和礼乐文明，回归最原始的朴愚状态。由此，不少学者认为庄子的学问出自儒家八派之一的"颜氏之儒"。如章太炎在《国学概论》中说：

> 庄子载孔子和颜回的谈论却很多。可见，颜氏的学问，儒家没曾传，反传于道家了。庄子有极赞孔子处，也有极诽谤孔子处，对于颜回，只有赞无议，可见庄子对颜回是极佩服的。庄子所以连孔子要加抨击，也因战国时学者托于孔子的很多，不如把孔子也驳斥，免得他们借孔子作护符。照这样看来，道家传于孔子为儒家，孔子传颜回，再传至庄子，又入道家了。

郭沫若在《庄子的批判》中也说："庄子是从颜氏之儒出来的，但他就和墨子'学儒者之业，受孔子之术'而卒于'背周道而用夏政'一样，自己也成立了一个宗派。"

总体来说，在《庄子》书中，虽然涉及孔子很多，但其形象并不是正面的，而常常是被教育的对象。而颜回则始终是正面得道者的形象，且在《庄子》中，虽然孔子为师，颜回为徒，但孔子往往要向颜回学习，颜回是主要人物，孔子则是陪衬。从这个角度看，庄子思想可能与颜回及颜氏之儒有密切关系，但未必就是出自颜氏之儒。另有一种可能是，由于当时儒家学说影响的扩大，孔子及颜回是当时学术视野中的热门人物，而庄子只是纯粹想通过这样的名人效应来建立自己的学说而已，其实他与孔子和颜回无任何承继关系。从《庄子》全书的基调看，其对儒家学说主要是持批判态度的，认为其思想来自儒家稍显牵强，即使与儒家有渊源关系，也只能算是儒家的一种歧出。

五十三、博士制度的产生

博士制度兴盛于汉代，当时有五经博士、十四博士等，博士们传承经书、传习经义，还常常参与国家大政的讨论和制定，博士制度成为儒家政治地位的重要保证。博士制度产生和发展有一个漫长的演变过程,它早在战国时代就已经萌芽,但最初并非与儒家相关。

博士,顾名思义,指博通古今之士,最初的博士就以掌握某方面的知识而得名,颜师古说:"博士者,多闻之士。"(《急就篇注》卷一)博士起源于战国时代,当时诸侯纷争,为了各自的强大而纷纷举贤任能,这促使了知识阶层——士的兴起,诸子百家著书立说,游说诸侯,以求实现其抱负,不少人致身通显,最初的博士,就产生于这批知识人之中。《宋书》卷三九《百官志》云:"六国时往往有博士,掌通古今。"当时的博士并非一个固定的官职,也不是专称,而毋宁是一种对贤能、博学之士的尊称,例如文献记载的郑同、公仪休、贾祛等人。

《战国策·赵策》载:"郑同北见赵王,赵王曰:子南方之博士也,何以教之?"此赵王不详何王,其语中提到魏昭王(前 295—前 277 年在位),则郑同应为同时人。公仪休是鲁穆公时人,《史记·循吏列传》云:"公仪休者,鲁博士也,以高第为鲁相。"又《孟子·告子下》云:"鲁缪公之时,公仪子为政,子柳子思为臣。"朱熹注云:"公仪子,名休,为鲁相。"《孔丛子·公仪》云:

> 鲁人有公仪休[①]者,砥节砺行,乐道好古,恬于荣利,不事诸侯。子思与之友。穆公因子思欲以为相,谓子思曰:"公仪子必辅寡人,叄分鲁国而与之一,子其言之。"子思对曰:"如君之言,则公仪子愈所以不至也。君若饥渴待贤,纳用其谋,虽蔬食水饮,伋亦愿在下风。今徒以高官厚禄钓饵君子,无信用之意。公仪子之智若鱼鸟,可也。不然,则彼将终身不蹑乎君之庭矣!且臣不佞,又不任为君操竿下钓,以荡守节之士也。"

可见,公仪休曾作鲁国的相,与子思约略同时。公仪休为人清廉,《史记》将其列入《循吏列传》,称他"奉法循理,无所变更,百官自正,使食禄者不得与下民争利,受大者不得取小",并记载了两个故事:

---

① 休,有的版本作僖或潜。

客有遗相鱼者,相不受。客曰:"闻君嗜鱼,遗君鱼,何故不受也?"相曰:"以嗜鱼,故不受也。今为相,能自给鱼;今受鱼而免,谁复给我鱼者?吾故不受也。"食茹而美,拔其园葵而弃之。见其家织布好,而疾出其家妇,燔其机,云:"欲令农士工女安所售其货乎?"

公仪休不接受别人馈赠的鱼,并且禁止家人从事生产以与民争利。公仪休的这些品质使他成为鲁国的贤人。可见,公仪休之为博士,也不是一个固定的官职,而是指称公仪休是博学、贤能之人。

贾祛是魏国博士或博士弟子,《汉书》卷五十一《贾山传》:"(贾山)祖父祛,故魏王时博士弟子也。"贾山活动于汉文帝初期,可上推其祖父贾祛应活动于战国末期。因在汉武帝为博士置弟子之前,从未见博士有弟子的记载,故沈钦韩在《汉书疏证》中疑"弟子"为衍文,然所谓"魏王时博士",亦仅意味着是魏王所尊重的"博通之士"而已。

另外,《史记·龟策列传》褚少孙补文记述了宋元王梦神龟事:"(宋)元王惕然而悟,乃召博士卫平而问之。"下有孔子称赞之语,此事在《庄子·盗跖》等篇亦有记载,而为宋元君,陆德明《经典释文》称"元公也,案元公名佐,平公子",可见宋元王即宋元公。宋元公约于前531—前517年在位①,为春秋后期人,时间甚早,故此故事及所谓博士卫平应是庄子杜撰的寓言故事,不是史实。

战国时期齐国有稷下学宫,学者荟萃,稷下先生们因学问广博亦常被泛称为博士。汉代许慎在《五经异义》中说"战国时,齐置博士官",实际上是指齐国置稷下学宫之事。《说苑·尊贤》称"博士淳于髡",淳于髡其实是著名的稷下先生。此所谓博士,也是博学、博通之士的代称,并非官名。周予同先生认为:"齐国的稷下先生,疑亦与博士异名同实。"②

虽然战国时期博士多为某种尊称,并非专名,但随着诸子百家的兴起,博学之士越来越多,各诸侯国养士之风盛行,长此以往就会为这些士人设置固定的官职、俸禄等,博士之官自然产生。博士真正成为一种有明确官阶大小的官职,大概是在秦朝。《汉书·百官公卿表》说:"秦燔书籍,

---

① 钱穆先生《先秦诸子系年》认为宋元王为宋王偃之太子,但并无确据。
② 周予同:《周予同经学史论著选集》,上海人民出版社1983年版,第729页。

而置博士之官，博者博通于艺事也。"又云："博士，秦官，掌通古今，秩比六百石，员多至数十人。"应劭的《汉官仪》也说："博士官，博者通博古今，士有辩于然否。"关于秦代博士的数量，《史记·秦始皇本纪》《说苑·至公》并云"博士七十人"，虽然未必是确切数字，但也可见其数量之多。此时的博士虽然成为比较固定的一个官职，但其职责与战国时代的士乃至稷下先生差别不大，主要是依靠其所掌握的古今知识回答皇帝的咨询，为帝王的行动提供意见和建议。作为咨询顾问官，博士其所掌握的知识必须非常广博，而不局限于一家一门之说，所以，博士所习自然非常驳杂，非但不限于儒家，更不限于诸子，其中颇多掌握方术、神仙、占卜、占梦、神话、典故、礼制、辞赋等方面的人才。

例如，关于皇帝的尊号问题，《秦始皇本纪》载丞相绾、御史大夫劫、廷尉斯与博士议曰："古有天皇，有地皇，有泰皇，泰皇最贵。臣等昧死上尊号，王为'泰皇'。命为'制'，令为'诏'，天子自称曰'朕'。"这是博士与丞相等一起向皇帝就其称号问题提出建议。博士、齐人淳于越还向秦始皇建议分封子弟："臣闻殷周之王千馀岁，封子弟功臣，自为枝辅。今陛下有海内，而子弟为匹夫，卒有田常、六卿之臣，无辅拂，何以相救哉？"陈胜起义爆发后，秦二世召博士儒生问曰："楚戍卒攻蕲入陈，于公如何？"博士诸生三十馀人前曰："人臣无将，将即反，罪死无赦。愿陛下急发兵击之。"

秦始皇还常常直接向博士咨询一些知识性问题，如他巡狩至衡山时，问"湘君何神"，博士对曰："闻之：尧女，舜之妻，而葬此。"当他做梦与神战斗，又向博士问占梦，博士曰："水神不可见，以大鱼蛟龙为候。今上祷祠备谨，而有此恶神，当除去，而善神可致。"秦始皇到泰山之下，想要举行封禅大礼的时候，便"徵从齐鲁之儒生、博士七十人"，希望他们能够提供关于封禅之礼的具体方案。始皇还常让一些擅长辞赋的博士作诗，"使博士为仙真人诗，及行所游天下，传令乐人歌弦之"。总而言之，秦代博士来源非常驳杂，所掌知识也是五花八门。

秦代可考的博士，除了上文提到的淳于越外，还有如下几位：

卢敖。见《淮南子·道应》高诱注："卢敖，燕人，秦始皇召以为博士，使求神仙，往而不返。"

黄疵。见《汉书·艺文志》诸子名家类："黄公四篇。"班固自注："名疵，为秦博士。"

羊子。见《汉书·艺文志》诸子儒家类："羊子四篇。"班固自注："百章，故秦博士。"

伏生，见《史记·儒林列传》："伏生者，济南人也。故为秦博士。"

叔孙通。见《史记·叔孙通列传》："叔孙通者，薛人也。秦时以文学徵，待诏博士。"按叔孙通后降刘邦，封博士、稷嗣君。

正先。见《汉书》卷七十五："昔秦时赵高用事，有正先者，非刺高而死"，颜注引孟康曰："姓正名先，秦博士也。"

商山四皓。见李善注《文选》卷五十七《陶徵士诔》引《三辅三代旧事》曰："四皓，秦时为博士，辟于上洛熊耳山西。"

秦末之乱，孔子后裔孔甲亦尝为陈胜博士。《史记·儒林列传》云："及至秦之季世，焚诗书，坑术士，六艺从此缺焉。陈涉之王也，而鲁诸儒持孔氏之礼器往归陈王。于是孔甲为陈涉博士，卒与涉俱死。"

博士虽然最初并不限于儒家，但与儒家的关系相当密切，所以它后来发展为儒家的经学博士，也不是毫无原因的。秦朝的博士中，有一大部分是儒生，儒生、诸生与博士常常混称。例如秦始皇封禅时从齐鲁所徵的人为"齐鲁之儒生、博士七十人"，秦二世"召博士、诸儒生问曰"，"博士、诸生三十馀人"回答，等等。叔孙通更是以诸生的身份直接被拜为博士。儒生之所以能成为博士的重要组成部分，乃至博士与儒生并称，是因为自孔子之后，儒生皆"祖述尧舜宪章文武"，以恢复古礼古制为志向，因此掌握了较多的文物典故和礼乐等方面的知识，可以说是博古通今的典型代表，所以秦始皇选任博士，优先考虑齐鲁之地的儒生。

汉初承秦制，亦多置博士，其性质与秦博士无异，例如贾谊，《史记》本传称："廷尉乃言贾生年少，颇通诸子百家之书，文帝召以为博士。"刘歆《移让太常博士书》亦云："至孝文皇帝……天下众书往往颇出，皆诸子传说，犹为广立于学官，为置博士。"至汉武帝"罢黜百家独尊儒术"，罢斥了其他各家的博士，而独尊通习五经的儒生为博士，遂设立"五经博士"，博士成为儒家的专有，作为儒家经学的传承者的身份自此正式确立。

五十四、秦始皇焚书坑儒

司马迁说："及至秦之季世，焚诗书，坑术士，六艺从此缺焉。"（《史记·儒林列传》）"焚诗书，坑术士"，被后世概括为"焚书坑儒"。焚书坑儒被认为是一次灾难性的文化毁灭事件，给中国古代文化特别是儒学发展造成了重大损失，成为后世儒者心中不时发作的隐痛。而这一事件，经过后世学者的层层解释和渲染，其真相也变得迷雾重重。古代学者一般将其作为一个负面事件，作为秦国暴政的象征。近代以来，则有不少学者为其翻案。探寻焚书坑儒这一历史事件的真相，需要跳出后人的偏见，回到原始文献所记录的真实的历史语境中。

战国时代是士人兴起的时代，由于各诸侯国富国强兵的需要，养士之风盛行，秦国自然也不例外，而且招贤纳士的力度比其他诸侯国更大。战国晚期的大儒荀子曾游历秦国，并对秦国政治和社会风气赞赏有加，称秦国"四世有胜，非幸也，数也"。李斯在《谏逐客令》中回顾了秦国自穆公以来重视士人及其成效时说：

> 昔缪公求士，西取由余于戎，东得百里奚于宛，迎蹇叔于宋，求丕豹、公孙支于晋。此五子者，不产于秦，而缪公用之，并国二十，遂霸西戎。孝公用商鞅之法，移风易俗，民以殷盛，国以富强，百姓乐用，诸侯亲服，获楚、魏之师，举地千里，至今治强。惠王用张仪之计，拔三川之地，西并巴、蜀，北收上郡，南取汉中，包九夷，制鄢、郢，东据成皋之险，割膏腴之壤，遂散六国之从，使之西面事秦，功施到今。昭王得范雎，废穰侯，逐华阳，强公室，杜私门，蚕食诸侯，使秦成帝业。此四君者，皆以客之功。

穆公、孝公、惠王、昭王四位有成就的君主都高度重视接纳贤士，并使秦国日益富强，可见秦国的文化氛围是十分宽松的，对士人都是敞开大门欢迎。秦始皇即位后继承了这一传统，史称"年十三岁，庄襄王死，政代立为秦王……招致宾客游士，欲以并天下"（《史记·秦始皇本纪》）。公元前221年，秦始皇最终扫灭六国、统一天下之后，继续推行这种政策，不仅大量征召齐鲁之地的儒生，还任用其他各家各派的人物，其所设立的博士官就是以儒家为代表的各家士人的大汇集，其员额达到70人，他们为秦始皇的决策提供参考意见。秦始皇在很多国家大政方面也会主动询问和参考博士儒生们的意见，如统一六国之后，向他们咨询更改帝号之事，丞相绾、御史大夫劫、廷尉斯与诸博士进行了回答(《始皇本纪》)。他还采用了稷下先生邹衍等人的五德终始说："自齐威、宣之时，驺子之徒论著终始五德之运，及秦帝而齐人奏之，故始皇采用之。"(《史记·封禅书》)"推终始五德之传，以为周得火德，秦代周德，从所不胜。方今水德之始，改年始，朝贺皆自十月朔。"(《始皇本纪》)秦始皇巡狩山东等地准备封禅泰山的时候，就预先从齐鲁徵召了70余位儒生，向他们咨询意见，这些都可以看出秦始皇对儒生的重视。

但是当时的无论儒生还是其他学派的博士、学者，都沿袭了战国游士的自由之风。众所周知，战国士人主要凭借其知识和才能为诸侯服务，其与诸侯的关系类似于雇佣关系，合则聚，不合则散，不但来去自由，而且思想、言论也非常自由，且往往可以直接冒犯、顶撞君主，而诸侯对士人并没有绝对的控制权，甚至在一些著名士人面前还要低声下气。这种士风、学风，是战国诸侯割据这一政治形势的产物，与大一统时代那种匍匐在君王脚下、唯帝王是从的风气有本质的不同。但秦始皇统一全国，形成政治上的绝对权威，实现了中国国家治理的根本性变革，即由分散的封建制变为大一统的君主集权制度，皇帝成了至高无上、独一无二的权威，"丞相诸大臣皆受成事，倚办于上"，"天下之事无小大皆决于上"，这与战国时代诸侯国的君主完全不能同日而语。而儒生、博士们对待秦始皇，还跟对待过去的诸侯国君一样，往往直陈意见不留情面，他们所提出的政策建议很多也都根据自己的意思来，甚至违背始皇的心意，这显然与大一统帝国的形势、与秦始皇统一全国之后的膨胀心态格格不入。在这种形势下，秦始皇渐渐地无法容忍这些博士、儒生的自由风气，与儒生、学士们的分歧渐渐拉大。这可以从几件事上看出来。

第一件事是关于分封制的问题。秦的统一，结束了自春秋以来的诸侯割据局面，对于如何对全国进行统治，许多儒生主张恢复古代的分封制，如丞相绾就进言："诸侯初破，燕、齐、荆地远，不为置王，毋以填之。请立诸子，唯上幸许。"但秦始皇认为，这会使国家继续重新陷于六国纷争的局面，"天下共苦战斗不休，以有侯王。赖宗庙，天下初定，又复立国，是树兵也，而求其宁息，岂不难哉！"否决了分封制。后来博士齐人淳于越又重提此事："臣闻殷周之王千馀岁，封子弟功臣，自为枝辅。今陛下有海内，而子弟为匹夫，卒有田常、六卿之臣，无辅拂，何以相救哉？"儒生们一次次违背秦始皇的意思提出相反的意见,势必引起秦始皇的反感。

第二件事是关于封禅的问题。封禅是古礼,而儒生是古礼的专家,秦始皇欲行封禅,便从齐鲁之地召集了许多儒生讨论这一问题。《史记·封禅书》载此事云:

> 即帝位三年,东巡郡县,祠驺峄山,颂秦功业。于是徵从齐鲁之儒生、博士七十人,至乎泰山下。诸儒生或议曰:"古者封禅为蒲车,恶伤山之土石草木;扫地而祭,席用菹秸,言其易遵也。"始皇闻此议各乖异,难施用,由此绌儒生。

儒生们遵循孔子之教,"祖述尧舜,宪章文武",一切以复古为志,很多想法过于迂腐,如淳于越说:"事不师古而能长久者,非所闻也。"而这并不符合秦始皇的现实需要,因此在封禅这件事上他看到儒生们也提不出什么很好的建议,由此开始"绌儒生"。而儒生们由于被罢斥,"不得与用于封事之礼,闻始皇遇风雨,则讥之"(《封禅书》)。竟然讥讽秦始皇,这无疑又加深了秦始皇与诸生们的矛盾。

第三件事是关于求仙药的问题。为秦始皇求仙药的卢生与侯生,不但诽谤始皇,还一起逃走:

> 侯生卢生相与谋曰:"始皇为人,天性刚戾自用,起诸侯,并天下,意得欲从,以为自古莫及己。专任狱吏,狱吏得亲幸。博士虽七十人,特备员弗用。丞相诸大臣皆受成事,倚办于上。上乐以刑杀为威,天下畏罪持禄,莫敢尽忠。上不闻过而日骄,下慑伏谩欺以取容。秦法,不得兼方,不验辄死。然候星气者至三百人,皆良士,畏忌讳谀,不敢端言其过。天下之事无大小皆决于上,上至以衡石量书,日夜有呈,不中呈不得休息。贪于权势至如此,未可为求仙药。"于是乃亡去。

他们称始皇刚戾自用,贪于权势,不愿再为其效劳,共同逃走。始皇得知此事后说:"卢生等吾尊赐之甚厚,今乃诽谤我,以重吾不德也。"这件事也成为坑儒的导火索。

250

随着秦始皇与儒生、方士们的分歧日渐增大，秦始皇对他们也越来越不满，再加上李斯等人从旁助言，进一步激化了二者矛盾，从而导致焚书坑儒事件的爆发。焚书坑儒虽然是两件事，却是环环相扣、密切相关的，也可以说是一件事由轻微到严重的不同发展阶段，它们都是秦始皇控制思想文化、服从大一统国家统治的举措。

焚书发生于始皇三十三年（前214），起因于博士淳于越劝秦始皇复古实行分封制："臣闻殷周之王千馀岁，封子弟功臣，自为枝辅。今陛下有海内，而子弟为匹夫，卒有田常、六卿之臣，无辅拂，何以相救哉？事不师古而能长久者，非所闻也。今青臣又面谀以重陛下之过，非忠臣。"而丞相李斯则认为这种观点非常迂腐，不符合现实需要，他说：

> 五帝不相复，三代不相袭，各以治，非其相反，时变异也。今陛下创大业，建万世之功，固非愚儒所知。且越言乃三代之事，何足法也？异时诸侯并争，厚招游学。今天下已定，法令出一，百姓当家则力农工，士则学习法令辟禁。今诸生不师今而学古，以非当世，惑乱黔首。丞相臣斯昧死言：古者天下散乱，莫之能一，是以诸侯并作，语皆道古以害今，饰虚言以乱实，人善其所私学，以非上之所建立。今皇帝并有天下，别黑白而定一尊。私学而相与非法教，人闻令下，则各以其学议之，入则心非，出则巷议，夸主以为名，异取以为高，率群下以造谤。如此弗禁，则主势降乎上，党与成乎下。禁之便。臣请史官非秦纪皆烧之。非博士官所职，天下敢有藏诗、书、百家语者，悉诣守、尉杂烧之。有敢偶语诗书者弃市。以古非今者族。吏见知不举者与同罪。令下三十日不烧，黥为城旦。所不去者，医药卜筮种树之书。若欲有学法令，以吏为师。

李斯由淳于越的建议，进而联想到当时儒生、学士种种以古非今的复古行动，对当时政策的"各以其学议之"，认为他们扰乱了民心，侵犯了皇帝的权威，因此主张禁止私学，具体说就是"非博士官所职"的书全部禁毁，如诗、书、百家语，只保留技术类的"医药、卜筮、种树之书"，使天下人不再从私学那里获取知识和信息，而只能"以吏为师"，官方成为获取知识和信息的唯一渠道。焚书确实对文化造成了劫难，如《尚书》原百篇，后仅存 29 篇,《仪礼》原 57 篇,后仅存 17 篇等等。《史记·六国年表》载:"秦既得意,烧天下《诗》《书》,诸侯史记尤甚,为其有所刺讥也。《诗》《书》所以复见者,多藏人家,而史记独藏周室,以故灭。"可见各诸侯国的史书大部分都被焚烧了,司马迁在编《六国年表》叙述战国这段历史时,能够依据的历史资料非常少,所以后人对这段历史的认识非常模糊,几乎是一片黑暗,这无疑是秦焚书造成的后果。

不过,对于焚书的具体内容及效果,后世也有不同说法。如有人认为焚书造成的文化损失并不严重,因为民间藏书很多,不可能全部焚灭,很多人会私自收藏,如孔鲋的孔壁藏书,伏生藏《尚书》、颜芝藏《孝经》等,还有很多口耳相传之书,如《春秋公羊传》等也得以流传。《汉书·艺文志》云:"《诗》遭秦而全者,以其讽诵,不独在竹帛故也。"这使儒家五经等书大部分得以保留下来。另外,秦焚书仅限于民间藏书,官方藏书仍然保存。《史记·萧相国世家》记载:"沛公至咸阳,诸将皆争走金帛财物之府分之,何独先入收秦丞相御史律令图书藏之。沛公为汉王,以何为丞相。项王与诸侯屠烧咸阳而去。汉王所以具知天下厄塞,户口多少,强弱之处,民所疾苦者,以何具得秦图书也。"汉朝的宫廷藏书可能有一部分就是来自秦朝的官方藏书。还有人认为焚书不包括诸子之书,如东汉王充就言:"秦虽无道,不燔诸子,诸子尺书,文篇具在。"(《论衡·书解》)王充可能是看到许多诸子之书仍在流传,故认为未焚诸子书。从《汉书·艺文志》所著录的书看,大部分儒家和诸子之书都保留了下来,秦朝焚书的后果可能被后世儒家说得过于严重。

"坑儒"发生于焚书的次年,即始皇三十四年(前 213),因侯生、卢生诽谤始皇并逃亡而发:

> 始皇闻亡,乃大怒曰:"吾前收天下书不中用者尽去之。悉召文学方术士甚众,欲以兴太平,方士欲练以求奇药。今闻韩众去不报,徐市等费以巨万计,终不得药,徒奸利相告日闻。卢生等吾尊赐之甚厚,今乃诽谤我,以重吾不德也。诸生在咸阳者,吾使人廉问,或为妖言以乱黔首。"于是使御史悉案问诸生,诸生传相告引,乃自除犯禁者四百六十馀人,皆坑之咸阳,使天下知之,以惩后。益发谪徙边。始皇长子扶苏谏曰:"天下初定,远方黔首未集,诸生皆诵法孔子,今上

皆重法绳之，臣恐天下不安。唯上察之。"始皇怒，使扶苏北监蒙恬于上郡。

《说苑·反质》篇的记载与此类似：

> 于是有方士韩客侯生，齐客卢生，相与谋曰："当今时不可以居，上乐以刑杀为威，天下畏罪持禄，莫敢尽忠，上不闻过而日骄，下慑伏以慢欺而取容，谏者不用而失道滋甚。吾党久居，且为所害。"乃相与亡去。始皇闻之大怒，曰："吾异日厚卢生，尊爵而事之，今乃诽谤我，吾闻诸生多为妖言以乱黔首。"乃使御史悉上诸生，诸生传相告，犯法者四百六十余人，皆坑之。

据《汉书·儒林传》颜师古注引东汉卫宏《诏定古文官书序》所载，此事还有另一个类似版本：

> 秦既焚书，患苦天下不从所改更法，而诸生到者拜为郎，前后七百人，乃密令冬种瓜于骊山坑谷中温处。瓜实成，诏博士诸生说之，人人不同，乃命就视之。为伏机，诗生贤儒皆至焉，方相难不决，因发机，从上填之以土，皆压，终乃无声。

《说苑》显然是节略《史记》而成，卫宏所言似为民间传言附会。坑儒事件起源于侯生、卢生因不愿为秦始皇寻求仙药而诽谤始皇，因此逃跑一事。始皇以为冒犯了自己的权威，进而迁怒于所有在京的"诸生"，认为他们不够顺服，"或为妖言以乱黔首"，便将460余人犯禁者坑杀于咸阳，并将另外一些发配边疆。关于被坑杀者的身份，据上引文，为诵法孔子的"诸生"，显然主要是儒生。但也有文献称"术士"，如汉代伍被曾经引用秦国亡国的事例劝谏淮南王刘安不要谋反说："昔秦绝圣人之道，杀术士，燔《诗书》。"（《史记·淮南王列传》）司马迁在《儒林列传》中说的是："焚诗书，坑术士。"刘向在《战国策书录》中说："坑杀儒士。"因此，不少人认为秦始皇所坑杀的是"术士"，即方术之士，而不是儒生，坑儒是一个误解。其实大可不必为此翻案。因为，首先，《史记》明确提到坑杀的是"诸生"，而诸生多是诵法孔子的,为儒生身份应无疑问。至于又称坑术士,术士不过是一种笼统称呼,儒生在当时自然是术士的一种,其中虽然未必全是儒生,但肯定有一大部分是儒生。其次,所坑杀的是诸生,不是博士,诸生应该不是成熟的"术士",而是类似于后来的博士弟子,兼有学者和学生的身份,所以他们多是无名之辈,所以,"坑儒"坑杀的只是一部分在京的儒生,不是全天下的儒生,更不是有名望的儒生,远在鲁国,诸生们仍在按照他们自己的习惯延续着诗、书、礼、乐的传统。

焚书、坑儒作为两个密切相关的事件,最初常被描述为"焚诗书、坑术士",后来渐渐固定为一个词语,《汉书·地理志》最早将其合并为一个词语:"称皇帝,负力怙威,燔书坑儒,自任私智。"在被认为是伪书的孔安国《古文尚书序》中,也出现了"焚书坑儒"一词:"及秦始皇灭先代典籍,焚书坑儒,天下学士逃难解散。"焚书坑儒后世有很多争论,其根本原因是某种立场或情绪在作怪,或站在儒家立场批判秦始皇,或有意为秦始皇翻案等等。要想正确认识此事件,需要摒弃立场以原始资料为基础,回归到历史语境中去研究,避免主观臆断。总体来说,焚书坑儒虽然未必有后人所描述的那样严重,但对于当时的文化,尤其是儒家,无疑是一个沉重的打击。《史记·儒林列传》云:"陈涉之王也,而鲁诸儒持孔氏之礼器往归陈王。于是孔甲为陈涉博士,卒与涉俱死。陈涉起匹夫,驱瓦合適戍,旬月以王楚,不满半岁竟灭亡,其事至微浅,然而缙绅先生之徒负孔子礼器往委质为臣者,何也?以秦焚其业,积怨而发愤于陈王也。"孔甲投奔陈涉,无疑是秦焚书坑儒所造成的,由这一事件可以窥见其对儒生所造成的心理创伤是十分严重的。